KB139563

혁신주의와 '재즈시대'

미국사 산책 5

미국사 산책 5 : 혁신주의와 '재즈시대'

1판 1쇄 2010년 3월 12일 펴냄 1판 2쇄 2014년 8월 12일 펴냄

지은이 | 강준만 펴낸이 | 강준우 기획편집 | 박상문, 안재영, 박지석, 김환표
디자인 | 이은혜, 최진영 마케팅 | 이태준, 박상철 펴낸곳 | 인물과사상사
출판등록 | 제17-204호 1998년 3월 11일 주소 | (121-839) 서울시 마포구 서교동 392-4 삼양빌딩 2층
전화 | 02-471-4439 팩스 | 02-474-1413 홈페이지 | www.inmul.co.kr | insa@inmul.co.kr
ISBN 978-89-5906-144-0 04900 ISBN 978-89-5906-139-6 (세트)
값 14,000원

혁신주의와 '재즈시대'

미국사 산책 5

강준만 지음

인물과 사상사

제1장 혁신주의와 이상주의

혁신주의의 물결 추문폭로 저널리즘 • 9
저항의 조직화 NAACP의 창립과 IWW의 활약 • 19
우생학과 정신분석학 프랜시스 골턴과 지그문트 프로이트 • 27
'조국의 암울한 현실과 막막한 미래' 한국 '사진신부'의 하와이 이주 • 40
'전파 프런티어' 붐 타이타닉호 침몰사건 • 47
"미국은 세계에서 유일한 이상주의 국가다" 제28대 대통령 우드로 윌슨 • 56

제2장 제1차 세계대전과 미국

국가 간 탐욕의 대충돌 제1차 세계대전 • 69
'미국 영화의 아버지' 그리피스의 〈국가의 탄생〉 • 79
'자율'과 '이동성' 포드주의 혁명 • 91
피임투쟁과 '일반상대성 이론' 마거릿 생어와 아인슈타인 • 102
"세계 민주주의 안전을 위해" 미국의 제1차 세계대전 참전 • 110

제3장 러시아혁명과 '빨갱이 사냥'

'열광'에서 '공포'로 러시아 2월혁명과 10월혁명 • 123
베르사유의 이상과 환멸 제1차 세계대전 종전 • 131
볼셰비즘에 대한 공포 미첼 파머의 '빨갱이 사냥' • 145
'언론매춘부에 대한 연구' 라디오와 타블로이드의 탄생 • 155

'부정부패와 대형범죄의 온상' 금주법 시행 • 163
여성도 인간이다! 참정권-백화점-전화 • 172

제4장 평상으로의 복귀

'평상으로의 복귀' 제29대 대통령 워런 하딩 • 185
"모든 것은 국가를 위하여 있다!" 무솔리니 파시즘의 등장 • 193
섹스는 '마지막 프런티어' 프로이트 유행과 성(性)혁명 • 206
'우리 머릿속의 그림' 월터 리프먼의 『여론』 • 225
뉴스의 창조 헨리 루스와 에드워드 버네이스 • 235

제5장 "미국이 할 일은 비즈니스"

"미국이 할 일은 비즈니스" 제30대 대통령 캘빈 쿨리지 • 253
'재즈시대'의 그림자 450만 단원으로 성장한 KKK단 • 264
"쿨리지로 계속 가세!" 'PR군단'과 '깡패군단'의 활약 • 273
개신교의 두 얼굴 '원숭이 재판'과 '아무도 모르는 남자' • 281
"무역은 영화를 따라간다" 할리우드 제국주의 • 291
"가르보가 말을 한다" 사운드의 도입과 미키마우스의 탄생 • 302

참고문헌 • 313 찾아보기 • 330

제1장

혁신주의와 이상주의

혁신주의의 물결
추문폭로 저널리즘

『매클루어스』의 활약

홍청망청한 도금시대의 당연한 귀결이었을까? 20세기 들어 이른바 혁신주의(Progressivism) 물결이 미국 사회를 덮쳤다. 정치분야의 선두주자는 1900년 위스콘신의 주지사로 선출된 로버트 M. 라폴레트(Robert M. La Follette, 1855~1925)였다. 1894년, 1896년, 1898년 주지사 선거에서 세 차례나 실패한 끝에 얻어낸 당선이었다. 젊었을 때 경제학자 헨리 조지(Henry George, 1839~1897)의 사상에 매료되었던 그는 철도회사들의 횡포에 정면대응했으며, 개혁가들이 전국적으로 위스콘신주를 '혁신주의의 실습실' 이라고 할 정도로 예비선거제, 주민발의제, 주민투표제, 산업재해보상법, 누진상속세 등을 포함한 새로운 변화를 이끄는 데에 기여했다.

혁신주의는 환경이 개인적 발전을 형성한다는 믿음에 근거했으며, 이는 주로 언론활동을 통해 표현되었다. 혁신주의의 깃발을 내건 『매

루스벨트가 커버에 등장한 『매클루어스』 1904년 9월호.

클루어스(McClure' s)』 잡지는 1893년 6월에 창간호를 낸 지 2년 반 후에 "우리는 매달 세계 역사상 그 어떤 잡지보다도 더 많은 유가광고 지면을 발행하고 있다"고 주장했다. 발행인은 S. S. 맥클루어(S. S. McClure, 1857~1949)라는 젊은이였는데, 그는 부당 가격을 25센트에서 15센트로 대폭 인하했다. 허스트(William Randolph Hearst, 1863~1951)의 폭로 전문잡지 『코스모폴리턴(Cosmopolitan)』도 가격을 12.5센트까지 인하했으며, 프랭크 A. 먼시(Frank A. Munsey, 1854~1925)의 『먼시스(Munsey' s)』 잡지는 10센트까지 낮추었다. 『매클루어스』의 발행부수는 전성기에 50만 부, 폭로잡지들의 총 발행부수는 월 300만 부에 이르렀다.

이미 1881년부터 스탠더드 석유회사를 공적(公敵)으로 지목해 그 비리를 파헤치는 기사를 써온 헨리 데마레스트 로이드(Henry Demarest Lloyd, 1847~1903)는 1894년 그 기사들을 종합해 『부와 민주체제의 대립(Wealth against Commonwealth)』을 출간했다. 최초의 추문폭로 책으로 간주되는 작품이다. 로이드는 "만일 사회가 가장 강한 사람에게 재산이 귀속되어야 한다는 이념에 기초를 둔다면, 이들 강자는 이러한 시대사조(時代思潮)에 따라 적절한 수단과 방법을 동원하여 조만간 모든 재산을 쟁취하게 될 것"이라고 경고했다.

이어 『매클루어스』는 1903년 이다 M. 타벨(Ida M. Tarbell, 1857~1944)이 스탠더드 석유회사의 부정을 파헤친 기사를 시리즈로 연재했으며, 이는 『스탠더드 석유회사의 역사(History of Standard Oil Company)』(1904)라는 책으로 출간되었다. 도시의 부패를 다룬 링컨 스테펀스(Lincoln Steffens, 1866~1936)의 글도 시리즈로 연재되었으며, 이것은 『도시의 수치(The Shame of the Cities)』(1904)라는 책으로 출간되었다. 스테펀스는 이 책에서 다음과 같이 말했다.

"세인트루이스는 뇌물을 대표하고, 인디애나폴리스는 정책상의 부정한 재산을 의미하며, 피츠버그는 정치와 공업의 유착관계를 보여준다. 필라델피아는 문화제도의 철저한 부패를 보여주고, 시카고는 개혁의 허상을 증명하며, 뉴욕은 좋은 정부라는 것은 환상에 불과하다는 것을 입증한다."

업튼 싱클레어의 『정글』

1906년 업튼 싱클레어(Upton Sinclair, 1878~1968)의 논픽션 소설 『정글(The Jungle)』은 시카고에 있는 쇠고기포장회사와 식품유통센터의 끔찍한 근무조건과 위생상태를 폭로했는데, 이는 전 국민들을 엄청난 충격에 휩싸이게 만들었다. 싱클레어가 정작 고발하고자 했던 것은 노동자탄압이었지만, 이 책이 베스트셀러가 된 이유는 위생상태의 엽기성이었다. 심지어 이 소설을 읽다가 토하는 사람들마저 나타났다. 한 장면을 감상해보자.

"포장노동자들은 고기가 도저히 사용할 수 없을 정도로 부패될 때면 그것들을 캔 제품으로 만들거나 썰어서 소시지에 넣었다.……그곳에선 소시지에 썰어넣는 것이 무엇인지 아무런 관심도 기울이지 않았다. 또한 수입불가판정을 받은 곰팡이가 피고 희멀건 유럽산 소시지들이 들어왔는데, 그것들은 보록스와 글리세린으로 처리된 후 가공장치에서 재차 가정용 식품으로 제조되었다. 또 그곳에는 먼지와 톱밥이 가득한 바닥에 고기들이 내팽개쳐져 있고, 그 위에서 노동자들이 고기를 짓밟고 침을 뱉어대기 때문에 수십억 마리의 세균이 득실거렸다. 창고마다 수많은 고깃덩어리들이 쌓여 있고, 곳곳에서 새어나오는 물이 그 위로 떨어지고, 그 주위로는 수천 마리의 쥐들이 내달리고 있었다. 이런 저장고들은 너무 어두침침해서 제대로 볼 수도 없지만, 이 고깃덩이들 위에 널린 말라빠진 쥐똥을 손으로 치워낼 수는 있었다. 이 쥐들은 아주 골칫거리여서 노동자들은 독이 든 빵들을 놓아두곤 했는데, 쥐들은 그것을 먹고 죽었다. 그러면 쥐들과 빵과 고깃덩이들은 모두 한꺼번에 가공장치 안으로 들어갔다."

이 책이 나오면서 육류소비가 하룻밤 사이에 바닥으로 곤두박질쳤다. 『정글』은 부정폭로에만 그친 게 아니라 노동자들의 단결을 촉구해 노동자사회를 이룬다는 유토피아적 이상도 담고 있는 전형적인 사회주의 소설이었다. 이 작품이 처음 소개된 곳도 사회주의 신문 『이성에의 호소(Appeal to Reason)』였다. 싱클레어는 책을 출판해줄 출판사를 찾지 못해 하는 수 없이 스스로 출판사를 하나 만들어 겨우 책을 출판했는데, 잭 런던(Jack London, 1876~1916)이 모든 사회주의 당원들에게 이 책을 구입해줄 것을 호소하는 등 책의 판촉에 적극 나섰다.

이 책은 큰 반향을 불러일으켜 미국 내 육류검사 관련법의 개혁을 자극하고 무해식품 및 의약관련 법안(Pure Food and Drug Act, 1906)의 통과를 촉진했다. 시어도어 루스벨트(Theodore Roosevelt, 1858~1919) 대통령은 싱클레어를 백악관으로 초청하기도 했다. 싱클레어와 같은 사회개혁주의자들에게 애정과 경멸을 동시에 담아 '추문폭로자(Muck-raker)' 라는 명칭을 처음 붙인 이도 바로 루스벨트였다. 루스벨트는 처음에는 추문폭로 저널리즘의 열렬한 팬이었으나 저널리스트들이 자신의 업적에 전혀 관심을 보이지 않자 비판적인 자세로 돌아섰다.

1907년 루스벨트는 재계의 부패폭로에 열을 올리는 저널리스트들의 행위에 격분해 존 버니언(John Bunyan, 1628~1688)의 『천로역정(Pilgrim' s Progress)』(1678)을 인용해 그런 딱지를 붙였다. 발밑의 거름을 휘젓느라 '하나님의 은총' 은 모르는 번연의 '거름갈퀴(muck-rack)를 든 사나이' 에 비유한 것이다. 그는 "추문폭로 재주 외에는 아무것도 생각하지 않고 말하지도 않고 쓰지도 못하는" 언론인은 "사회에 도움이 되고 선에 유익한 존재가 아니라 악의 잠재적 원천 가운데 하나로 급속히 변해간다" 고 비판했다.

저널리스트들이 루스벨트의 말을 받아 그대로 사용함으로써 '추문폭로자' 라는 명칭이 점차 긍정적인 의미로 널리 쓰이게 되었다. 추문폭로는 기본적으로 대도시와 대기업에 저항하는 전원주의적 저항이었다. 추문폭로자의 비판은 심층적이었고 깊은 울림이 있었지만, 대안은 빈약했다. 이것이 한계였다. 싱클레어, 스테펀스 등 주요 추문폭로자들은 일부 비평가들이 말하는 '예수 콤플렉스' 를 가진 사람들이었다. 사실 이들은 종종 자신들의 먼 조상 가운데 가장 위대한 인물이 바로 예수라는 주장을 하곤 했다. 스테펀스는 자신에게 '추문폭로의 시조' 라는 호칭이 붙은 것을 반박하며 "구약의 예언자들이 나보다 먼저였다" 고 말했다.

미국에서 일간지가 가장 많이 발행되었던 시기는 추문폭로 저널리즘의 전성기인 1909년이었다. 이해에 2,600개로 정점에 도달한 이후 계속 줄어들었다. 이미 1903년 잡지발행으로 성공을 거둔 프랭크 먼시는 "내 판단으로는 얼마 있지 않아서, 아마 5년이나 길어야 10년 안에 이 나라의 언론산업은 소수의 사람들, 그것도 많아야 3~4명의 손에 의해서 운영될 것이다" 고 예측했다. 그가 예측한 시간보다는 좀더 걸리긴 하지만, 실제로 미국 언론산업은 그런 소수집중화의 길을 걷게 된다.

세계산업노동자동맹의 결성

혁신주의 물결과 더불어 노동투쟁도 활발하게 전개되었다. 1860년에 인구 3,114만 중 131만 명에 불과했던 공업노동자는 1900년에 이르러서는 인구 7,599만 중 471만 명으로 늘어났다. 이런 변화에 따라 1890년대에는 해마다 1,000건씩 파업이 발생했으며, 1904년에는 4,000건에 이르렀다. 전국에서 사회주의 신문을 읽는 독자는 약 100만에 이르렀다.

그럼에도 기존의 미국노동총연맹(AFL)은 숙련공 위주였고, 임원들은 '깡패' 같은 조합원들의 보호를 받으며 자신들을 비난하는 조합원들을 공격하곤 했다. 급진적인 변화를 바라는 노동자들을 위해 1905년 시카고에서 세계산업노동자동맹(IWW, Industrial Workers of the World)이 결성되었다. 바쿠닌(Mikhail A. Bakunin, 1814~1876) 등 아나키스트 이론가들의 영향을 크게 받은 세계산업노동자동맹 회원들은

'워블리스(wobblies)' 로 불렸는데, 뚜렷한 이유는 없다.

백인들에게만 회원자격을 준 미국노동총연맹과는 달리 워블리스는 모든 노동자들을 받아들여 '거대한 단일노조' 를 형성했다. 첫 모임에는 광부 '빅 빌' 헤이우드(Big Bill Haywood, 1869~1928), 사회당 당수 유진 데브스(Eugene Debs, 1855~1926), 75세의 광산노조 설립자 메리 해리스 '머더' 존스(Mary Harris 'Mother' Jones, 1837~1930) 등이 참석했다.

순전히 개인적인 체험을 통해 사회주의에 매료된 이들도 나타났는데, 그 대표적 인물이 어린 시절과 청년기에 참담한 가난을 겪으며 파란만장하게 살았던 잭 런던이다. 그는 1903년 『나는 어떻게 사회주의자가 되었는가(How I Became a Socialist)』에서 "어떤 경제학의 논쟁보다도, 사회주의의 논리성과 필연성에 대한 어떤 명철한 증명보다도 나에게 심각하고 확고한 영향을 미쳤던 것은, 어느 날 사회적인 나락의 구덩이가 내 주변에 벽을 쌓아버리고 내가 그 속으로 끝없이 미끄러져 내려가 맨 밑바닥에서 산산조각이 나는 것을 처음으로 느낀 경험이었다" 고 말했다. 그러면서 그는 "무력한 소와 같은 육체노동자" 의 값싼 상품과 같은 운명을 맞을 것이기에 "두뇌를 파는 사람" 이 되기로 결심했다고 고백했다.

잭 런던의 『강철군화』

런던은 1905년의 러시아혁명이 차르의 군대와 비밀경찰과 폭력 테러조직에 의해 분쇄되고 난 뒤에 소설을 한 편 쓰기 시작했다. 1906년에 집필해 1908년에 출판된 『강철군화(The Iron Heel)』라는 소설이다. 그는 이 소설에서 인류에 대한 형제애를 지닌 사회주의자의 환상을 그

1907년 잭 런던이 자신의 요트 '스나크'를 타고 남태평양을 여행하기 위해 출항하는 모습.

려냈다. 전 세계가 사회주의로 통합된 27세기에 발굴된 고문서를 통해 20세기 사회주의 혁명가의 일대기를 다루는 형식을 취한 소설이다. 황당한 내용이지만, 독점재벌들이 이윤분배법이라는 아이디어로 특혜받는 노조를 육성해서 노동자를 분열시키고 세계대전이 일어나는 것 등을 내다본 예지력으로 높은 평가를 받은 작품이다. 1937년 이 소설의 러시아어판이 나왔을 때, 레온 트로츠키(Leon Trotsky, 1879~1940)는 런던이 예언한 "거대 노동조합들의 변절과 노동귀족의 생성"에 대해 찬사를 보냈다.

이 소설에서 '강철군화'로 표현되는 과두지배체제는 군대와 민병대, 비밀경찰, 폭력단 등을 동원해 사람들을 탄압하며, 체제와 기득권에 봉사하는 언론과 종교, 학계와 사법계의 폐해 역시 심각한 문제로 그려진다. 소설에서 1912년에서 1932년까지 미국 사회주의운동을 이끈 주인공 어니스트 에버하드(Ernest Everhard)는 "미국의 언론은 자본가계급에 기대어 살을 찌우는 기생충들이에요. 언론의 기능은 여론을 조작해 기존체제에 봉사하는 것이고, 그 봉사를 썩 잘해내고 있죠"라고 말한다.

소설 못지않게 흥미로운 건 런던 자신의 삶이다. 소설가로서 성공해 거부가 된 런던은 호화스러운 생활과 기행을 일삼아 비난을 받았다. 그는 1906년 캘리포니아의 '글렌 엘렌(Glen Ellen)' 이라는 농장을 사들이고 1907년에는 '스나크(Snark)' 라는 이름의 요트를 손수 설계 건조해서 거기서 소설을 썼으며, 1913년에는 폭탄이 떨어져도 무너지지 않을 정도로 튼튼한 '늑대의 집' 이라는 대저택을 짓기도 했다.

런던은 길지 않은 생애 동안 19편의 장편소설과 200여 편의 단편, 500여 편의 논픽션을 남겼지만, 신인작가로부터 소설의 소재를 사 구설수에 올랐다. 훗날 노벨문학상을 받은 싱클레어 루이스(Sinclair Lewis, 1885~1951)도 젊은 시절 런던에게 『암살 주식회사(The Assassination Bureau, Ltd)』의 작품소재를 제공했다. 우울증에 시달린 끝에 알코올중독자가 된 런던은 1916년 1월 사회당을 탈당하고 그해 11월 농장의 침대에서 시체로 발견되었다. 그는 말년의 한 인터뷰에서 다음과 같이 말했다.

"나는 이제 모든 것이 지겨울 뿐이다.……아무것도 생각하고 싶지 않다.……내가 책을 쓰는 이유는 단지 내 농장을 한 치라도 늘리기 위해서다. 아무튼 내게 주어진 역할은 이제 다하지 않았나 싶다. 사회주의를 신봉하다가 수십만 달러의 손해를 보았다. 때가 오더라도 나는 글렌 엘렌 농장에 머물면서 혁명을 저주할 것이다. 나는 내 몫을 다했다."

이론 없이 개인적인 체험만으로 가지게 된 사회주의였기 때문일까? 이론이건 체험이건, 사회주의는 일시적으로나마 다소의 세력을 얻기도 하지만 결국엔 미국 사회에 영영 발을 붙이지 못하게 된다. 1906년 베르너 좀바르트(Werner Sombart, 1863~1941)가 "왜 미국에는 사회주의가 존재하지 않는가?"라는 문제를 제기한 것은 의미심장하다. 좀바르트는 "미국 자본주의는 미국 노동자들을 이상이 없고 계산적인 경영자로 만들었다"며 "결국 사회주의 유토피아는 로스트비프와 애플파이라는 장애물을 넘지 못하고 파멸한 것"으로 결론짓는다.

이 문제는 나중에 자세히 다루겠지만, 미국만이 누린 '서부라는 새로운 기회'와 더불어 천혜의 조건을 타고났기에 가능했던 '이민의 물결'과 '미국 자본주의의 번영'을 그 답으로 우선 제시할 수 있겠다. 이유가 무엇이건 런던의 생애는 미국 사회주의의 운명을 예고한 것으로 보는 게 옳으리라.

참고문헌 Altschull 1991 · 2003, Avrich 2004, Ayck 1992, Barsky 1998, Brinkley 1998, CCTV 2007, Davis 2004, Englert 2006, Felder 1998, Filler 1976 · 1976a, Folkerts & Teeter 1998, London 1989 · 1991, McCormick 1981, Panati 1997, Peterson & 카네히라 쇼노스케 1996, Porter 1998, Rifkin 2002, Sinclair 2009, Steel 1980, Steffens 1957, Stephens 1999, Swint 2007, The Commission on Freedom of the Press 1947, Zinn & Stefoff 2008, 강준만 외 1999-2000, 손세호 2007, 이보형 2005, 이재광 · 김진희 1999a, 최재봉 2009

저항의 조직화
NAACP의 창립과 IWW의 활약

1908년 대선–윌리엄 하워드 태프트

루스벨트는 암살당한 매킨리(William Mckinley, 1843~1901)의 잔여임기와 자신의 임기 4년을 채운 뒤 자신이 직접 선택한 윌리엄 하워드 태프트(William Howard Taft, 1857~1930)를 후계자로 남기고 백악관을 떠났다. 태프트는 루스벨트의 후광으로 1908년 대선에서 윌리엄 제닝스 브라이언(William Jennings Bryan, 1860~1925)을 누르고 제27대 대통령에 당선되었다. 브라이언으로서는 3번째 패배였다. 루스벨트는 태프트의 부담을 덜어주려고 1년간 아프리카로 사냥을 떠났다지만, 태프트 하면 떠오르는 말은 "테디의 충고를 들어라"는 농담이었다.

183센티미터의 키에 159킬로그램의 거구인 태프트는 골프를 본격적으로 즐긴 최초의 대통령이었다. 그가 백악관의 욕조에 끼어 몸을 움직이지 못했다는 소문이 나돌면서 온 나라가 웃음바다가 되자, 태프트는 평균체형을 가진 사람 4명이 들어갈 수 있는 대형욕조를 백악관에 설치했다.

태프트의 재임 중 기업변호사 출신의 국무장관 필랜더 C. 녹스(Philander C. Knox, 1853~1921)는 저개발지역에 대한 미국의 투자를 확대하기 위해 적극적으로 앞장섰다. 태프트는 1912년 의회에 보낸 교서에서 그의 정책의 특징을 '총탄 대신 달러를 사용' 하는 것이라고 했는데, 그래서 비판자들은 그의 정책을 '달러 외교(Dollar Diplomacy)' 라고 불렀다.

루스벨트 못지않은 친일파였던 태프트의 재임시절 워싱턴 D.C. 벚꽃축제가 자리를 잡았다. 제퍼슨기념관 주변의 인공호수인 타이들 베이슨(Tidal Basin), 즉 수반(水畔) 둘레에 3,700그루의 벚나무가 심어졌다. 남편과 함께 일본 방문 때 벚꽃의 화려함에 매료되었던 태프트의 부인 헬렌 헤론 태프트(Helen Herron Taft, 1861~1943)가 1912년 도쿄 시민들이 보내준 벚꽃을 직접 포토맥 강변에 심은 것이다. 이후 3월 말이면 화려한 벚꽃축제가 열리게 되었다.

전미유색인지위향상협회의 창립

1909년 전미유색인지위향상협회(NAACP, National Association for the Advancement of Colored People)가 창립되었다. 백인이 주도했지만, 협회의 기관지 『크라이시스(The Crisis)』의 편집인은 흑인인 듀보이스(W. E. B. Du Bois, 1868~1963)였다. 그는 유일한 흑인임원이었지만 협회에서 지도적 역할을 맡았다.

1895년 매사추세츠에서 태어난 그는 애틀랜타의 피스크대학(Fisk University)을 거쳐 하버드대학에서 흑인 최초로 박사학위를 받았다. 학업을 마친 뒤에는 강의, 강연, 집필활동을 했으며, 1903년에 『흑인의 영혼(The Souls of Black Folk)』을 출간했다. 그는 이 책에서 "자신과 다른 인종을 오염시키고 죽음을 유발하는 최악의 사람들로부터 대다수의 사람들을 인도할 수 있는 최고의 흑인들을 키워야 한다"며 부커 워싱턴(Booker Washington, 1856~1915)을 다음과 같이 비판했다.

"워싱턴이 북부인이 하는 것이든 남부인이 하는 것이든, 흑인에 대한 부당한 처사에도 사과하고, 선거권에 담긴 의미와 선거의 의무에 담긴 의미를 올바로 평가하지 못하며, 흑백 계급차별을 없애는 것의 효과를 간과하고, 흑인의 명석한 두뇌를 고도로 훈련시키고 흑인이 야망을 갖는 것에 반대하는 한, 그가 됐든 남부가 됐든 국가가 됐든 누구라도 이것을 행하는 한, 우리는 계속해서 그리고 단호하게 그들과 싸우지 않을 수 없다."

흑인차별로 인해 학문적으로 성공하기는 어렵다는 걸 깨달은 듀보이스는 1905년 흑인민권운동을 위해 캐나다 나이아가라폭포 근처에서 흑인지도자들과 회동했는데, 이것이 바로 그 유명한 '나이아가라 운동(Niagara Movement)'의 시작이다. 이 운동과 더불어 5년 후 일리노이주 스프링필드에서 발생한 인종폭동이 계기가 되어 NAACP가 창설된다.

'나이아가라 운동'이 시작된 해에 로버트 S. 애벗(Robert S. Abbott, 1870~1940)이 창간한 흑인주간지 『시카고 디펜더(Chicago Defender)』는 남부 전역에 있는 수많은 통신원들로부터 수집한 정보로 남부에서의 인종적 폭력사태를 보도했다. 또한 애벗은 "만일 흑인들이 이주행렬에 합류하여 북부로 간다면 배는 곯지 않을 것이고 인간답게 살 수도

GIRL SLAYS MOTHER, BROTHER, WITH SHOTGUN

NATIONAL EDITION

THE Chicago Defender

WORLD'S GREATEST WEEKLY

USE CLASSIFIED ADS FOR QUICK RESULTS

PROBE MURDERS IN ALABAMA PRISON CAMP

BESSIE COLEMAN, AVIATRIX, KILLED

DARROW TRAPS WITNESSES IN SWEET CASE

TWO LIVES SNUFFED OUT WHEN PLANE CRASHES DOWN

TRAGEDY OF THE AIR IN PICTURES

CHANGE TESTIMONIES AS DEFENSE CREW OPENS FIREWORKS

MME. WALKER HEIR MARRIES DR. KENNEDY

GIRL SLAYS HER MOTHER AND BROTHER

ALABAMA GRAND JURY

28 PAGES 10¢

THE Chicago Defender

WORLD'S GREATEST WEEKLY

CITY EDITION

CHICAGO, ILL., SATURDAY, NOVEMBER 16, 1940

WIFE OF BISHOP J. A. GREGG STRICKEN

HANSBERRY DECISION OPENS 500 NEW HOMES TO RACE

HOLD YOUTH, 20 FOR MURDER IN GANG ROW

STRATEGY BOARD IN HANSBERRY RESTRICTIVE COVENANT CASE

COURT HOLDS COVENANTS NON EXISTENT

1905년 창간된 『시카고 디펜더』는 미국에서 가장 영향력 있는 흑인 주간지다.

있을 것이다"며 흑인들의 북부로의 이주를 권고했다. 『시카고 디펜더』는 흑인 기차수송책을 이용해 미 전역에 배포되었다. 남부에서는 이를 억압하려고 시도했기 때문에 비밀리에 배포되었으며, 이 신문을 가진 흑인은 반역자로 의심받았다. 『시카고 디펜더』는 1916년 초 3만 3,000부, 1919년 13만 부, 1919년 23만 부를 발행하게 된다.

듀보이스는 『크라이시스』의 편집인으로 4반세기 동안 활동하다가

1934년 전미유색인지위향상협회를 떠나 교직으로 돌아갔다. 10년 뒤 다시 협회에 들어가 일했으며, 1945년에는 미국 측 대표의 일원으로 국제연합(UN) 창립에도 기여했다. 나중에는 공산당에 입당해 미국을 떠났다. 그는 시민권을 포기하고 가나로 옮겨가 그곳에서 생을 마쳤다.

세계산업노동자동맹의 활약

1909년 세계산업노동자동맹(IWW)은 펜실베이니아에 있는 제철회사(Pressed Steal Car Company)에 대항해 파업을 단행했을 때, 파업을 통제하려는 주 경찰을 파업 중인 노동자가 1명 죽을 때마다 1명씩 살해하겠다고 공언했다. 실제로 총격전이 벌어져 3명의 경찰과 4명의 노동자가 사망했다.

세계산업노동자동맹은 스페인, 이탈리아, 프랑스에서 유행하던 아나르코 생디칼리슴(Anarcho-syndicalism, 무정부주의적 노동조합주의) 사상에 영향을 받았다. 무장반란을 통해 정부의 통제권을 탈취하는 방법 이외에 경제체제를 마비시키는 방법으로 노동자들이 국가 안에서 힘을 얻을 수 있다는 사상이었다. 세계산업노동자동맹은 경제체제를 마비시키는 방법으로 총파업을 택했는데, 조합원 수는 5,000~1만 명 수준이었지만 파업 조직능력이 뛰어나 전국적으로 큰 반향을 불러일으켰다.

1910년 여성은 전체 노동자의 5분의 1을 차지했지만 조합에 가입되어 있는 여성 노동자 수는 겨우 100분의 1에 불과했다. 당시 뉴욕시의 수많은 이민자는 하루 14시간 노동과 열악한 작업환경 등으로 악명 높은 노동자착취공장(sweatshop)에서 일했다. 트라이앵글 셔츠회사

(Triangle Shirtwaist Factory)의 여성노동자들은 1909년 겨울 파업에 돌입했지만, 수개월간 지속된 파업에도 노동조건과 환경은 달라지지 않았다.

그런 상황에서 1911년 3월 25일 화재가 발생해 최악의 참사가 빚어졌다. 여성노동자들이 물건을 몰래 가지고 나가는 것을 막기 위해서라는 이유로 고용주들이 불법적으로 작업실 문을 잠근 탓이었다. 13세에서 20대 중반에 이르는 젊은 여성 이주노동자 146명이 사망했다. 대부분이 유대인 여성이었다. 10만 뉴욕 시민들이 그들을 위한 추모행진을 벌였지만, 사망자에 대한 보상금은 한 달치 봉급에 불과했다. 이 참사의 여파로 1915년 '노동자재해보상법' 이 만들어진다.

화재 당시 불을 피하기 위해 뛰어내리다 죽은 여자들의 모습을 지켜본 프랜시스 퍼킨스(Frances Perkins, 1880~1965)는 "나는 위장이 찔리는 듯한 아픔을 느꼈다. 그리고 내가 왜 한평생 열악한 근로환경과 싸워야 하는지 절대로 잊지 않기 위해서 그 비극적 장면을 머릿속뿐만 아니라 마음속에 불로 지지듯 새겨넣어야 한다고 생각했다" 고 말했다. 이후 퍼킨스는 노동조건 개선을 위해 투쟁하며 1933년 프랭클린 D. 루스벨트(Franklin Delano Roosevelt, 1882~1945) 행정부에서 노동부장관을 맡아 미국 최초의 여성각료라는 기록을 세우게 된다.

1910년 빅터 버거(Victor Berger, 1860~1929)는 미국 연방의회에 진출한 최초의 사회주의자가 되었다. 1911년에는 73명의 사회주의자 시장들과 1,200명의 지역공무원들이 탄생했다. 신문들은 이에 대해 '사회주의의 밀물' 이라고 표현했다. 미국의 일부 교과서들은 20세기의 첫 10년간을 '미국 사회주의의 황금시대' 라고 쓰고 있지만, 이 시기에조

화재 뒤 트라이앵글 셔츠회사 내부(위)와 희생자들을 관에 담는 모습(아래).

차도 사회주의자 출신의 연방하원의원은 2명밖에 되지 않을 정도로 사회주의는 약했다.

세계산업노동자동맹은 10여 년 동안 잘 나가다가 맹렬한 반노조세력에 부딪쳐 노조지도자들이 투옥, 구타당했는가 하면 전설적인 조 힐(Joe Hill, 1872~1928)은 모함에 빠져 사형에까지 처해진다. 그는 작곡가이기도 했다. '전도사와 노예(The Preacher and the Slave)'는 IWW의 주된 비난대상 가운데 하나인 교회에 관한 곡이다.

"고상한 전도사들께서 매일 밤 오신다네 / 뭐가 옳고 그른지 가르쳐주신다네 / 그러나 어떻게 먹고살지 물을라치면 / 나무나 감미로운 목소리로 대답하시네 / 안녕, 잘가 먹을 수 있을 거야. / 하늘 위의 영광된 나라에서 말이야. 일하고 기도해, 건초 더미 위에서 살면서. / 죽은 다음 천국에서 파이를 먹게 될 테니."

조 힐은 1915년 유타주 솔트레이크시티에서 식료품 가게 주인의 강도 및 살인혐의로 고소되었다. 그가 살인을 했다는 직접적인 증거는 없었지만 배심원단이 그를 유죄라고 생각할 만한 작은 증거들이 있었다. 1만여 명의 사람들이 판결에 항의하는 서신을 유타 주지사에게 보냈지만 결국 총살형에 처해졌다.

혁신주의는 진보주의이기도 했지만 제국주의와 일심동체(一心同體)라는 점에서 세계산업노동자동맹의 진보주의와는 양립하기 어려운 것이었다. 오히려 혁신주의는 '제국의 완성' 을 위해 인종개량마저 꿈꾸는 우생학과 손을 잡게 된다.

참고문헌 Boorstin 1991, Brinkley 1998, Davis 2004, Emery & Emery 1996, Felder 1998, Filler 1976a, Halberstam 1996, Hooks 2008, Miller 2002, Plenel 2005, Ridings & McIver 2000, Zinn 1986, Zinn & Stefoff 2008, 김용관 2009, 김형인 2003b, 박보균 2005, 이보형 2005

우생학과 정신분석학
프랜시스 골턴과 지그문트 프로이트

새로운 과학으로 등장한 우생학

흑인과 노동자들의 저항을 어렵게 만든 것 중의 하나는 당시 미국 사회를 휩쓸기 시작한 우생학(eugenics)이었다. 용광로 이념의 열렬한 지지자였던 랠프 월도 에머슨(Ralph Waldo Emerson, 1803~1882)조차도 미국에 도착한 초기의 외국인들이 푸른 눈에 흰 피부였음을 감사해했으니, 새삼스러울 것은 없다. 다만 우생학의 문제가 그런 인종차별에 과학의 포장을 씌웠다는 점이다.

우생학은 진화론의 창시자인 찰스 다윈(Charles Darwin, 1809~1882)의 사촌인 영국의 유전학자 프랜시스 골턴(Francis Galton, 1822~1911)에 의해 탄생했다. 골턴은 다윈의 저서 『종의 기원(Origin of Species)』(1859)이 발표된 6년 후인 1865년 교배기술로 동식물의 품종을 개량하듯 최고의 자질을 가진 인종을 만들어낼 수 있다는 논문을 발표했다. 1869년엔 『유전되는 천재(Hereditary Genius)』를 출간했다. 이후 골턴의 주도로 결성된 인종우생학회는 유전적 열등분자들의 '씨를 말려야' 한다는 담론을 유포시켰고, 단종(斷種)법과 유색인종의 이민을 규제하는 이민제한법 제정에 기여한다.

골턴은 제자들에게 인종개선을 위해 자신의 원리를 "새로운 종교처럼 대중의 머리에 주입시키라"고 지시했다. 도시하층민의 범람을 막지 못하면 "우리 문명도 고대 로마처럼 파괴될 것"이라는 주장도 나왔고, 여성은 "미래를 위해 자연이 사용하는 탁월한 도구"이며 "미래의 정치학은 가정에 있다"는 주장도 제시되었다. 사회주의자들조차 이런 주장에 휩쓸려 들어갔다.

영국에서 우생학에 날개를 달아준 건 1899년 10월부터 시작된 보어전쟁이었다. 영국은 쉽게 승리하리라 생각했던 이 전쟁에서 고전을 면치 못했고, 이는 대영제국의 영광이 내리막길에 접어든 게 아니냐는 의문을 불러일으켰다. 언론은 군입대 신체검사에서 부적격판정을 받은 사람 수가 일부 지역에서는 40퍼센트에 달했다는 통계를 거론하면서 영국인의 체력과 이어 '인종의 퇴화'를 문제 삼기 시작했다. 그런 상황에서 골턴의 우생학은 대영제국을 살릴 수 있는 대안의 하나로 떠올랐다.

미국에선 우생학이 1880년대에 새로운 과학으로 자리 잡기 시작하더니, 1900년대 후반부터 혁신주의 물결을 타고 사회에 실제로 적용되었다. '우생학과 혁신주의의 잘못된 만남'이었다. 1907년 인디애나주가 제정한 거세법(단종법)이 규정한 유전적 질환에는 정신박약, 간질, 정신분열, 범죄성향, 성문란, 음주벽, 장님까지 포함되었으며, 각 마을에서 '왕따'를 당하던 빈민가정은 언제든 경찰의 갑작스런 방문을 받고 수용소로 보내질 수 있었다. 우생학자들은 후에 이 법을 '인디애나의 이상(the Indiana Idea)' 이라는 애칭으로 불렀다. 이런 거세법은 1914년까지 15개 주, 1931년에는 30개 주에서 시행된다.

백인의 '인종적 자살'?

우생학 열풍은 전 미국을 휩쓸었다. 전화를 발명한 알렉산더 그레이엄 벨(Alexander Graham Bell, 1847~1922)은 1908년 워싱턴에 있는 미국육종협회에서 행한 연설에서 우생학 대중교육의 필요성을 강조하면서 "우리는 유전형질의 법칙을 이용하여 가축의 품종을 수정 개량하는 방법을 배웠다. 여기에서 얻어진 지식과 경험을 이용하여 인간은 자신이 속한 종을 개량해야 한다"고 주장했다.

미국 우생학운동의 지도자였던 찰스 B. 대븐포트(Charles B. Davenport, 1866~1944)는 1911년에 출간한 『유전과 우생학(Heredity in Relation to Eugenics)』에서 새로운 이민인구가 외형상 미국인의 피부를 더 검게 하고 키는 더 작게 만들 뿐만 아니라, "절도, 유괴, 폭행, 살인, 강간, 외설 등의 범죄가 더욱 많아지게" 할 것이라고 두려워했다. 그는 아일랜드인은 유전학적으로 알코올중독 · 상당한 정도의 정신적 결함 · 결핵의 소지 · 뇌물수뢰와 같은 정치적 타락의 성향을, 이탈리아인은 폭력과 범죄 성향을, 유대인은 지나친 개인주의 · 물질만능주의 · 탐욕과 같은 성향을 지닌다고 주장했다.

1912년 미 연방공공보건청은 이민자들의 출입국 창구역할을 했던 뉴욕 엘리스섬에 우생학자 헨리 고더드(Henry H. Goddard, 1866~1957)를 파견하여 실태조사를 하게 했다. 이민자들을 대상으로 엉터리 지

뉴욕 엘리스섬에서 입국 심사를 기다리는 이민자들.

능검사를 한 고더드는 입국자 가운데 유대인의 83퍼센트, 헝가리인의 80퍼센트, 이탈리아인의 79퍼센트, 러시아인의 87퍼센트가 정신박약이라고 기록했다. 이 보고서를 접한 미국인들은 다수의 '열등' 인종 유입에 공포감마저 갖게 되었다.

우생학의 신봉자였던 시어도어 루스벨트는 비(非)노르딕 계열 주민의 높은 출생률에 주목하면서 산아제한을 옹호하는 중산층이 '인종적 자살'을 하고 있다고 비난했다. 촘스키(Chomsky 2001)는 "루스벨트는 가장 극단적인 인종차별주의자였고 현대사의 대단한 광인 가운데 하나였다"며 "그는 히틀러가 엄청나게 존경하는 인물이었다"고 말한다. 루스벨트가 1913년의 연설에서 했던 주장이 그런 부정적인 평가의 근거로 자주 거론되곤 한다.

"언젠가 우리는, 좋은 형질을 가진 시민은 자신의 좋은 혈통을 후대 세상에 남기는 일이 가장 중요한 피할 수 없는 의무이며, 나쁜 형질을 가진 시민이 후손을 통하여 나쁜 혈통을 이어가게 해서는 안된다는 사실을 깨닫게 될 것입니다. 우리 문명이 해결해야 할 가장 중요한 문제는 무가치하고 해로운 사람보다는 상대적으로 더 가치 있는 사람을 증가시켜 인구구성을 개선하는 일입니다.……이 문제를 해결하기 위해서, 유전형질이 인간의 가치에 크게 영향을 미친다는 사실을 충분히 고려하지 않을 수 없습니다.……나는 나쁜 인간들이 자식을 낳는 것을 금지시킬 수 있어야 하며 특히 극악무도한 자들은 이를 반드시 금지시켜야 한다고 강력하게 희망합니다. 범죄자들은 단종(斷種)시켜야 하며 정신박약자들이 자손을 낳는 것을 금지해야 합니다.……바람직한 인간만이 자식을 낳을 수 있도록 해야 한다는 사실을 강조하고자 합니다."

1914년 미국 보이스카우트연맹 부회장 데이비드 스타 조던(David Starr Jordan, 1851~1931)은 보이스카우트 교육 프로그램이 '우생학적인 새로운 인간'을 양성하는 데 도움이 될 수 있도록 짜여야 한다고 주장했다. 1914년 미국육종협회에 제출된 한 보고서에는 미국 인구의 10퍼센트가 사회적으로 적합하지 않은 변종이어서 단종의 대상이 된다는 내용이 포함되었다. 뉴욕 사교계 명사였던 매디슨 그랜트(Madison Grant, 1865~1937)는 1916년에 출간한 『위대한 인종의 쇠망(The Passing of the Great Race)』을 출간해 큰 인기를 얻었다. 이 책에서 그는 이민족

간의 결혼을 우려하면서 미국인의 '잡종화'를 경고했다. 1917~1924년에 제정되는 이민제한법은 이러한 형태의 잡종화를 방지하고자 했던 것이다. 우생학은 와스프(WASP: White, Anglo-Saxon, Protestant)의 배타적 결속을 강화하는 데에도 큰 영향을 미쳤다.

프로이트의 미국 방문

20세기 들어 미국을 지배하게 되는 지적 조류는 우생학과 더불어 정신분석학이다. 정신분석학의 유행엔 지그문트 프로이트(Sigmund Freud, 1856~1939)가 미국을 방문해 정신분석학 특강을 한 게 결정적 영향을 미쳤다. 프로이트는 유럽에선 인기가 없었다. 그의 『꿈의 해석(Die Traumdeutung)』은 1900년에 간행되었지만, 독일어로 쓰인 초판 600부가 다 팔리는 데는 8년이나 걸렸다.

프로이트의 가치를 알아챈 건 미국의 심리학자들이었다. 1909년 매사추세츠주 우스터라는 도시에 자리잡은 클라크대학(Clark University) 총장 G. 스탠리 홀(G. Stanley Hall, 1844~1924)은 개교 20주년을 맞아 프로이트를 초청해 특강을 하도록 했다. 홀은 프로이트에 매료된 심리학자였다. 스위스 심리학자 융(Carl Gustav Jung, 1875~1961) 등과 함께 미국에 온 프로이트는 명예법학박사 학위를 받은 동시에 윌리엄 제임스(William James, 1842~1910)를 포함한 미국 심리학자들 앞에서 5번의 특강을 했다.

유럽에선 찬밥 대접을 받던 프로이트의 특강에 미국의 내로라하는 학자들이 대거 참여해 큰 관심을 보였으니, 프로이트의 기분이 어떠했으랴. 그는 "유럽에서 나는 마치 버림받은 자식 같았다. 이곳에서 내가 최고 대접을 받고 있는 게 마치 한낮에 꿈을 꾸는 것 같다"며 감격했다. 그는 윌리엄 제임스에 대해선 이렇게 썼다.

"제임스와의 만남 역시 내게 깊은 인상을 남겼다. 나는 그때 일어난 작은 사건 하나를 영영 잊지 못하리라. 산책을 하는데 그가 갑자기 걸음을 멈추더니 가방을 내게 맡기면서 계속 가시라고 말하는 것이었다. 그는 협심증 발작이 시작되려고 하자 끝날 때까지 기다렸다가 나를 따라왔다. 그는 그로부터 1년뒤에 심장마비로 사망하였다. 그 뒤로 나는 죽음이 목전에 다가왔을 때 나도 그처럼 대담한 태도를 보일 수 있게 되기를 늘 원했다."

프로이트의 초청특강은 미국 정신분석학사의 결정적 계기가 되었다. "이 초청이 없었다면 미국에서 프로이트는 별 볼일 없었을 것이다"라는 말이 나올 정도였다. 이제 곧 미국에선 '프로이트 열풍'이 불게 된다.

알렌(Allen 2006)에 따르면, "섹스는 인류를 움직이는 중심적이고 보편적인 힘으로 간주되었다. 인간의 거의 모든 동기는 섹스로 귀결되었다.……정신건강의 첫째 필요조건은 억제 없는 성생활이며, 건강하고 행복하게 살려면 '리비도'에 복종해야 한다. 이것이 바로……미국인들의 마음에 심어진 프로이트의 복음이었다.……자기통제의 덕을 설교했던 성직자들은 직설적인 비평가들에게 '자기통제라는 것은 이미 시대가 지난 것이며, 실로 위험한 것'이라는 이야기를 들었다."

실제로 프로이트 이론의 오남용을 일삼는 단순한 프로이트주의자들은 "퓨리턴이 세상에 끼친 해독의 대부분은 자기절제로부터 생겼다"고 선언하는 동시에 억압된 성적 충동을 해방하면 자유에의 길이 열린다고 주장한다. 이제 곧 밀어닥칠 자동차의 보급이 성(性)혁명의 전위대로 기능하는 가운데, 미국에서 프로이트는 성혁명의 전도사처럼 여겨지게 된다.

섹스어필 광고

미국의 성혁명을 프로이트가 만든 건 아니다. 그럴 리가 있겠는가. 사회적 여건이 무르익으면 선지자는 늘 나오는 법이다. 프로이트의 미국 방문을 전후로 이미 섹스어필을 강조하는 광고가 나오고 있었다. 1909년 J. 월터 톰슨(J. Walter Thompson, 1847~1928)이라는 광고인은 광고가 하나의 '혁명적' 행위임을 갈파하고 나섰다. 이 시기에 이를 잘 보여준 것이 1회용 면도날 질레트(Gillette) 광고였다. 1910년 질레트는 남성들이 면도를 하게 하려고 '위대한 교화자들' 인 여성들을 부추기는 광고를 잇달아 내보냈다. 왜? "여자가 없다면 남자는 다시 구레나룻을 기르고 곤봉이나 휘두르고 다닐 테니까."

질레트 면도기를 만든 킹 C. 질레트(King C. Gillette, 1855~1932)는 매일 아침 면도를 해야 하는 코르크 병마개 세일즈맨이었다. 어느 날 면도날에 얼굴을 베자, 칼날이 무뎌지면 칼날만 새것으로 갈아끼우면 좋겠다고 생각했다. 1901년 12월 2일 세상에 선을 보인 질레트는 1903년 면도기 9만 개와 면도날 1,240만 개를 생산하는 등 대량생산체제에 들어가면서 공격적인 광고 마케팅을 펼쳤다. 1912년 질레트는 "사업의 성패는 광고에 달려 있다"고 말했다. 제1차 세계대전 중 병사들에게 질레트 면도기가 지급되면서 질레트는 폭발적 성장세를 보이기 시작한다.

나중에 나온 젬(Gem) 면도날 광고에는 잠옷을 입은 여자가 허리께에 손을 얹고 서서 남편에게 외친다. "면도 다시 해요. 안 그러면 안 갈 거예요." 그리곤 이런 해설이 따라붙는다. "다섯 시의 그림자 때문에 당신의 밤을, 그리고 그녀의 기분을 망치시겠습니까?" '다섯 시의 그림자(5 o' clock shadow)' 는 아침에 면도를 하고 오후가 되면 수염이 살짝 자라 거뭇거뭇해 보이는 부분을 말하는 것인데, 이걸 섹스와 연계시키다니 참으로 발칙한 발상이 아닌가.

발칙한 '공짜 마케팅' 도 1900년대에 등장했다. 동물의 뼈와 살에서 추출한 젤라틴을 깨끗한 분말로 만든 '젤로(Jell-O)' 라는 게 있다. 식탁에서 사랑받는 말랑말랑한 디저트의 원료다. 19세기 말 이걸 '발명' 한 이의 고민은 소비자들이 이 제품을 모를 뿐 아니라, 이것으로 무엇을 할 수 있을지도 모른다는 것이었다. 그 사람은 결국 사업을 포기하고, 젤로 브랜드를 헐값으로 다른 사람에게 넘기고 말았다. 이 사업을 넘겨받은 제네시 퓨어 푸드사(Genesee Pure Food Company)는 1902년부터 본격적인 '공짜 마케팅' 을 전개함으로써 젤로를 모든 미국 가정의 필수품으로 만드는 데에 성공했다. 어떤 방법이 동원되었던가. 젤로 요리법이 담긴 팸플릿을 인쇄해 주부들에게 무료로 나눠주었다. 이 팸플릿은 곧 요리책으로 발전했다. 이 회사가 무료 배포한 요리책은 25년간 2억 부 이상이었다. 잘 만들어진 공짜 책으로 요리법을 익힌 주부들이 시장에 갔을 때 젤로에 손이 가지 않을 리 없다.

질레트도 '공짜 마케팅' 을 벌였다. 신규로 예금에 가입하는 고객들에게 무료로 나누어줄 수 있도록 은행에 면도기를 싼값에 대량으로 판매하는 '셰이브 앤 세이브(Shave and Save)' 캠페인을 비롯해 껌, 커피, 과자 등 다양한 상품들에 면도기를 공짜로 끼워 판매하게끔 했다. 면도기란 면도날이 없으면 무용지물이 아닌가. 면도기가 공짜로 뿌려지는 만큼 1회용 면도날의 수요는 증가하기 마련이어서 질레트사는 대박을 터뜨렸다.

카바레의 1회용 에로티시즘

1회용 질레트 면도기가 발명된 해에 인스턴트커피가 등장한 건 우연이 아니다. 이제 세상은 점점 더 간편한 것을 추구하는 쪽으로 질주하고 있었다. 또 광고경쟁이 치열해지면서 광고문구의 중요성이 더욱 부각되었다. 1907년 맥스웰하우스(Maxwell House) 호텔의 이름을 딴 맥스웰하우스 커피의 광고문구 "good to the last drop(마지막 한 방울까지 맛있다)"는 히트를 쳤다. 이 말은 시어도어 루스벨트가 커피를 마시고 "마지막 한 방울까지 맛있군"이라고 말한 데서 유래했다.

자동판매기도 점차 대중화되어 갔다. 역사상 첫 특허를 받은 자동판매기(자판기)는 1857년 영국의 시미언 던함(Simeon Denham)이라는 사람이 만든 우표자판기로 1페니짜리 동전을 넣으면 종이 울리며 우표가 나오는 기계였다. 이 자판기는 대성공을 거두었고 다른 나라에서도 저울자동자판기, 담배 및 추잉검과 사탕 자판기 등의 다양한 모델이 등장하기 시작한다. 1890년 프랑스에서는 택시 난방용으로 쓰이던 목탄 버너의 사용이 금지되자 이를 대체할 수 있는 뜨거운 물을 담은 캔을 판매하는 자판기가 등장하기도 했다. 자판기가 본격적으로 발전하기 시작한 곳은 상업문화가 발달한 미국으로 1888년 등장한 껌볼 판매기는 오늘날 미국 추잉검(chewing gum) 시장의 성공비결로 꼽

"마지막 한 방울까지 맛있는"이라는 루스벨트의 말을 인용한 맥스웰하우스 커피 광고.

힌다. 애덤스껌사는 1904년 뉴욕 지하철이 개통되자마자 플랫폼에 껌 자판기를 설치했다.

1908년 아메리칸 워터 서플라이 오브 뉴잉글랜드(American Water Supply Company of New England)라는 회사는 1센트짜리 동전만 넣으면 물 한 컵이 나오는 기계를 동부 대도시 곳곳에 설치했다. 한 번 쓰고 버리는 1회용 대량소비는 제1차 대전 이후부터 본격화된다.

1회용 개념은 대중문화에도 적용돼, 루이스 글라스(Louis Glass, 1864~1936)가 1889년 11월 23일 샌프란시스코에서 처음 선을 보인, 동전을 넣으면 음악이 나오는 주크박스(jukebox)가 1890년대에 전국에 널리 퍼졌다. '주크'는 원래 서부 아프리카말로 매춘굴이라는 뜻이었는데, 미국 남부로 건너오면서 무도장으로 변했고 이어 춤 자체를 나타냈다가 나중에는 싸구려 선술집에 드나드는 것을 표현하는 말로 쓰였다. 사람들이 술집에 모이면 이 새로운 기계에서 나오는 음악에 맞춰 춤을 추었기 때문에 이 기계 이름이 주크박스로 불리게 된 것이다.

1890년대는 춤에 미쳐 돌아간 시대라고 해도 과언이 아닐 정도로 춤이 크게 유행했다. 가장 유행한 춤은 유럽에서 건너온 왈츠와 미국에서 탄생한 투스텝(two-step)이었다. 그 밖에도 폴카(Polka), 케이크워크(Cakewalk) 등 다양한 춤이 미국인들을 사로잡았다. 이 춤 열풍은 1900년대로까지 이어져 젊은 노동계급 여성들은 10시간 내지 12시간의 근무가 끝난 뒤 사교무도장에 몰려가서 젊은 청년들이 사주는 술과 음료수를 마시며 '끈적끈적한 춤'을 추는 게 대유행이었다. 그들은 슬로 래그(slow rag), 터키 트로트(turkey trot), 버니 허그(bunny hug), 그리즐리 베어(grizzly bear), 시미(the shimmy) 등 종류를 헤아리기조차 어려울 정도로 다양한 춤에 탐닉했다. 이런 사교무도장과 거리를 두던 중산층이 그런 성적 향락을 똑같이 누려보기 위해 찾은 곳이 있었으니, 바로 1910년 이후 뉴욕에서 출현한 카바레였다. 이같은 대중 에로티시즘에 충격을 받은 어떤 잡지는 "여섯(six) 시가 아니라 '섹스(sex) 시'"가 도래했다고 말했다.

근대적인 의미의 대중음악은 악보 판매수입이 수백만 달러를 기록한 1892년부터 시작되었는데, 1910년을 전후해서는 "이 노래에 맞춰 춤을 출 수 있나요?"가 악보제작의 절대적 기준이 되었다. 대중가요의 주요용도가 '부르기'에서 '춤추기'로 바뀐 것이다. 1910년 최소 20억 장에 달하는 악보가 팔려나갔고, 미국인들은 곳곳에서 음악에 맞춰 춤을 춰댔다.

카바레는 '성의 1회용 상품화' 이외에도 계급, 성, 인종 등 오락산업을 지배하던 장벽들을 허물어버리는 데에 기여했다. 카바레의 내부 구조와 거기서 펼쳐지는 유흥거리 자체가 그때까지 공연자와 관객 사이에 뚜렷이 존재하던 구분선을 지워버리는 경향이 있었기 때문이다. 1912년 뉴욕의 어느 가십 잡지의 편집자는 카바레가 "장벽을 제거하고 공연자들을 회중집단 속으로 끌고 들어가는데, 이러한 허물없는 행태가 모든 관습의 요새를 허물어뜨린다는 사실은 누구의 눈에도 명백하다"고 개탄했다. 성의 위대함이라고나 할까?

오남용됐을망정 미국의 속류 정신분석학은 섹스를 지향함으로써 우생학이 만든 작위적 경계를 무너뜨리는 데 기여하는 '의도하지 않은 결과'를 초래한 셈이다. 그러나 우생학과 정신분석학 모두 그 전성기에 도달하기까진 아직 갈 길이 많이 남아 있었다.

참고문헌 Allen 2006, Altschull 2003, Anderson 2009, Bell 1990, Bryson 2009, Chomsky 2001, Cooper & Makay 1988, Evans 1998, Kern 2004, Lindqvist 2003, Panati 1997, Persons 1999, Pomeranz & Topik 2003, Pope 1983, Rifkin 1999, Robert 2000, Strouk 2002, Wollheim 1999, 김용관 2009, 박지향 2000, 박진빈 2006, 서의동 2009, 염운옥 2009, 오치 미치오 1999, 정근식 2001, 조선일보 문화부 1999, 최민영 2000

‘조국의 암울한 현실과 막막한 미래’
한국 ‘사진신부’ 의 하와이 이주

일제의 조선 강점

1910년 8월 29일은 일제에 나라를 빼앗긴 날이었다. 그날 조선 민중은 무슨 일을 하고 있었을까? 그날은 의외로 조용했다. 반대시위도 전혀 없었다. 오히려 반대시위는 ‘합방’ 에 대한 소문이 떠돌던 오래전에 있었고, 이제 조선 민중은 체념하지 않을 수 없다는 패배주의와 좌절감에 깊이 빠져 있었다.

조선 왕조의 멸망을 모두가 비통하게만 생각했던 건 아니다. 미국을 향해 떠난 지 만 5년 11개월 6일 만인 1910년 10월 10일 서울에 도착한 이승만(1875~1965)의 경우를 보자. 그는 귀국하고 나서 맞은 첫 주일에 570명이 모인 학생집회에서 “귀국해 보니까 세 가지 시원한 것” 이 있다는 말을 해 청중을 깜짝 놀라게 했다. 이승만이 말한 세 가지 시원한 것이란 첫째로 임금이 없어진 것, 둘째로 양반이 없어진 것, 셋째로 상투가 없어진 것 등이었다.

이에 대해 손세일(2001-2003)은 "많은 사람들이 왕조의 멸망에 비분강개하여 자결하고 각지에서 의병이 다시 일어나는 상황에서 임금 없어진 것이 시원하다고 한 이승만의 발언은 기독교인들 사이에서라고 하더라도 적지 않은 충격이었을 것임에 틀림없다. 그만큼 이승만이 확고한 공화주의자가 되어 있었음을 말해주는 것이다"라고 해석한다.

이제 조선총독부가 조선 정부를 대신하게 되었다. 조선총독부 우두머리인 조선 총독은 일왕(日王)에 직속되었으며, 일본 관제상 최고의 친임관(親任官)인 일본의 내각총리, 각부대신과 동격의 위치로서 식민지 조선에서의 전권을 부여받았다. 식민지배 전 기간 동안 조선에 부임한 총독은 모두 8인이었는데, 이들은 예외 없이 일본의 육·해군대장 출신이었다.

조선총독부는 조선 엘리트층을 '포섭' 전략으로 대했다. 이를 위한 대표적 기구는 중추원(中樞院), 즉 중앙자문회의였다. 1910년 9월에 임명된 65명의 귀족 또는 친일인사를 회원으로 구성된 중추원은 총독이 행정조치에 대해 자문했을 때에만 의견을 말하는 것이 허락된 겉치레 기구였다. 중추원은 3·1운동 때까지 한 번도 소집된 일이 없었다.

일제가 병합조약을 주동적으로 수행한 이완용(1858~1926)·박제순(1858~1916)·송병준(1858~1925) 이하 76명에게 논공행상으로 배급한 귀족 신분 수작식은 1910년 10월 8일 총독부에서 거행되었다. 조선에서 원래 신분이 낮았던 일진회 계열 인사들은 거의 모두 배제되었을 뿐 아니라 일진회는 해산을 강요당했다. 일제는 이들 '귀족' 이외에 다른 엘리트층을 포함하는 '귀족관광단'을 다양한 형태로 조직하여 일본을 방문케 하고, 이를 조선총독부의 한글기관지 『매일신보』로 하여금 떠들썩하게 보도하는 형식을 통해 일본의 발전상을 과시하는 기회로 활용했다.

1910년 12월 30일 일제는 이왕직(李王職, 조선 왕실 관계업무를 모두 관장하던 기관) 관제를 발표했다. 이 관제는 "이왕직은 일본국 궁내부 대신의 관리에 속하고 왕족과 공족(公族)의 가무를 관장한다. 이왕직은 조선 총독이 감독한다"라고 규정했으며, 이에 따라 198명의 직원이 배치돼 왕가와 왕족을 감시했다.

또 일제는 농촌사회에서 '지방유력자'로서 지도적 지위를 아직 유지하고 있는 유생들에겐 일왕의 '임시은사금'을 지급했으며, 1911년엔 '조선 유학의 진흥을 위해'서라며 성균관을 경학원으로 개칭, 설립하는 조치를 취하는 등의 방법으로 유교의 충효사상을 일제에 대한 충성심 배양에 이용하고자 했다.

'조국의 암울한 현실과 막막한 미래'를 넘어서

그러나 모든 조선 엘리트가 일제에 굴복한 건 아니었다. 일본의 손길이 미치지 않는 국외에 독립운동의 근거지를 마련하고 군대를 양성하여 국권을 회복하겠다고 나선 사람들도 있었다. 이런 독립군기지 건설구상은 '병합' 직후에 비밀결사인 신민회에 의해서 '서간도 이주사업계획'으로 추진되었다.

1912년 한반도에 간도열풍이 불었다. 1910년 10만 정도였던 간도인구는 1918년에 60만으로 급증할 정도로 '민족 대이동'이 일어났다. 허황된 소문도 많아 열풍에 휩쓸려 피해를 보는 사람들도 많았다. 박성수(1996)는 "1912년은 간도이민이 신작로를 메운 해였고 이듬해

1913년은 이민 갔던 사람들의 일부가 거지가 되어 고향으로 되돌아오는 해였다"고 말한다.

그런가 하면 하와이 이민을 택한 사람들도 있었는데, 이른바 '사진신부'도 이때에 나타났다. 당시 하와이로 건너간 조선인은 5,000여 명에 이르렀는데, 결혼하지 못한 남자들이 많아 사진교환만으로 신부를 조선에서 데려오는 결혼이 이루어진 것이다. 당시 조선 남성은 인종차별법으로 인해 현지의 미국인과 결혼할 수 없었다.

이민자들이 신부의 부족으로 정상적 가정을 이루지 못한 채 방황하면서 생산효율이 떨어지고 음주 · 도박 · 범죄에 탐닉하는 경우가 많아졌다. 이에 하와이 정부도 1910년부터 '동양인배척법안'이 통과된 1924년까지 14년 동안 사진신부를 받아들인 것이다.

일본인들도 1910년에서 1923년에 걸쳐 약 3만 2,000명의 사진신부가 하와이로 건너갔다. 늘어나는 일본 이민 때문에 실직위기에 처한 백인 노동자들은 동양인의 사진결혼을 야만과 열등인종의 행위로 규탄하고 사진결혼의 폐지운동을 전개하였다. 이에 일본 정부는 1920년 사진신부의 여권발급을 중지했으며, 미국 의회도 1924년 동양인배척법을 제정, 동양인의 이민을 전부 금지시켰다.

같은 사진결혼이긴 하지만, 한국의 사진신부는 조국이 처한 식민지 현실로 인해 더 비극적인 면이 있었다. 한국 사진신부의 하와이행은 일본 사진신부의 경우처럼 '더 나은 세계에 대한 동경'도 있었지만 '지독한 가난'과 '조국의 암울한 현실과 막막한 미래'가 주요이유였다.

일본인이나 중국인은 다시 고국으로 돌아갈 수도 있었지만, 한국인에겐 그건 쉽지 않은 일이었다. 아니 그들 스스로 돌아가고 싶어 하지 않았다. 실제로 남녀를 통틀어 하와이에 이민을 간 일본인 18만 명 중 9만 8,000명, 중국인 4만 6,000명 중 2만 5,000명이 귀국을 한 반면, 한국인은 전체의 6분의 1만 귀국을 했다.

사진신부 삶의 '애환과 승리'

앞서 말했듯이, 1910년 12월 2일 사진신부 1호인 최사라(당시 23세)가 호놀룰루에 도착해 하와이 국민회 총회장이던 노총각 이내수(당시 38세)와 결혼한 것을 시작으로 1,056명의 처녀가 남편을 찾아서 하와이로 갔다. 이 처녀들의 나이는 대부분 17세에서 24세 정도였으며, 학력은 대부분 무학(無學)에 속했다.

사진결혼의 가장 큰 문제는 현격한 나이 차이였다. 남편 될 사람의 젊었을 당시의 사진을 보고 왔더니 자기 아버지뻘 되는 늙은이가 마중 나와 있어 자살하거나 도망하는 소동도 벌어졌다. 심지어 나이가 30세 이상 차이나는 경우도 있었는데, 나이 차가 많이 나는 부부관계는 '효'에 가까운 것이어서 심지어 자신의 남편을 아버지라고 부르는 사진신부들도 있었다.

조정래(2001)의 『아리랑』에 따르면, "사진결혼을 하려는 사람이 그 당장 사진을 찍어 조선으로 보내도 반년 후에나 도착하는 신부감이 기름기라고는 없이 부스스한 머리칼에 허름한 노동복을 걸친 후줄근한 모습으로 마중을 나간 흉터 많은 신랑감의 얼굴을 보고 소스라치게 놀라지 않을 수 없는 일이었다. 그런데 사오 년 전이나 칠팔 년 전의 생일기념으로 찍은 사진을 보냈을 경우는 어떠할 것인가. 세월이 흘러 늙은 데다가 긁히고 찔려 흉터는 더 많이 생겼으니 신부감이 자

1913년경 호놀룰루에서 사진신부들.

기 시아버지 될 사람으로 착각하는 것은 전혀 무리가 아니었다. 그런데 나이가 많이 든 신랑감들일수록 나중에 신부감들이 낙담할 것을 생각하지도 않고 장가들 욕심만 앞세워 될 수 있는 대로 젊었을 때 찍은 사진을 보내려고 했다."

사진과는 전혀 다른 얼굴을 보고 처녀들은 기가 막혔지만, 그래도 결혼 이외엔 다른 선택의 여지가 없었다. 조선으로 돌아가는 게 더 끔찍하게 여겨졌기 때문이다. 한 사진신부는 "조선을 떠나기가 그렇게 어려웠는데, 어떻게 그냥 돌아갈 수가 있단 말인가. 내가 돌아가게 된다면 우리 부모님들이 수치스러워 할 텐데 말이다"라고 말했다. 그런데 더 심각한 문제는, 훗날의 이야기일망정, 남편과의 극심한 나이 차이로 인해 사진신부들이 이른 나이에 과부가 돼 많은 아이들을 부양해야만 했다는 사실이다. 불행 중 다행히도 여전히 여자 수보다는 남자 수가 훨씬 많아 재혼을 할 수는 있었지만 말이다.

사진결혼의 폐해는 시작된 뒤 4년 만인 1914년 『매일신보』를 통해 국내에 처음 알려졌다. 사회적 반향과 충격이 컸다. 3회에 걸쳐 연재된 이 기사는 평양 사는 19세의 젊은 과부가 자신의 어린 딸과 함께 미국으로 건너갔으나 상상했던 것과 너무나 다른 현실과 남편의 구타와 학대를 견디지 못해 호놀룰루의 모 교회에 도망쳐 참혹한 생활을 하고 있다는 걸 비롯해 비극적인 면을 다루었다.

윤백남의 희곡 『운명』(1921)은 바로 이런 희비극을 다루었는데, 여기서는 사진결혼의 폐해를 이민문제의 불합리로 본 것이 아니라 사회윤리적 측면에서 보았다. 『운명』은 1920년대 초반 여러 차례 공연되었고 관객들의 높은 반응을 이끌어냈다.

사진신부들은 억세게 일하는 근면함과 더불어 강한 자립심과 애국심을 가진 여인들이었다. 신영숙(1999)은 "이들 사진신부들이야말로 자신들의 부단한 노력으로 하와이를 포함한 미주 한인사회 발전의 주역이 되었으며 민족독립운동에도 남자 못지않게 기여한 선구자들이었다"며 "이제 사진혼인 풍습은 잊혀가지만 사진신부의 자녀들은 미국 땅에 깊이 뿌리 내려 한민족을 영원히 이어갈 것이다"라고 말한다. 굳이 한민족을 이어가지 않더라도 사진신부의 자녀들이 미국의 자유와 풍요를 한껏 만끽하면서 미국 사회의 어두운 면을 개혁하는 진정한 진보에 기여한다면 더 바랄 것이 없으리라.

참고문헌 Henderson 2000, Patterson 2002 · 2003, 김삼웅 1995, 김운태 1998, 박석분 · 박은봉 1994, 박성수 1996, 박찬승 1992, 배경식 1999, 손세일 2001-2003, 수요역사연구회 2005, 신영숙 1999, 원준상 1997, 유민영 2005, 윤경로 2000, 이경민 2007, 이승원 2007, 이혁재 외 2002, 정미옥 2004, 조정래 2001, 한윤정 2001

'전파 프런티어' 붐
타이타닉호 침몰사건

피어리의 북극, 아문센의 남극 정복

1909년 4월 6일 미국 해군 기술자 로버트 피어리(Robert Peary, 1856~1920)가 드디어 북극탐험에 성공했다. 그런데 이 탐험은 두 개의 스캔들로 얼룩졌다. 하나는 1909년 9월 1일 미국의 탐험가 프레더릭 쿡(Frederick A. Cook, 1865~1940)이 자신이 1908년 4월 21일 북극탐험에 성공했다는 주장을 함으로써 논란이 불거진 사건이다. 피어리가 쿡을 '염치없는 사기꾼' 이라고 비난하는 가운데 두 사람 모두 의혹의 대상이 됨으로써 의회 청문회까지 열렸다. 결국 미국지리학회가 나서서 피어리의 손을 들어주었지만, 이 학회가 피어리의 탐험비용을 많이 부담한 후원자라는 점에서 여전히 의문이 남았다. 이런 논란의 와중에서 상처를 입은 피어리가 명예를 회복하기까지는 몇 년이 더 걸렸다.

또하나의 스캔들은 피어리가 뉴욕으로 에스키모 5명을 데리고 오면서 빚어진 사건이다. 에스키모들은 미닉(Minik Wallace, 1890~1918)이

뉴욕에 도착한 직후의 미닉.

라는 소년만 빼고 모두 풍토병으로 죽고 말았다. 자연사박물관 학자들은 미닉이 보는 앞에서 그의 아버지의 장례를 치르고 땅에 묻어주었지만, 이 모든 게 쇼였다. 에스키모들은 모두 뼈와 살이 발린 채 박물관에 전시된 것이다. 미닉의 아버지 키수크(Qisuk)는 오장육부가 해부되어 '키수크의 대뇌' 식의 꼬리표가 붙은 채로 실험실에 놓였다. 자연사박물관 관리들이 에스키모 표본연구를 위해 피어리에게 이 사람들을 데려오도록 시켰다는 것도 드러났다. 1986년 캐나다의 교사 켄 하퍼(Kenn Harper 2002)가 이 모든 사실을 폭로하는 책 『뉴욕 에스키모, 미닉의 일생(Give Me My Father's Body: The Life of Minik, the New York Eskimo)』(1986)을 출판했지만, 무시당했다. 그러다가 1992년 캐나다 토론토 『글로브앤메일(The Globe and Mail)』의 기자와 『워싱턴포스트(The Washington Post)』 캐나다 특파원이 하퍼의 책을 발견해 크게 보도함으로써 세인의 주목을 받았다. 결국 1993년 7월 28일 뉴저지 맥과이어 공군기지에서 4명의 유해를 실은 수송기가 북부 그린란드로 운반해 그곳에 매장했다.

이제 북극 정복 후 남은 건 남극뿐이었다. 영국 해군대령 로버트 팰컨 스콧(Robert Falcon Scott, 1868~1912)은 자신이 인류 최초로 지구상에 마지막 남은 극지인 남극점에 도착하리라는 확신에 차 있었다. 그러나 남극점 도달 하루 전인 1912년 1월 16일 일기에 "최악의 상황이 벌어졌다. 노르웨이인이 이미 우리를 앞질러 도달했다"고 썼다. 불과 한 달 전인 1911년 12월 15일 노르웨이인 루알 아문센(Roald Amundsen, 1872~1928)이 남극점에 도달한 것이다. 아문센이 스콧을 이긴 건 개와 조랑말의 차이 덕분이었다. 아문센은 개를 이용한 반면, 개를 사랑하는 스콧은 그걸 야만적이라 생각해 조랑말을 이용했다. 에스키모개와 달리 남극 추위를 견딜 털이 없는 조랑말로는 탐험이 불가능했다. 그래서 남극점에서 돌아오는 길에 스콧 탐험대는 전멸했으며, 10개월이 지나서야 그 비극이 세상에 알려졌다.

북극과 남극의 탐험성공으로 이제 지구상엔 인간의 발이 닿지 않은 프런티어는 사라지고 말았다. 컨(Kern 2004)의 말마따나, "눈 쌓인 처녀지에 발자국이 찍힘으로써 지상에 마지막으로 남아 있던 거대한 변경이 소멸되었다." 그러나 남극탐험이 이루어진 바로 그해에 새로운 프런티어가 나타났으니, 그건 바로 '전파 프런티어'였다.

타이타닉호 침몰사건

1912년 4월 12일 호화 여객선 타이타닉호(Titanic)가 영국에서 미국으로 항해를 시작했다. 길이 250미터, 4만 6,000톤, 21층 건물 높이의 타이타닉호는 영국·스웨덴·노르웨이·독일 4개국 합작품으로, 소유주는 미국과 영국의 금융황제들인 모건(Morgan)과 로스차일드(Rothschild)의 합작회사였다. 선장은 "이 배는 신도 침몰시키지 못할 것이다"고 호언했다.

승객들은 매년 더 빠른 속도를 요구했고 느린 선박에 대해서는 등

"All the News That's Fit to Print."

The New York Times.

THE WEATHER.

TITANIC SINKS FOUR HOURS AFTER HITTING ICEBERG; 866 RESCUED BY CARPATHIA, PROBABLY 1250 PERISH; ISMAY SAFE, MRS. ASTOR MAYBE, NOTED NAMES MISSING

Col. Astor and Bride, Isidor Straus and Wife, and Maj. Butt Aboard.

"RULE OF SEA" FOLLOWED

Women and Children Put Over in Lifeboats and Are Supposed to be Safe on Carpathia.

PICKED UP AFTER 8 HOURS

Vincent Astor Calls at White Star Office for News of His Father and Leaves Weeping.

FRANKLIN HOPEFUL ALL DAY

Manager of the Line Insisted Titanic Was Unsinkable Even After She Had Gone Down.

HEAD OF THE LINE ABOARD

Biggest Liner Plunges to the Bottom at 2:20 A. M.

RESCUERS THERE TOO LATE

Except to Pick Up the Few Hundreds Who Took to the Lifeboats.

WOMEN AND CHILDREN FIRST

Cunarder Carpathia Rushing to New York with the Survivors.

SEA SEARCH FOR OTHERS

OLYMPIC SENDS THE NEWS

The Lost Titanic Being Towed Out of Belfast Harbor.

CAPT. E. J. SMITH,
Commander of the Titanic.

PARTIAL LIST OF THE SAVED.

타이타닉호 침몰사건을 대대적으로 보도한 『뉴욕타임스』.

을 돌렸다. 국가 간 속도경쟁이 벌어졌다. 대서양을 가장 빠른 속도로 횡단한 배에 수여하는 블루리본상까지 생겨났다. 독일 여객선이 이 상을 받자 영국 정부는 1903년 국가의 위신을 걸고 최고 25노트까지 달려 독일의 기록을 깰 수 있는 선박구축에 보조금을 댔다. 1907년 영국의 모레타니아호(Mauretania)가 블루리본상을 되찾아오고 이후 22년 동안 이를 보유하게 된다.

타이타닉호도 바로 그런 속도경쟁을 해야 한다는 강박에 사로잡혀 있었다. 출항한 지 사흘 만인 4월 14일 타이타닉호가 빙산과 충돌해 좌초한 것도 바로 그런 배경에서였다. 2,228명의 승객 중 1,523명이 사망한 대참사였다. '자연에 대한 기술의 승리' 로 선전되었던 것이 순식간에 '인간의 오만에 대한 자연의 경고' 로 변하고 말았다.

조지 버나드 쇼(George Bernard Shaw, 1856~1950)는 타이타닉호의 선장이 뻔히 알면서도 빙원에서 최대속도를 냈다고 비난했다. 조지프 콘래드(Joseph Conrad, 1857~1924)는 장차 어떤 악천후에도 40노트 속도로 대양을 지나갈 수 있는 증기선이 나오면 그러한 무책임한 태도는 더욱 심해질 것이라는 격노에 찬 글을 썼다.

이 사건을 영화로 만들기로 결심한 제임스 캐머런(James Cameron) 감독은 각본을 직접 쓰면서 타이타닉에 관련된 여러 책들을 읽다가 부자들만 살아남고 가난한 사람들은 모두 죽었다는 것에 충격을 받았다. 사망자 대부분이 3등객실의 승객이었던 것이다. 하지만 처음 쓴 대본을 본 투자자 20세기폭스와 파라마운트는 흥행을 위해 대본수정을 요구했고, 그래서 휴머니즘이 가미되었다. 그런 사실 왜곡이 있긴 했지만, 이 영화는 이듬해 아카데미 시상식을 휩쓸었으며, 1998년 2월 20일 개봉된 한국에서도 600만 명 이상의 관객을 동원하는 대성공을 거두었다.

타이타닉호 사건은 엄청난 비극이었지만, 그 충격이 점차 가라앉으면서 사람들은 그나마 700여 명을 구조할 수 있었던 무선전신의 위력에 주목하기 시작했다. 타이타닉호 침몰 1시간 만에 15개 면에 걸쳐 관련 기사를 실어 다른 신문들을 압도했던 『뉴욕타임스(The New York Times)』 1912년 4월 21일자는 무선통신의 경이로운 힘에 대해 다음과 같이 썼다.

"연중 밤낮없이 육지에서는 수백만 명이, 해상에서는 수천 명이 팔을 뻗어 얇은 공기를 잡아채서 쓰고 있는데, 일찍이 만들어진 어떤 선이나 망(cable)보다도 우리 인간에게 큰 도움이 되고 있다.……만일 우리에게 경이로운 공기 이용방식이 없었더라면 타이타닉호의 비극은, 최근까지만 해도 바다의 신비로운 힘에 속해 있었던 비밀 속으로 묻혀버렸을 것이다.……엄청나게 멀리 떨어져 있는 사람들이 이 거대한 도시의 굉음을 뚫고 끊임없이 쾌속 메시지를 주고받고 있다는 사실을, 또한 지붕 위나 심지어는 빌딩이라는 장벽을 넘어서 우리가 숨쉬고 있는 공기 속에도 전기로 쐰 망들이 떠돌고 있다는 사실을, 뉴욕 시민 중에서도 극소수만이 알고 있다."

라디오의 탄생

미국의 본격적인 라디오방송은 1910년대에 시작되었다. 리 드포레스트(Lee De Forest, 1873~1961)가 뉴욕시의 파커빌딩에 라디오방송국을 설립해 실험방송을 한 건 1907년으로 거슬러 올라가지만 일반인들이 무선 커뮤니케이션의 위력을 실감한 건 1912년에 일어난 이른바 타이타닉호사건 이후였다.

당시 아메리칸 마르코니(American Marconi) 무선전신회사에 고용된 21세의 데이비드 사노프(David Sarnoff, 1891~1971)는 타이타닉호의 침몰을 세계 최초로 알리고 태프트 대통령의 특별한 배려하에 72시간 동안 혼자 교신함으로써 세계적 명성을 얻은 것은 물론이고 무선 커뮤니케이션의 가치를 입증하고 홍보하는 업적을 남겼다.

1886년 런던에서 무선전신 특허를 얻은 마르코니(Guglielmo Marconi, 1874~1937)가 1897년 런던에 마르코니 무선전신회사를 설립하고 1899년 미국 뉴저지주 트렌턴에 아메리칸 마르코니 무선전신회사를 설립한 이후 미국에서 일부 애호가들 사이에 서서히 형성되기 시작한 무선 커뮤니케이션 붐은 타이타닉호 사건으로 인해 급격히 확산되기 시작했다.

미 의회는 바로 그때에 무선 커뮤니케이션의 "교통정리"를 위해 라디오 사용을 원하는 사람은 누구나 통상, 노동장관의 허가를 얻어야 한다고 규정한 '1912년 라디오법'을 통과시켰다. 또 "방송(broadcasting)"이란 단어가 미 해군에 의해 최초로 "명령을 무선으로 한꺼번에 여러 군함에 보낸다"는 의미로 사용되게 된 것도 바로 1912년이었다.

후일 "미국 텔레비전의 아버지"라는 칭호를 얻게 된 사노프는 아메리칸 마르코니의 총지배인에게 보낸 1915년의 비망록에서 "나는 라디오를 피아노나 축음기와 마찬가지의 가재도구로 만드는 계획을 생각하고 있다. 그 아이디어란 음악을 무선으로 가정에 보내는 것이다"고 밝힘으로써 라디오가 산업적 차원에서 일반화되는 라디오 전성시대를 예고했다.

한편 통신산업과는 아무런 관련이 없이 독립적으로 라디오를 연구하던 드포레스트는 1916년부터 뉴욕에서 라디오 정규방송을 시작했다. 당시 프로그램은 여성의 투표권을 요구하는 연설에서 1916년 대통령 선거결과를 알리는 것에 이르기까지 제법 언론매체로서의 성격을 띠고 있었다. 목사의 아들로 태어난 드포레스트는 자신의 작업에 사명감을 느꼈지만, 곧 미국의 라디오 개발에 대자본이 참여함에 따라 방송경영자로 성공할 수는 없었다.

'마천루 프런티어' 경쟁

'전파 프런티어'와 더불어 누가 더 하늘 높이 치솟는가 하는 경쟁을 벌이는 '마천루 프런티어' 경쟁도 치열해졌다. 초고층건물을 뜻하는 'skyscraper'라는 단어는 1794년부터 영어에 존재했지만 중산모, 초기 야구의 높이 뜬 공, 상선의 높이 솟은 돛 등 다른 대상들을 일컬을 때 쓰였다. 이 단어는 1888년부터 건물과 관련해서 쓰이기 시작했다.

시카고가 원조였다. 시카고는 철 구조물 위에 하중이 작은 재료를 덮어씌우는 커튼월(curtain wall) 공법을 사용하면서 고층건물 경쟁에서 1880년대를 주름 잡았다. 1890년대부터는 뉴욕에 고층화 경쟁의 패권이 넘어갔는데, 뉴욕의 대표작은 1894년 월드 빌딩(94미터), 1896년 맨해튼 생명보험 빌딩(106미터)에 이어 1909년 메디슨가에 세워진 메트로폴리탄 생명보험의 본사사옥으로 높이 213미터의 50층 건물이었다.

이어 4년 후인 1913년에 세워진 뉴욕 맨해튼의 울워스 빌딩(Woolworth Building)은 58층 241미터로 이후 17년 동안 세계에서 가장 높은 건물로 군림하게 된다. 바로 이해에 철학자 조지 산타야나(George Santayana, 1863~1952)는 "미국의 의지는 초고층의 빌딩에 담겨 있다"고 말했다.

미국의 의지는 초고층빌딩뿐 아니라 새로운 개척의 대상이 되는 그 무엇이건 그곳을 프런티어로 간주하여 발휘된다. 그 내용이 무엇이건 그런 의지에 있어서만큼은 미국인은 더할 나위 없이 이상주의를 추구하는 사람들이다. 일견 상충돼 보이는 미국인의 물질주의와 이상주의의 조합에 대해선 이 책의 결론부분에 가서 심도 있게 논의해보기로 하자.

참고문헌 Barnouw 1982, Bryson 2009, Castleman & Podrazik 1982, Cook 1983, Harper 2002, Kay 2006, Kern 2004, Rorty 1996, Schroeder 2000, Shenkman 2003, Zweig 1996, 김용관 2009, 윤희영 1996, 조선일보 문화부 1999

"미국은 세계에서 유일한 이상주의 국가다"
제28대 대통령 우드로 윌슨

1912년 대선-우드로 윌슨

시어도어 루스벨트는 1년간의 아프리카 사냥에서 사자 9마리, 코끼리 5마리, 코뿔소 13마리 등을 포함한 거의 300마리의 동물을 잡았다. 그가 유럽에 들렀을 땐 여러 왕과 왕비들의 극진한 환대와 대중의 열렬한 환영을 받았다. 마치 개선장군처럼 귀국한 루스벨트는 돌아오자마자 태프트로부터 공화당 대통령 후보를 되찾는 작업에 몰두하면서 전국적인 연설여행을 다녔다. 그는 예전의 루스벨트가 아니었다.

1910년 9월 1일 캔자스의 오사와토미(Osawatomie)에서 재향군인들을 상대로 행한 루스벨트(Roosevelt 1962a)의 연설은 이전의 신중한 보수주의에서 벗어나 진보적 색깔을 띠었다. 그는 연방정부가 '공공복지의 청지기(steward of the public welfare)' 가 되어야 한다고 역설했다. 너무도 급진적이어서 태프트 행정부는 물론 공화당 지도부와의 결별을 공개적으로 선언한 셈이었다.

1910년 중간선거에서 자체의 혁신주의 후보를 내세운 민주당은 16년 만에 처음으로 하원을 장악했고 상원에서도 세력을 확대했다. 민주당은 프린스턴대 총장을 지낸 학자 출신의 이상주의자로 알려진 뉴저지 주지사 우드로 윌슨(Thomas Woodrow Wilson, 1856~1924)을 1912년 대선후보로 선출했다.

버지니아 스탠턴(Stanton)에서 태어나 장로교회 목사인 아버지의 엄격한 가정교육 아래 자란 윌슨은 아버지의 뒤를 이어 성직자의 길을 걷지는 않았지만 칼뱅주의 도덕과 가치관으로 무장한 선교사 같은 인물이었다. 윌슨은 젊은 시절 보수적 성향이 강했으나 선거유세에선 진보적 흐름을 대변했다. 그는 보수주의자들을 "그냥 앉아서 생각만 하는, 주로 앉아만 있는 사람"이라고 했으며, 보수주의는 "아무것도 변화시키지 않고 의심이 나면 할머니와 상의하는 정책"이라고 정의했다.

공화당에선 루스벨트의 복귀로 혈투가 벌어졌다. 늘 루스벨트의 그늘에 치여 살던 태프트는 "구석에 몰리면 쥐도 물어뜯는다"고 말하면서 루스벨트에 정면대항하기로 결심함으로써 그간 절친한 친구관계였던 두 사람 사이에 거친 인신공격이 벌어졌다. 루스벨트는 태프트를 '사람을 당황하게 만드는 놈이자 돼지쥐보다 더 멍청한 머리를 가진 얼간이'라고 불렀으며, 태프트는 루스벨트를 '위험한 이기주의자이자 민중선동가'라고 응수했다. 당원들은 루스벨트를 선호했으나 지도부는 태프트 편이었다. 시카고에서 열린 공화당 전당대회에서 태프트 지지자들은 월요일 저녁 7시 30분에 루스벨트가 미시간 호수의 물 위를 걸을 것이라고 주장하는 내용의 광고용 전단을 뿌렸다. 루스벨트가 인간의 능력으로 불가능한 주장을 하고 있다는 흑색선전이었다.

격전 끝에 태프트가 다시 공화당 후보로 뽑히자 루스벨트는 불만에 찬 진보적 공화당의원들을 이끌고 혁신당(Progressive Party)으로 돌아갔다. 혁신당의 또다른 이름인 '불무스(bull moose)' 란 명칭은 루스벨트가 언젠가 자신을 "말코손바닥사슴보다 강하다"고 말한 것이 계기가 되어 붙여진 이름이다. "성난 수사슴처럼 일하자"고 말했다고 해서 붙은 것이라는 설도 있다.

루스벨트는 열광하는 지지자들을 향해 "우리는 아마겟돈(Armageddon, 세계의 종말에 있을 선과 악의 대전투)을 맞이해 하나님을 위해 싸운다"고 선언했다. 대단한 저술가이기도 했던 루스벨트는 '아마겟돈' 을 비롯해 여러 단어와 용어들을 유행시켰는데, 무뢰배(bully, 약한 자를 괴롭히는 사람), 산업의 함장들(captains of industry), 외유내강형 인간(a man of hard mind and soft body) 등이 바로 그것이다.

그러나 1912년 대선은 결코 아마겟돈은 아니었다. 공화당의 표가 분산된 가운데 윌슨이 압도적 승리를 거두면서 제28대 대통령에 당선되었다. 선거인단 투표에서 태프트는 고작 2개 주, 루스벨트는 6개 주를 차지하는 데에 그쳤다. 1912년 대선은 사회당의 최전성기를 기록한 선거였다. 사회당 후보 유진 데브스는 6퍼센트의 일반득표율, 즉 100만 표의 지지를 획득했다. 사회당이 헬렌 켈러(Helen Keller, 1880~1968)를 비롯한 유명인사들을 끌어들이며 얻은 성과였다.

1909년 앨라배마의 보수적인 집안 출신임에도 불구하고 데브스와 교분을 쌓으며 사회당에 가입한 헬렌 켈러는 1911년에 쓴 글에서 "우리의 민주주의는 허울뿐이지 않은가. 우리가 투표를 한다? 그게 갖는 의

미는 무엇인가? 거기서 거기인 것들을 놓고 선택할 뿐이다"고 주장했다.

헬렌 켈러에 대한 일반적인 이미지는 두 살 때 맹인이 된 켈러와 앤 설리번(Anne Sullivan, 1866~1936) 선생의 관계를 다룬 연극과 영화 『미라클 워커(The Miracle Worker)』에서 나온 것이다. 이 이야기는 켈러가 신호법을 익혀 인간승리를 하는 것으로 끝나지만, 이후 켈러는 당시 여학교의 하버드로 인식되던 래드클리프에 진학해 1904년 우등으로 졸업한 뒤 평화주의 페미니스트로 맹활약하게 된다.

윌슨의 두 얼굴

"때때로 사람들은 나를 이상주의자라고 부른다. 글쎄 그게 바로 내가 미국인임을 내가 알고 있다는 걸 말해주는 게 아닐까. 미국은 세계에서 유일한 이상주의 국가다." 윌슨의 말이다. 시어도어 루스벨트는 윌슨이 자기 목소리에 사로잡힌 나약한 지도자라고 비난했는데, 윌슨은 루스벨트가 누린 인기와 비교하여 다음과 같이 반박했다.

"그는 그들의 상상력에 호소했습니다. 나는 그러지 않습니다. 그는 실제적이고 활기찬 사람입니다. 그들은 그를 보고 목이 쉬도록 소리치고 표를 던집니다. 수백만 명입니다. 나는 애매하고 추론적인 성격입니다. 인간적 특성과 적혈구보다는 견해와 학문적 사고로 더 많이 구성돼 있습니다."

첫 재임기간 중 윌슨은 일련의 입법적 승리를 거두었다. 첫째, 대기업들이 외국의 경쟁을 물리치기 위해 거의 신성한 무기처럼 휘두르고 있던, 외국수입품에 대한 관세를 남북전쟁 이후 최초로 감소시켰다.

둘째, 소득세를 부과하는 내용의 수정헌법 16조를 새로 제정했다. 셋째, 직접투표에 의한 상원의원 선거를 규정한 수정헌법 17조를 통과시켰다. 이전에는 상원의원을 주의회에서 선출했다. 넷째, 연방준비법을 제정하여 앤드루 잭슨(Andrew Jackson, 1767~1845) 시절 이후 최초로 중앙은행을 설립했다. 다섯째, 연방통상위원회를 신설하고, 클레이튼 반트러스트법(Clayton Antitrust Act)을 제정했다. 이렇게 다섯 가지를 열거한 데이비스(Davis 2004)는 "하지만 윌슨의 '진보적' 행정부는 민권을 크게 후퇴시킨 점 때문에 오점을 안게 되었다"며 다음과 같이 말한다.

"버지니아에서 태어난 윌슨은 남북전쟁 이후의 남부주의 산물이어서인지 다른 면에서는 그토록 진취적인 사람이 흑백문제에 있어서는 놀라운 정신상태를 보여주었다. 하지만 유럽에 전운이 감도는 상황을 불안하게 지켜보는 국민들로서는 흑인을 대하는 그의 태도에 깊은 관심을 가질 여유가 없었다."

1913년 윌슨의 취임식 전날 워싱턴 거리에선 "윌슨에게 근심거리를 얘기하자"고 적힌 현수막을 든 여성 수백 명이 시위를 벌였다. 여성 참정권론자 4명은 백악관 담장 앞에서 인간 사슬을 형성하기도 했다. 윌슨은 이들을 백악관으로 불러들여 따뜻한 차 한 잔을 대접하려고 했으나, 뜻대로 되진 않았다. 여성운동가들은 치안방해혐의로 15일간 수감되었다.

콜로라도 탄광 학살사건

1914년 4월에 일어난 콜로라도 탄광 학살사건도 윌슨 행정부의 오점

주방위군이 콜로라도 루드로의 야영지를 불태운 뒤의 폐허(위)와 시체 13구가 발견된 구멍(아래).

이었다. 1913년 콜로라도에서 시작된 광부들의 파업은 조합임원 한 명이 살해된 후 1만 1,000명의 광부들이 파업에 참여할 정도로 세가 커졌다. 광산 소유주였던 록펠러(Rockefeller) 가문은 파업 중인 광부들의 야영지를 습격하기 위해 청부업자들에게 기관총을 들려 보냈다. 주지사는 주방위군을 투입했는데, 주방위군의 급료는 록펠러 가문이 지급했다.

파업노동자들과 주방위군 사이에서 격렬한 싸움이 벌어졌는데, 1914년 4월 한 갱도에서 여성과 아이들 사체 13구가 발견되었다. 주방위군에게 살해된 이른바 루드로 학살사건(Ludlow Massacre)이다. 그 소식은 전국으로 퍼져나갔고 곳곳에서 파업과 항의시위가 발생했다. 윌슨 대통령은 연방군대를 투입해 진압함으로써 66명의 민간인이 사망했다. 그러나 이 사건은 곧 제1차 세계대전이 일어나면서 유야무야되고 말았다.

그렇지만 이 사건으로 록펠러가는 악덕 자본가, 냉혹한 기업인의 이미지를 갖게 되었다. 흔히 '현대 PR의 아버지' 로 불리우는 아이비 리(Ivy Lee, 1877~1934)는 록펠러 가문의 그런 이미지를 개선하는 데에 결정적인 역할을 했다. 『뉴욕저널(New York Journal)』, 『뉴욕타임스』, 『뉴욕월드(New York World)』 기자를 지낸 그는 1903년부터 정치후보자들을 위한 홍보 일을 해왔는데, 록펠러가의 요청을 받아 록펠러와 그의 아들의 대중적 면모를 바꿔놓는 PR 캠페인에 성공하게 된다. 아이비 리는 이 파업파괴 행위를 '산업의 자유' 를 위한 일격이었다고 묘사하면서 록펠러가를 자선사업에 열중하는 이미지로 바꿔놓았다. 그는 1930년대엔 나치정권 홍보를 맡아 문제가 되자 히틀러(Adolf Hitler, 1889~1945)를 개혁시키기 위해 한 것이라고 주장한다.

록펠러가의 PR 이전에 최초의 PR 성공사례로 거론되는 것은 1908년 광고대행사 'N. W. 아이어 앤 선(N. W. Ayer & Sons)' 이 AT&T(American Telephone and Telegraph Company)의 독점을 옹호하면서 펼친 PR이다. 이런 PR 전략의 일환으로 AT&T는 "파워의 극대화", "당신의 세계와 만나십시오", "공간의 파괴자", "당신의 전화 지평선" 등과 같은 헤드라인으로 전화를 파워의 도구로 강조하는 광고공세를 퍼부었다.

멕시코 사태

20세기 초 멕시코는 쿠데타와 독재정권에 시달리고 있었다. 1911년 5월 멕시코는 35년간 독재를 한 포르피리오 디아스(Porfirio Díaz, 1830~1915)를 쫓아내고, 외국투자가들의 축복 속에 프란시스코 마데로(Francisco I. Madero, 1873~1913) 정권이 출범했지만, 1913년 2월 빅토리아노 우에르타(Victoriano Huerta, 1850~1916)가 마데로를 암살하고 집권했다. 윌슨 대통령은 우에르타의 승인을 거부했는데, 이로 인해 멕시코는 극심한 혼란 속으로 빠져들었다.

비교적 혁명이념에 충실했던 또 다른 장군으로 베누스티아노 카란사(Venustiano Carranza, 1859~1920), 그리고 지역의 무장지도자로 에밀리아노 사파타(Emiliano Zapata, 1879~1919)와 판초 비야(Pancho Villa, 1878~1923)가 있었다. 이들이 시민혁명군을 결성해 정부군과 전쟁을 벌이는 사태가 빚어졌다. 백인으로 부유한 지주 출신인 카란사를 중심으로 한 '헌정수호파'는 멕시코시티를 중심으로 중부지방에서 투쟁했으며, 남부에선 문맹의 인디언으로 빈곤층에 토지를 분배해주는 등 개혁적 성향을 보인 메스티소 출신의 사파타, 북부에선 카란사의 부관 출신으로 인디언 지도자인 판초 비야가 투쟁을 이끌었다. 비야는 국내에선 '판초 빌라'로 알려진 인물이다.

윌슨은 미국 선원 몇 명이 체포된 일을 구실 삼아 1914년 4월 해군을 급파해 베라크루주를 공격했으며, 우에르타는 멕시코를 탈출했다. 이제 다시 혁명군 내부에서 내분이 일어났다. 카란사에 대항한 봉기를 일으켜 멕시코시티를 장악한 비야는 카란사에게 치명타를 입히려는 의도로 미국을 공격했다. 한때 윌슨이 비야를 지원할 생각을 했다가 그의 군사력이 약화되자 그를 버리고 카란사 정부에 대해 예비승인(1915년 10월)을 하자, 이에 대한 복수욕도 있었다.

비야는 멕시코 북부를 여행 중이던 미국인 열차승객 10여 명을 살해하는가 하면, 국경 너머 뉴멕시코주까지 쳐들어가 일단의 미국인 광산기술자들을 살해했다. 이에 격분한 윌슨은 존 퍼싱(John Pershing, 1860~1948) 장군이 이끄는 미군 1만 2,000명을 멕시코로 보내 비야를 잡도록 했지만, 책략이 뛰어난 비야는 9개월간 이리저리 피하면서 미군을 멕시코 영토 깊숙이 끌어들였다. 카란사는 불안에 떨었고 미국과 멕시코 사이의 긴장은 높아졌지만, 유럽을 휩쓸고 있던 전쟁에 개입할 가능성이 높아지자 윌슨도 하는 수 없이 1917년 퍼싱을 미국으로 불러들였다.

카란사는 1917년 3월 11일 총선에서 승리해 5월 1일 대통령에 취임했으며, 윌슨 정부의 공식승인을 받았다. 나중에 비야, 사파타, 카란사는 모두 유럽 전쟁의 소용돌이에 빠져든 멕시코의 혼란한 정세 속에서 암살로 생을 마쳤다. 1923년 7월 20일 암살된 비야는 "고아로 태어나 20여 년간을 도적질로 살아왔지만, 빼앗은 돈과 물건을 가난한 사람들에게 나눠줘 '가난한 사람들의 친구' 라는 별명을 얻었다."(송기도 2003). 사파타는 1994년 1월 1일 멕시코 남부 치아파스주에서 들고 일어난 농민해방군의 이름으로 다시 나타나게 된다.

미국은 멕시코 사태에 이어 1915년엔 아이티에 해병대를 보내 저항하는 수천 명의 아이티인들을 살상했으며, 1916년에는 도미니카공화국을 점령하기 위해 해병대를 파견했다. 진(Zinn 2008)은 이런 사례들을 들면서 "윌슨은 해외에서의 폭력행위를 자유주의적으로 호도하는 전형을 보여줬다"고 힐책한다. 미국은 이미 1912년 국부(國富)에서 영국의 2배, 프랑스의 3배를 넘어섰다. 이런 국력의 과부하를 견디기 어려웠던 걸까?

윌슨은 루스벨트가 미국인들의 상상력에 호소한 반면 자신은 그렇지 않다고 반박했지만, 윌슨 역시 루스벨트 못지않은 상상력의 애호가였다. 단지 상상력의 내용이 좀 달랐을 뿐이다. 혁신은 이상을 추구했고 이상 역시 혁신을 지향했지만, 이상과 혁신 모두 현실의 압제라는 지배를 받는다는 점에선 같았다. 미국이 세계에서 유일한 이상주의 국가라는 윌슨의 말은 맞지만, 문제는 늘 그 이상의 내용이다. 끊임없이 개척하고 정복해야만 하는 프런티어 정신, 바로 여기에 미국·미국인의 명암(明暗)이 있다. 제1차 세계대전이 다가오면서 그 명암은 뚜렷한 대비를 보이게 된다.

참고문헌 Beatty 2002, Brinkley 1998, Carpenter 1990, Davis 2004, Dole 2007, Felder 1998, Hunt 2007, Miller 2002, Ridings & McIver 2000, Riesman 1994, Roosevelt 1962a, Steel 1980, Strouk 2002, Tye 2004, Wilson 1962, Zinn 2008, Zinn & Stefoff 2008, 강준만 외 1999~2000, 김동춘 2004, 김봉중 2006, 백종국 2000, 송기도 2003, 우덕룡 외 2000

제2장

제1차 세계대전과 미국

국가 간 탐욕의 대충돌
제1차 세계대전

국가적 열정의 폭발

1914년 6월 28일 세르비아의 사라예보를 방문한 오스트리아 황태자 프란츠 페르디난트(Franz Ferdinand, 1863~1914) 대공 부부가 자동차를 타고 가던 중 세르비아 민족주의자의 저격을 받아 암살당하는 사건이 발생했다. 훗날 사라예보는 반경 1킬로미터 이내에 회교사원과 기독교 교회, 유대교 사원 등이 공존하고 있어 '유럽의 예루살렘'으로 불리지만, 당시의 사라예보는 범슬라브주의와 범게르만주의가 일촉즉발의 긴장 속에 대치하던 '유럽의 화약고'였다.

황태자 부부 피살사건 한 달 뒤인 1914년 7월 28일 오스트리아가 세르비아에 선전포고했고, 다음날 베오그라드를 폭격했다. 오스트리아의 동맹국인 독일과 터키, 불가리아 등등의 나라들이 한편이 되고, 세르비아를 지지하는 영국, 프랑스, 러시아, 이탈리아, 벨기에, 루마니아, 포르투갈, 몬테네그로 등등의 나라들이 다른 편이 되어 서로 싸우기 시작했다. 제1차 세계대전(1914~1918)이다. 발칸반도 등의 재분할 문제를 둘러싼 국가 간 탐욕의 대충돌이었다.

훗날 전쟁사가들은 제1차 세계대전의 원인을 두고 '우연' 이냐 '필연' 이냐 하는 논쟁을 벌이게 되지만, 그런 논쟁이 필요할 정도로 제1차 세계대전 전야의 분위기는 이상한 것이었다. 윈스턴 처칠(Winston Leonard Spencer Churchill, 1874~1965)은 1923년에 출간한 『위기 속의 세계(The World Crisis)』에서 다음과 같이 회고했다.

"그 당시에는 분위기가 이상했다. 국가들은 물질적 번영에 만족하지 못하고 국내적으로나 국제적으로 투쟁의 길로 내달렸다. 종교가 쇠퇴하는 가운데 지나친 찬양을 받은 국가적 열정이 온 대지의 아래에서부터 활활 타올랐다. 거의 온 세상이 고통 받기를 원하는 것으로 보일 지경이었다. 곳곳에서 사람들은 분명 위험을 무릅쓰기를 갈망했다." (Nye 2000).

전쟁 초기에 유럽인들은 기동전을 구사해 전쟁이 "크리스마스까지는 끝날 것" 이라고 생각했지만, 기관총의 등장으로 방어하는 진영이 유리해지면서 전쟁은 장기화되었다. 연합군과 독일군은 프랑스와 독일 사이의 '서부전선' 에 구덩이를 파고 그 속에서 공격해오는 적을 막는 데 주력했는데, 1914년 12월에는 스위스에서 영국 해협까지 거의 1,000킬로미터에 달하는 참호가 구축됐다. 참호전은 4년 동안 계속됐다.

박상익(2009)은 "참호 속에서 비는 무서운 적이었다. 전선 북부의 플랑드르 지방은 비도 잦았지만 지표면이 바다보다 낮아서 땅을 파기만 하면 물이 솟아올랐다. 이 지역을 맡은 영국군에게 가장 큰 적은 물

프랑스 병사들이 참호에 엎드려 독일군을 저격하고 있다. 전쟁이 장기화되면서 연합군과 독일군은 프랑스와 독일 사이의 '서부전선'에 구덩이를 파고 공격해오는 적을 막는 데 주력했다.

과 진흙이었다. 참호는 늘 진흙탕으로 발목까지 빠졌고, 더 깊이 빠지는 경우도 많았다. 병사들은 때로 허리·겨드랑이까지 차오르는 차가운 물속에서 며칠씩 계속 근무를 서야 했다"며 다음과 같이 말한다.

"1914년 10월 25일부터 이듬해 3월 10일 사이에 비가 오지 않은 날은 18일뿐이었다. 이 가운데 11일은 기온이 영하로 내려갔다. 1916년 3월에 내린 비는 35년 만에 최고 수준이었다. 전쟁 중 작성된 대대 보고서에는 진흙탕으로 인한 고통을 언급하는 내용이 가득하다. 때로 병사들은 수렁에 빠지지 않기 위해 체중을 골고루 분산시키려고 길게 누워야만 했다. 1916년 솜 전선의 참호에서 한 대대는 진흙 속에서의 탈진과 익사로 16명의 병사를 잃었다. 한 병사는 46시간이나 목까지

차는 진흙 속에 갇혀 있다가 마침내 구조됐지만 결국 15분 만에 죽고 말았다. 포탄 터진 자리에 생긴 구멍도 위험했다. 전투 중 부상해 정신이 혼미해진 병사에게 물이 찬 포탄 구멍은 죽음의 덫이 되곤 했다. 소총이 진흙에 빠지면 작동이 안됐기에 병사들은 사격을 하기 위해 총에 오줌을 갈겼다. 1917년 프랑스 병사들은 작은 반란을 일으켰다. 돌격명령을 받은 병사들이 양떼처럼 '음매' 소리를 내며 전진한 것이다. 도살장에 끌려가는 양처럼 그들을 죽음으로 몰아넣는 정치인·지휘관들에 대한 애처로운 저항이었다."

신기술 살상무기의 대량 도입

제1차 대전은 참호전일 뿐만 아니라 화학전이기도 했다. 1915년 4월 22일 독일군은 벨기에 전선에서 독가스를 최초로 사용했다. 독한 냄새를 풍기는 황갈색 염소가스였다. 이로 인해 영국군 5,000여 명이 사망하고 1만 5,000여 명이 전투의욕을 잃었다. 이로써 본격적인 화학전시대가 개막되었다. 제1차 대전은 화학무기 외에도 다른 신기술 살상무기의 대량 도입으로 그 이전의 전쟁들과는 확연히 다른 양상을 보였다. 그간의 과학발전이 인간 살육에 도입된 것이다.

1916년 9월 15일 프랑스 전선에선 영국의 신병기 탱크 32대가 등장했다. 독일군은 당시의 혁명적 교통수단이던 비행선을 폭격에 도입했는데, 하늘의 비행선에서 폭탄을 손으로 집어던지는 원시적 공습이었다. 1880년대만 해도 잠수함은 해안 방어수단에 불과했으나, 독일군 U보트들의 '무제한 잠수작전'은 연합국 선박을 줄줄이 수장시키기도 했다.

당연히 전쟁의 가장 큰 수혜자는 군수산업이었다. 보잉사의 경우, 미국의 참전과 함께 해군을 위한 연습기 59대를 주문받으면서 종업원을 12명에서 337명으로 늘렸다. 1928년 보잉은 1,000여 명의 직원을 고용한, 미국에서 가장 크고 영향력 있는 기업 중의 하나가 되었다.

1914년 개전 당시 180대 미만의 전투기로 시작한 영국 공군은 종전 무렵인 1918년 2만 2,000대 이상의 항공기를 보유하게 되었으며, 프랑스는 541대에서 2만 4,652대, 독일은 694대에서 1만 7,000여 대로 늘었다. 비행선과는 비교할 수 없을 정도로 성능이 뛰어난 폭격기들도 선을 보였다. 1915년 비행기에 투하장치와 조준기가 장착되면서 손으로 폭탄을 투하하는 원시적 방법은 사라졌으며, 폭탄의 탑재량도 1915년 10~20킬로그램에서 전쟁 말기엔 2~3톤으로 증가했다.

신기술 살상무기의 대량 도입으로 전투만 한판 크게 벌였다 하면 총 사상자 수를 파악하지 못할 정도로 수십만 명씩 죽어나갔다. 프랑스, 영국, 독일 등 모두 다 마찬가지였다. 독일의 경우 하루에 수천 명의 병사가 죽어가고 있는데도 공식 전쟁 보고서에는 "서부전선 이상 없다(All quiet on the Western Front)"로 기록되었다. 훗날(1929) 독일 소설가 에리히 마리아 레마르크(Erich Maria Remarque, 1898~1970)는 그 문장을 제목으로 삼은 소설을 출간한다. 이 소설에서 가장 많이 인용되는 부분은 다음과 같다.

"그러나 지금에서야 비로소, 나는 알게 되었다. 당신도 나와 똑같은 인간이라는 것을. 나는 당신의 수류탄과 총검과 무기만을 생각하고 있었다. 이제 나는 당신의 나이와 당신의 얼굴과 우리의 공통점을 생각하고 있다. 용서해주게. 전우여. 우리는 언제나 너무 늦게 이 사실을 알게 된다. 왜 그들은 우리에게 당신이 우리와 마찬가지로 당신의 어머니가 걱정하고, 똑같이 죽음에 대해 공포감을 가지고 있고, 똑같이 죽고 고통스러워하는 불쌍한 사람이라는 것을 말해주지 않는 걸까? 용서해주게, 전우여. 당신이 어떻게 우리의 적이 될 수 있겠는가?" (Christian 2009).

일본의 기회주의적 참전

동양에도 위험을 무릅쓰고자 하는 갈망으로 몸을 비비 꼬는 나라가 하나 있었으니, 바로 일본이었다. 일본에겐 갈망과 더불어 엄청난 실익을 노리는 '경제동물'의 본능이 있었다. 일본은 영일(英日)동맹조약의 실행을 빙자해 세르비아를 지원하는 연합국 쪽에 가담해 8월 23일자로 독일에 선전포고를 하고 나섰다. 일본 정계의 원로 이노우에 가오루(井上馨, 1836~1915)는 전쟁의 발발은 하늘이 일본을 도운 기회라고 했다.

일본은 1914년 9월 산둥(山東)반도에 상륙해 칭다오(青島)를 점령했다. 이어 일본은 1915년 5월 7일 중국의 원세개(袁世凱, 1859~1916) 정부를 향해 산둥성에 있는 독일의 권익을 일본이 인수하고 남만주와 동부 내몽골을 사실상의 일본 영토로 만드는 등의 조항들로 이루어진 소위 '21개조 요구'를 들이밀었다. 이틀 뒤에 원세개가 그 요구조건을 받아들이자, 중국 민중은 그 양일을 국치(國恥)일로 정하고 대대적인 반대운동을 전개했다.

원세개는 일본의 요구조건을 들어주는 대신 제정(帝政)을 부활하고 자신이 황제가 되는 것을 보장받고자 했다. 결국 그는 1915년 12월 유

원세개. 일본의 '21개조 요구'를 수락하면서 황제의 자리에 올랐다.

교에 근거한 전통의식과 관습을 부활시키면서 황제로 취임했다. 1916년 6월 원세개의 죽음에 의해 군주제 수립운동은 사라지지만, 군벌에 의한 지배는 계속되었다(쑨원은 1919년 중화혁명당을 개조해 중국국민당을 결성하지만, 중국은 전국 각지에서 군벌의 할거로 중국은 대분열로 치닫는다. 1920년 중국에선 4대 군벌이 지배권을 잡고, 소군벌은 20여 개에 이르게 된다).

일본의 참전목적은 유럽에서 전쟁 중인 서구열강들이 아시아에 신경 쓸 겨를이 없음을 틈타서 힘의 공백상태에 있는 중국을 침략하려는 것이었다. 일본은 대규모 병력을 동원해 중국 안에 있는 독일 조차지와 독일령 남양 제도에 주둔하고 있는 영세한 규모의 독일군 병력을 공격하여 쉽게 점령했다. 이로써 중국 대륙을 침략할 교두보를 마련하는 데 성공하게 된다. 또한 일본은 유럽에는 군수품을 수출하고 동남아에는 생필품들을 수출하는 거대한 공급기지가 됨으로써 세계 대전이 일으킨 특수경기의 수혜자가 된다.

루시타니아호의 침몰

1915년 5월 초 미국 주재 독일 대사관은 대서양을 항해하는 영국 선박에 미국인이 승선하지 말 것을 경고하는 광고를 미국 신문들에 게재했다. 그로부터 며칠 후인 5월 7일 영국의 정기여객선 루시타니아호(Lusitania)가 아일랜드 해안에서 독일 U보트의 수뢰공격을 받아 18분 만에 침몰함으로써 승객과 승무원 1,959명 중 1,198명이 숨졌다.

사망자 중에는 미국인도 128명이나 포함돼 있었다. 우드로 윌슨 대통령은 배의 격침에 분노한 미국인들의 열화와 같은 전쟁요구를 묵살하고 외교각서를 통해 배상금 및 여객선 공격중지를 요구하는 협상을 독일과 벌였다. 독일은 루시타니아호에 무기가 실려 있었다고 주장하

우드로 윌슨. 루시타니아호 침몰사건으로 미국 내 전쟁여론이 들끓었으나 윌슨은 독일과 배상금 협상을 벌였다.

면서도 배상금 지급에 합의했다. 후일 밝혀진 바에 따르면, 루시타니아호엔 탄약 4,200상자와 유산탄 1,250상자가 실려 있었고, 수뢰공격을 받을 때 그것이 폭발해 배의 침몰을 가속화시킨 것으로 드러났다.

윌슨은 계속 중립을 밀고 나갔다. 그는 공화당 후보 찰스 휴스(Charles Evans Hughes, 1862~1948)와 맞붙은 1916년 대통령 선거에서 심지어 "그가 우리를 전쟁에 나가지 못하게 막았다(He Kept Us Out of War)"를 민주당 슬로건으로 삼아 자신의 재선 유세에 이용할 정도였다. 윌슨이 재선에 성공함으로써 미국의 제1차 대전 개입은 늦어지게 된다. 내내 공화당 성향이었던 토머스 에디슨(Thomas Alva Edison, 1847~1931)이 윌슨의 재선을 지지하면서 밝힌 다음과 같은 이유 때문에 윌슨이 재선에 성공했을지도 모르겠다. "사람들은 윌슨이 크게 헤맸다(blundered)고 했습니다. 글쎄요, 제 생각으로도 그렇습니다. 그렇지만 저는 그가 헤매도 항상 앞으로 나아가면서(forward) 헤맨다는 것을 알아챘습니다."

당시 중립은 윌슨의 소신이라기보다는 미국의 민족구성상 불가피한 일이기도 했다. 100년 전과는 달리 민족구성이 매우 다양해졌기 때문에 유럽에서의 전쟁은 미국 내 민족 간 갈등을 수반할 수밖에 없었다. 19세기 내내 미국 이민을 주도한 아일랜드계와 독일계 미국인들은 미국 정부가 영국과 동맹을 체결할까봐 노심초사하면서 경계를 늦추지 않았다. 아일랜드인은 독일인 못지않게 영국을 증오하는 사람들이었기 때문이다. 유대계 미국인들의 상당수가 독일계라는 점도 무시할 수 없는 변수였다. 이들의 가족이 아직 독일에 남아 있는 경우도 있었지만, 이들은 무엇보다도 자신들을 탄압했던 러시아 제정에

도움을 주는 행위를 받아들일 수 없었다. 또한 스칸디나비아계 미국인들도 러시아의 팽창정책을 우려해서 미국이 러시아를 돕는 행위에 반대했다.

흔히 미국 사회를 가리켜 '용광로'라고 하지만, 진정한 용광로는 전쟁이다. 전쟁은 모든 인종과 민족을 전쟁의 주체인 국가라는 유일신에 종속시켜 녹여내는 힘을 가진 괴물이다. 미국의 중립을 요구했던, 각 민족 간 존재하는 그토록 다양한 이유들은 미국이 나중에 제1차 세계대전에 참전하게 되자 해체되거나 파괴된다. 전쟁은 국가주의를 키우는 온상인 셈이다.

참고문헌 Christian 2009, Davis 2004, Dole 2007, Kennedy 1996, Nye 2000, Prestowitz 2006, Zinn & Stefoff 2008, 김봉중 2006, 김용구 2006, 박상익 2009, 박홍규 2002, 서의동 2009, 송우혜 1998-1999, 요시다 도시히로 2008, 전성원 2009a, 조선일보 문화부 1999

'미국 영화의 아버지' 그리피스의 〈국가의 탄생〉

'근대 영화의 효시'

1896년에 시작된 5센트짜리 극장(nickelodeon)은 저렴한 가격으로 가난한 대중관객의 사랑을 받았다. 니켈오디언이 1910년 1만 개를 넘어서자 일주일에 1릴(one reel, 필름을 감는 장치, 영화필름의 한권) 필름이 평균 약 200개가 필요했다. 1906년 이전의 초기 영화는 '이야기하기' 보다 '보여주기' 를 강조했다. 이 시기에 만들어진 대다수의 영화는 실제상황이었고 1906년경까지 픽션영화를 능가했다.

1908년 12월에는 에디슨 등 주요 영화업자들이 모여 영화특허권회사(MPPC, Motion Picture Patents Company)를 결성해 영화제작, 배급, 상영에 관한 모든 면을 통제하려고 했다. 그러나 니켈오디언이 급속히 확산되면서 젊은이들의 도덕적 타락을 우려하는 목소리가 높아졌다. 1908년 12월 뉴욕 시장은 극장이 "시의 육체적 도덕적 안녕에 위협"을 끼친다는 이유로 모든 니켈오디언을 폐쇄시키는 데에 성공했으며, 지

에드윈 포터 감독의 〈대열차 강도〉. 클로즈업을 극적으로 사용해 관객을 깜짝 놀라게 만든 최초의 사례다.

역 검열위원회가 여러 도시에서 형성되었다. 이에 MPPC 회원사들은 검열에 협조하는 제스처를 취하는 한편 중 · 상류층 관객을 끌어들일 계산하에 고급 문학으로부터 빌려온 이야기들이나 중요한 역사적 사건들을 다루는 등 영화의 질 향상을 위해 노력했다.

영화제작기술상 클로즈업을 극적으로 사용해 관객을 깜짝 놀라게 만든 최초의 사례는 에드윈 포터(Edwin Porter, 1869~1941)의 1903년 작품 〈대열차강도(The Great Train Robbery)〉였으며, 오늘의 기준으로 최초의 영화다운 영화는 1914년에 나타났다. 데이비드 W. 그리피스(David W. Griffith, 1875~1948) 감독의 역사적 서사극 〈국가의 탄생(The Birth of a Nation)〉이다.

〈국가의 탄생〉은 당시 보통영화의 8배가 넘는 159분짜리 대작으로 제작비도 이전 최고 제작비의 5배나 들었다. 영화기법상 '근대 영화의 효시' 로 불러도 좋을 정도로 새로운 기법들이 사용되었기 때문에 그리피스를 '미국 영화의 아버지' 라고 일컫는다. 이 영화는 거의 3시간의 상영시간 동안 관객을 완전히 사로잡았으며, 뉴욕의 리버티 극장에선 44주 연속상영되었다. 10만 달러 제작비로 500만 달러 수익을 올렸다.

이 영화는 "창문도 없고, 냄새나고, 싸구려 피아노 소리가 들리는 싸구려 니켈오디언 상가극장" 의 종식을 알렸고 "세 시간 동안이나 지속되면서 저녁 내내 흥분과 전율로 가득 채울 수 있는 훌륭한 영화를 일반대중들이 전혀 꿈꾸어보지 못했던 풍성한 사치의 공간에서 보여줄 수 있는 거대한 오케스트라를 갖춘 화려한 극장" 의 시대를 여는 계기가 되었다(Belton 2000).

화려한 영화궁전(picture palace)의 시대는 1913년 뉴욕에 최초로 건설된 디럭스 영화전용관인 2,460석 짜리 리젠트의 개업으로 시작되었는데, 1910년대와 1920년대에 지어진 대다수 영화관들은 500석에서 800석 규모로 적당한 크기였지만 도시지역엔 1,500석에서 6,000석 이상의 대규모 영화궁전들이 더 많이 세워졌다. 가정용 에어컨이 알려지기도 전인 1917년부터 에어컨이 영화궁전에 설치되면서 영화관을 멀리 하던 여름철 관객도 크게 늘어났다.

〈국가의 탄생〉 논란

그러나 영화의 내용은 큰 논란을 빚었다. 남북전쟁 종전 50주년을 기념하기 위해 만들어진 이 영화는 전쟁 전의 남부사회를 잃어버린 낙원으로 묘사하면서 미국 역사를 멜로드라마로 제시했다. 이와 관련,

벨튼(Belton 2000)은 다음과 같이 말한다.

"남북전쟁은 가족 멜로드라마의 형태를 취하며 악한의 역할은 북부의 노예 폐지론자, 혼혈인, 흑인이 맡는다. 그러나 가장 못된 악한은 결국 흑인이다.……그리피스의 인종차별주의 시나리오에 의하면 북부와 남부의 갈등이 해결되고 통일되는 것은 백인이 공동의 적(흑인)에 대항하여 뭉치는 것을 통해서만 이루어질 수 있다.……이 영화가 엄청난 성공을 거둔 것은 인종적 순수성에 근거한 단순화된 미국 정체성의 개념과 순수한 과거로 돌아가고 싶은 1910년대와 1920년대 미국인의 욕구에 이 영화가 어느 정도 부응했음을 시사한다."

〈국가의 탄생〉은 KKK(Ku Klux Klan)단을 불의에 맞서는 정의의 구세주로 묘사했을 뿐만 아니라 흑인에게 '교활하고 위험하다'는 이미지를 덧씌웠다. 남부 전체를 흑인 천국으로 만들려는 음모를 그리면서 공포감을 조성하는 상상의 날개를 편 것이다. 이 영화에는 심지어 "모든 백인은 지나가는 흑인에게 절을 해야 한다"는 법 제정을 강행하려는 주의회 흑인의원들이 등장한다.

이 영화에 대해 흑인들은 반발했지만, 원작자인 토머스 F. 딕슨(Thomas F. Dixon, Jr. 1864~1946)과 존스홉킨스대 대학원 동창이었던 우드로 윌슨 대통령은 백악관에서 이 영화를 본 뒤에 "이 영화는 번개로 역사를 쓴 것 같다. 이 영화가 진실로 사실이라는 점이 정말 유감스럽다"고 호평했다. 윌슨의 '번개로 쓴 역사(history written in lightning)'라는 표현은 윌슨이 영화 그 자체가 엄청난 경이의 대상으로 여겨질 수밖에 없는 세대의 사람이라는 걸 감안하고 들어야겠지만, 이는 프린스턴대 총장 시절 흑인 학생의 입학을 불허한 것과 더불어 윌슨의 인종차별주

데이비드 그리피스의 〈국가의 탄생〉. 그리피스에게 '미국 영화의 아버지'라는 명성을 선사한 동시에 인종차별적 묘사로 인종주의자라는 불명예도 안긴 작품이다.

의를 말해주는 증거로 자주 거론되곤 한다.

이 영화가 인종차별을 선동한다는 비난에 대해 그리피스는 윌슨의 이 말을 인용하곤 했다. 또 그리피스는 원작 소설인 『클랜즈맨(The Clansman)』을 쓴 작가 토머스 딕슨에게 책임을 떠넘기려고도 했지만, 이 영화는 원작과는 거리가 멀어 그리피스의 작품이라고 해도 좋을 정도였다.

이 영화는 백인의 흑인에 대한 '성기 공포증'을 다시 자극했다. 프리드먼(Friedman 2003)에 따르면, 이 영화는 "흑인은 백인 처녀의 순결을 빼앗고 싶어서 침을 흘리는 색마이자 위협이며, 거대한 짐승 같은 물건을 백인 여성에게 삽입하고 싶다는 생각만이라도 감히 함으로써

〈국가의 탄생〉은 한동안 조용하던 KKK단을 되살리기도 했다. 1910년대 말부터 급성장한 KKK단은 1924년 초 450만 명의 단원을 보유할 정도로 거대해졌다.

백인 여성의 여성성을 우롱하는 흑인은 모두 고자로 만들어버리겠다는 결의에 찬, 흰 두건을 쓰고 칼을 찬 말 탄 기사들만이 그 위협을 저지할 수 있다는 인종적 편견에 가득 찬 장황한 이야기" 였기 때문이다.

인종차별주의자라는 비난에 충격을 받은 데다 마음이 상한 그리피스는 『미국 표현의 자유의 흥망성쇠(The Rise and Fall of Free Speech in America)』라는 소책자를 써서 적극적인 방어에 나섰으며, 그 연장선상에서 1916년 〈국가의 탄생〉보다 더 긴 세 시간짜리 영화 〈불관용(Intolerance)〉을 내놓았다. 바빌론의 몰락에서부터 미국 노동자의 파업에 이르기까지 세계사를 다루면서 변하지 않는 편협을 다룬 이 영화는 흥행에선 참패했지만, 〈국가의 탄생〉과 마찬가지로 최초로 상류층을 관객으로 끌어들이는 데엔 성공했다. 〈불관용〉은 1919년에서야 러시아에서 상영되었는데, 이 영화를 보고 감명을 받은 레닌(Vladimir Lenin, 1870~1924)은 그리피스에게 러시아 영화산업을 맡아달라는 제안을 하기도 했다.

그리피스는 표현의 자유를 외쳤지만, 한동안 활동이 뜸하던 KKK단이 〈국가의 탄생〉의 자극을 받아 되살아났다. 1915년 윌리엄 조지프 시몬스(William Joseph Simmons, 1880~1945) 대령이라는 조지아인이 사실상 KKK단을 재창립하고 나선 것이다. 목사이기도 한 그의 주도하에 그해 가을 추수감사절 전날 밤 애틀랜타 근처에 있는 스톤마운틴에서 16명이 모여 불 십자가 앞에서 KKK의 부활을 외쳤다. 이들의 공격 목표는 흑인만이 아니라 유대인, 비기독교도, 가톨릭교도, 아시아인, 신규 이민자 등으로 확대되었다. KKK단은 1910년대 말부터 급성장했고 1924년 초 단원 수는 450만으로 폭증하게 된다.

이 영화는 제2차 세계대전 이후 흑인들의 세력이 강화되면서 다시 논란이 된다. 상영 소문만 나도 영화관 앞 피켓 시위(picketing)가 벌어지곤 했다. 흑인들은 이 영화의 박물관 보관도 반대했다. 실제로 미국의 현대예술박물관은 '인종차별주의 작품' 이라는 이유로 소장을 거부했고 1992년 의회도서관도 '예술적 의미에서' 라는 단서를 붙이고 나서야 간신히 소장할 수 있었다.

할리우드와 스타 시스템의 탄생

1913년까지 미국 영화의 산실은 뉴욕과 시카고였지만, 점차 서부, 즉 로스앤젤레스로의 권력이동이 일어나 시작했다. 로스앤젤레스의 성장과 관련, 소자(Soja 1997)는 "1900년 이후 자본주의의 집중과 관련된 대격변이 그렇게 급속하게 또는 뻔뻔스럽게 일어난 곳은 없었을 것이다" 고 했는데, 그런 대격변엔 할리우드도 일조했다. 미 대륙 서부 끝에 위치한 할리우드는 캘리포니아주의 작은 농촌마을에 불과했지만, 사계절 청명한 천혜의 날씨는 영화인들의 관심을 끌기에 충분했다. 할리우드는 로스앤젤레스 중심부에서 북서쪽으로 13킬로미터 떨어진 곳에 있는데, 1910년에 시의 일부로 편입되었다.

1909년 시카고의 악천후로 〈몽테크리스토 백작(The Count of Monte Cristo)〉(감독 프랜시스 보그스 · 토머스 퍼슨스)의 촬영지를 찾아 헤매던 셀리그(Selig) 영화사는 캘리포니아의 '날씨'를 발견한 뒤 제작기간의 단축은 물론 제작비용까지 엄청나게 절감하는 이득을 보았다. 1913년 할리우드에 첫발을 디딘 네스토르(Nestor) 영화사도 대부분 야외촬영에 의존해 1주일 동안 무려 3편의 영화를 제작했다.

동부 영화사들의 서부행 '스튜디오 러시'에는 발명왕 토머스 에디슨의 감시를 피해 해적영화를 만들기 위한 목적도 있었다. 영화특허권회사(MPPC)의 결성을 주도한 에디슨은 이 신디케이트의 허락 없이 영화를 촬영하거나 복사할 수 없다고 선언하고 모든 영화촬영기기 사용에 철저한 로열티를 요구했다. 에디슨은 또 영화상영시간이 길어지면 관객들이 무료해한다는 이유로 영화 한 편당 상영시간을 20분 이하로 제한했으며, 영화배우들의 인기상승에 따른 출연료 인상을 막기 위해 자막에서 배우들의 이름을 지우도록 강요했다. 당시 독립영화사들이 영화를 제작하려면 에디슨의 이런 요구에 항복하든지 아니면 치고 빠지는 게릴라전을 펴는 수밖에 없었다. 바로 그런 게릴라전의 무대로 할리우드가 떠오른 것이다(권재현 1999).

1912년 유니버설, 1913년 워너브라더스, 1914년 파라마운트 · 폭스 · 메트로, 1917년 골드윈 · 메이어(메트로 · 골드윈 · 메이어는 MGM

으로 1924년 합병) 등 스튜디오들이 생겨나면서 스튜디오 시스템이 자리를 잡기 시작했으며, 스타 시스템은 1910년대 중반부터 할리우드에 도입되었다. 그 이전에는 배우들이 이름은 자막에 나타나지도 않았다. 그들의 이름이 별 의미가 없었던 것이다. 이는 비단 에디슨뿐만 아니라 대다수 영화제작업자들이 배우의 이름이 널리 알려질 경우 배우가 출연료를 많이 달라고 요구할 것을 우려했기 때문이었다.

스타는 흥행의 '보험증서'

원래 스타라고 하는 것은 원시적인 형태나마 18세기의 연극에서부터 비롯되었다. 이때가 연극이 순회공연이나 부자의 자선에 의존하던 데에서 탈피해 경제적으로 독립하고 연극인이 사회적으로 대우받는 직업인으로 등장하기 시작한 시점이었다. 묘하게도, 아니 당연하게도 사람들은 연극의 재미를 자신들이 좋아하는 배우의 연기를 통해서 만끽하고자 했다. 보다 많은 사람들을 끌어들이기 위해선 스타를 만들어내야 한다는 것을 연극인들이 깨닫는 데엔 그리 오랜 시간이 걸리지 않았던 것이다. 베르톨트 브레히트(Bertolt Brecht, 1898~1956)는 부르주아 연극이 주연급 배우를 만들어놓고 다른 배우들을 그 주연배우에 종속시키는 것을 개탄했지만, 연극의 상업적 생존과 발전은 대중의 비위를 맞추지 않고서는 불가능한 것이었다.

스타는 두말할 필요 없이 대중의 큰 인기를 누리는 배우를 말한다. 연기의 관점에선 배우 개인의 개성이 극중 인물의 성격을 압도하거나 그 성격에 혼합되어 나타날 때에 그 배우를 스타라고 말할 수 있다. 극의 내용과 연출의 장점으로 많은 관객을 끌어모으기엔 여러 가지 어

왼쪽부터 메리 픽퍼드, 더글러스 페어뱅크스, 찰리 채플린, 데이비드 그리피스. 네 사람은 독립제작 영화를 배급하기 위해 1919년 UA(United Artists) 영화사를 설립했다.

러운 점이 있을 뿐만 아니라 극이 바뀔 때마다 새로운 홍보를 해야 하는 명백한 한계가 있기 때문에 이를 극복해 상업적 성공을 거두기 위해 스타가 필요하게 된 것이다. 미국 자본주의의 호전적 분위기 속에서 사는 할리우드의 영화업자들이 그런 법칙을 외면할 리 만무했다. 물론 그들은 곧 스타 자체가 상품이고 산업임을 깨닫게 되었다. 이런 맥락에서 모랭(Morin 1992)은 "스타 시스템의 내재적 성격은 산업, 상업 및 금융의 거대한 자본주의의 성격 그 자체이다"라고 말한다.

할리우드 영화사들은 스타를 흥행의 성공을 보장받기 위한 일종의 담보물 또는 보험증서로 간주하기 시작했다. 영화산업은 다른 산업과는 달리, 수요예측이 거의 불가능하다. 대중의 취향은 변덕스럽기 때문이다. 그러나 스타는 어느 정도 수요예측을 가능케 해준다. 자신이 좋아하는 스타를 보고 몰려드는 관객들이 많기 때문이다. 그래서 영화사들은 그런 '보험증서'를 적극 양성하기 시작했다. 특히 섹스 심벌로서의 구매력이 더 높은 여자 스타에 더 큰 관심을 기울였다.

할리우드 초기의 스타 메리 픽퍼드(Mary Pickford, 1893~1979)가 "나의 경력은 치밀하게 계획된 것이다. 거기엔 우연히 된 것이라고는 없다"고 말한 것도 그런 실상을 잘 말해주고 있다. 픽퍼드는 1909년 일당 10달러로 시작해 1915년에는 주급 1만 달러를 받았으며, 1910년대 후반 한 달 평균 1만 8,000통의 팬레터를 받았다. 1919년 픽퍼드가 동료 배우인 더글러스 페어뱅크스(Douglas Fairbanks, 1883~1939), 찰리 채플린(Charlie Chaplin, 1889~1977), 데이비드 그리피스 등과 같이 독립제작영화를 배급하기 위해 UA(United Artists)를 설립하는 것도 그런 스타 파워를 말해주는 것이라 볼 수 있다.

1920년 픽퍼드와 페어뱅크스의 결혼은 세기의 사랑으로 홍보되면서 미국 전역을 열광시켰다. 어디 그뿐인가. 이들이 신혼여행으로 유럽을 여행할 때 런던에서는 수천 명의 군중들이 그들의 호텔 밖에서 밤을 지새웠고, 파리에서는 군중들이 몇 시간 동안 교통을 막아 이들의 이동을 어렵게 할 정도였다.

이제 영화는 미국인의 꿈과 이상을 충족시켜주는 '영상 프런티어'로서 미국인들은 물론 전 세계인을 매료시키는 미국 외교의 한 축이 되었다. 활자매체들도 이제 영화의 그런 위상에 걸맞게 정기적으로 영화평론을 게재함으로써 전문 영화평론가들이 탄생했다. 할리우드 영화는 해외팽창의 전위대는 물론 미국 국가주의를 양육하는 역할을 맡는다.

참고문헌 Allen 2006, Belton 2000, Czitrom 1982, Dyer 1981, Ellis 1988, Folkerts & Teeter 1998, Friedman 2003, Giannetti 1990, Kern 2004, Loewen 2001, Morin 1992, O'Connor & Jackson 1979, Rosenberg 2003, Sklar 1975, Soja 1997, Thompson & Bordwell 2000, Wagenknecht 1962, 권재현 1999, 박보균 2005, 사루야 가나메 2007, 손세호 2007, 이재광 · 김진희 1999

'자율'과 '이동성'
포드주의 혁명

"자동차는 현대의 우상이다"

자동차를 무엇이라고 부를 것인가? '말이 끌지 않는 마차(horseless carriage)'에서부터 '모터사이클(motorcycle)'에 이르기까지 그간 수십 가지 이름이 나왔다가 'auto-mobile'이라는 이름으로 정착된 것은 1899년이었다. 라틴어 'carrus(이륜마차)'에서 나온 car는 16세기부터 영어에서 여러 종류의 마차를 뜻하는 단어로 쓰였기 때문에 1910년부터 auto-mobile을 대신할 수 있는 말로 대중에게 인식되었다.

초기의 기술발전은 거의 독일에서 이루어졌지만 최초의 대규모 자동차 제조업자가 프랑스인이었기 때문에 자동차와 관련된 많은 프랑스 단어들이 영어에 유입되었다. chassis(차틀), garage(차고), chauffeur(운전사), carburetor(기화기), coupe(2인승 차), limousine(대형 고급승용차) 등이 바로 그것이다. limousine은 원래 프랑스 리무진 지역의 양치기들이 입는 무거운 망토를 가리키는 단어였는데, 바깥 공기에 노출

1909년 헨리 포드가 시장에 내놓은 포드 T의 개량모델. 포장도 되지 않은 도로를 시속 30킬로미터로 달렸던 포드 T는 기술의 발전과 함께 모양과 성능이 조금씩 달라졌다.

된 채 앉아 있어야 했던 초기의 운전사들이 이 망토를 걸쳤다. 이 단어가 운전사에서 차로 점점 옮겨가 1902년에는 영어 단어가 되었다.

미국의 헨리 포드(Henry Ford, 1864~1947)가 그의 첫 모델인 T형 포드를 시장에 내놓은 것은 1900년이었다. 포장도 되지 않은 도로를 시속 30킬로미터로 달린 T형 포드는 1년 내에 1만 1,000여 대가 팔려 나갔다. 1901년 자동차 번호판이 등장했다. 1903년 헨리 포드 등이 공동출자하여 디트로이트에 설립한 포드 자동차회사는 첫 해에 311명을 고용하여 1,780대를 제작했다. 이때 이미 미국에는 88개나 되는 자동차 회사가 있었으며, 디트로이트에서만 15개의 업체가 경쟁했다.

초기의 자동차는 신뢰할 수 있는 기계는 아니었다. 1900년 버몬트주는 모든 자동차 운전자는 반드시 전방 200미터 앞에서 붉은 기로 안

내하는 사람을 고용해야 한다는 법까지 제정했다. 1902년 샌프란시스코, 신시내티, 사반나 등은 시속 8마일이라는 제한속도를 조례로 제정했다. 모험심 많은 시어도어 루스벨트도 1902년 처음 자동차를 탈 때는 만약의 경우에 대비해 말이 끄는 마차를 뒤따르게 했다. 그럼에도 1903년 세계 최초의 경찰 순찰차가 미국 보스턴에 등장했다. 당시 경찰은 마차를 순찰활동에 사용하다가 속도가 빠른 교통질서 위반차를 따라잡을 수 없어 자동차로 바꾼 것이다.

자동차는 대중, 특히 가난한 사람들의 반감의 대상이었다. 1903년 영국의 정치가 캐스카트 와슨(Cathcart wason, 1848~1921)은 자동차 소유자들이 "사람들을 길에서 쫓아낼 권리"라도 있는 것처럼 행동한다며 "죄 없는 사람들과 어린아이들, 개들과 가축들이 포학하고 악취 나는 이 사악한 기계에 쫓겨 목숨을 부지하기 위해 달아나야만 한다"고 성토했다. 1904년 뉴욕시 일부 지역에서는 자동차에 대한 투석(投石)이 어찌나 격렬했던지 경찰이 출동하는 사태까지 벌어졌다.

1904년 프랑스는 세계 최대의 자동차생산국이라는 타이틀을 미국에 넘겨주었다. 1905년 실버너스 바우저(Sylvanus F. Bowser, ?~1938)가 실용적인 주유기를 발명해 그것을 '필링 스테이션(filling station)'이라 불렀다. 이 무렵 사람들은 가솔린(gasoline)을 가스(gas)라 줄여 부르고 있었고, 이는 나중에 '가스 스테이션(gas station)'이라는 용어를 낳게 된다. 1905년의 미국의 최고 인기곡은 '함께 떠나요, 루시. 내 즐거운 올즈모빌을 타고'였다. 어떤 필자는 "자동차는 현대의 우상이다. 차를 가진 사람은 여성들에게 신(神)이나 마찬가지다"라고 썼다(Alvord 2004).

1906년 프린스턴대 총장으로 있던 우드로 윌슨은 자동차가 그 소유자들에게 부를 지나치게 과시할 수 있게 해주어 가난한 사람들을 시샘을 넘어 사회주의로 몰아갈 것이라고 우려했다. 1906년 실험 차원에서나마 자동차의 최고 속도는 시속 200킬로미터에 이르렀지만, 대부분의 주는 자동차의 제한 속도를 20~50킬로미터로 제한했다. 1907년의 자동차 대수는 프랑스 4만 대, 독일 1만 6,000대, 미국은 14만 3,000대였다.

1914년 포드주의 혁명

1908년 9월 16일 자동차 브랜드 뷰익의 지주회사 형태로 GM(General Motors)이 창립됐다. 본사는 미시간주 플린트에 있었고 사주는 '자동차 빌리' 라는 애칭을 얻었던 미국 자동차회사의 거두 윌리엄 듀런트(William Durant, 1861~1947)였다. 듀런트는 캐딜락, 엘모어, 폰티악, 릴라이언스 모터컴퍼니 등을 잇따라 흡수해 팽창경영을 하다가 2년 만에 채권단에 회사를 넘겨야 했지만, 시보레 회사를 차려 GM지분을 다시 인수했다. 하지만 이렇게 되찾은 회사의 경영이 부진하자 듀런트는 다시 물러나고 앨프리드 슬로언(Alfred Sloan, 1845~1966)이 경영을 물려받는다.

포드는 초창기에 생산된 첫 8개 모델에 아무 이유도 없이 A, B, C, F, K, N, R, T를 붙였다. 1908년 10월 1일 출시된 개량 모델 T는 최초로 대중화된 자동차였다. 포드는 1911년 프레더릭 테일러(Fredrick W. Tayler, 1856~1915)의 책에 처음 아이디어가 소개된 컨베이어벨트 생산라인을 도입해 T형 포드의 대량생산을 시작했다. 이에 따라 자동차 가격이 1908년의 950달러에서 300달러 아래로 떨어졌다. 훗날 포드는 자신의 "자동차 조합공정에 대한 발상은 쇠고기를 손질하는 데 사용되는 시카고 포장공장의 궤도장치에서 빌려온 것"이라고 말했다.

원래 T모델은 녹색 바탕에 빨간 줄무늬였지만, 한 엔지니어가 검은색이 다른 색보다 빨리 마른다는 것을 발견해 검은색으로 통일했다. "차의 색깔이 검기만 하다면 어떤 색이든 관계없다." 포드가 자동차 색깔은 반드시 검은색으로 통일해야 한다고 강조하면서 한 말이다.

1910년 8월 뉴욕주에서 최초의 운전면허제가 도입되었으며, 이후 각 주로 퍼져나갔다. 이전 대통령들은 취임식장까지 마차를 타고 갔지만, 1913년 윌슨 대통령은 최초로 자동차를 타고 갔다. 바로 이해에 포드는 한 단계 업그레이드된 이동식 조립공정(assembly line) 개념을 세상에 소개했다. 이에 따라 포드사는 1914년 24초당 자동차 1대씩을 내놓으며 24만 8,000대를 생산했다. 미국 내 시장점유율은 1908년 9.45퍼센트에서 1914년 48퍼센트로 급상승했다. 이른바 '포드주의(Ford-ism) 혁명'이다.

또한 포드는 1914년 노동시간을 하루 9시간에서 8시간으로 줄이고 하루 최저임금을 5달러로 인상했다. 1913년의 직원 이직률이 380퍼센트에 달하자 내린 조치였는데, 이 발표가 있던 날 포드 공장의 문 앞에는 1만 명의 노동자가 몰려들었다. 당시 동종업체의 평균 임금은 2.34달러였으니, 노동자들에게 통상 임금의 두 배에 해당하는 일당을 지급한 것이다. 그래서 나오게 된 말이 '5달러짜리 하루(Five Dollars Day)'였다.

포드주의는 이동형 일관 작업공정의 도입과 노동자들에게 전문화

컨베이어벨트, 혹은 어셈블리 라인으로 대표되는 포디즘은 노동통제를 통해 경제적 효율을 극대화시키는 경영지도원리다.

된 임무를 할당하는 노동통제로 경제적 효율성을 극대화시켜 소품종 대량생산을 가능케 한 경영지도원리를 말한다. 1909년 포드 자동차공장의 조립라인을 보고 큰 충격을 받은 독일 건축가 발터 그로피우스(Walter Gropius, 1883~1969)는 "혁명이다. 20세기 노동과 소비문화는 송두리째 바뀌고 있다. 포드의 이런 생산 시스템을 주택건축에 도입할 수는 없을까?"라고 고민했다. 그는 시행착오 끝에 1923년 조립식 실험주택을 만드는 데 성공했다.

당시 그로피우스는 현대 디자인의 산실로 불리는 독일 바우하우스의 초대 교장으로 재직하고 있었다. 1919년에 창립돼 휴머니즘을 내세운다는 이유로 1933년 나치정권에 의해 폐교된 이 학교는 '바우하우스 혁명'이라 불리는 디자인 혁명을 몰고 왔다. 그로피우스는 1926

년부터 1928년까지 독일 바사우 교외에 대형 조립주택 타운을 건설했으며, 1934년 영국으로 망명했다가 1937년 하버드대 건축학과 학과장으로 있으면서 조립주택의 대중화에 힘썼다.

농업도 포드주의 혁명의 영향권하에 놓였다. 트랙터의 대량생산 때문이다. 최초의 가솔린 트랙터가 1892년 아이오와에서 존 프로이리히(John Froelich, 1849~1933)에 의해 만들어진 이후 1910년경에는 2만 5,000대의 트랙터가 미국에서 사용되었다. 헨리 포드는 1917년부터 트랙터 대량생산체제에 들어갔다. 그 결과 미국의 트랙터 대수는 1920년 24만 6,000대, 1940년 160만 대, 1960년 470만 대로 폭증하며, 1950년대 초가 되면 일하는 말이 미국의 농촌에서 자취를 감추게 된다. 트랙터는 농업의 기업화를 촉진함으로써 이미 1930년대에 "트랙터 기계는 오르가즘을 느끼며 땅을 강간한다"는 말이 나오게 된다.

"포드는 인도주의자"

1916년 의회가 고속도로기금법을 제정하자 미국은 대규모 도로건설 시대로 진입했으며, 자동차 수요는 폭증하기 시작했다. 포드는 노동자들의 일당을 1919년에는 6달러로, 1929년에는 9달러로 인상한다. 그래서 신입사원 뽑는다는 공고만 나가면 회사 앞은 지원자로 장사진을 이루었다. 보수 우파들은 포드를 사회주의자로 몰아붙였다. 처음 일당 5달러가 발표가 나왔을 때 『월스트리트저널(Wall Street Journal)』은 '경제적 범죄'라고 비난할 정도였다. 그러나 대세는 포드의 편이었다. 포드에겐 인도주의자라는 찬사가 쏟아졌다. 포드는 "인도주의란 아무런 쓸모가 없는 것"이라면서 자신의 철학인 '자력갱생'을 역설했다.

포드는 확실히 유별난 인물이었다. 그는 여성, 전과자, 장애인 고용에 앞장섰다. 1919년 약 4만 4,000명에 달하는 전체 인력 중에서 9,000명 이상이 장애인이었다. 인도주의자라는 말을 들을 만했다. 그러나 그는 노동조합은 극도로 싫어했다.

포드 자동차의 가격은 1920년대 후반엔 290달러까지 떨어지지만, 그래도 일반 대중에겐 여전히 부담되는 가격이었다. 그래서 새로운 결재방식 용어들이 등장한다. installment plan(할부판매), time payment(분할 지불), one-third down(3분의 1 계약금), down payment(계약금), buy now, pay later(신용거래) 등이 바로 그것이다.

1888년 에드워드 벨라미(Edward Bellamy, 1850~1898)는 돈이 카드로 대체되는 세상을 예언했다. 그로부터 채 10년이 걸리지 않은 1894년 미국에서 세계 최초의 신용카드가 등장했다. 이는 오늘날과 같은 의미의 신용카드는 아니었고 호텔 크레디트 레터 컴퍼니라는 곳에서 개발한 여행자 신용장이었다. 이후 신용카드는 발전을 거듭해 1920년대부터 본격 사용되기 시작한다.

외상구매와 더불어 광고공세까지 가세했다. 1915년 미국 전체 잡지광고 가운데 7분의 1이 자동차와 자동차용품 광고였으며, 1917년 미국 자동차산업은 전국 잡지광고의 4분의 1을 사들였다. 1923년 미국 최대의 잡지인 『새터데이 이브닝 포스트(Saturday Evening Post)』의 경우, 전체 광고의 3분의 1이 자동차 광고였다. 1910년대에 어느 노동조합 간부는 이렇게 말했다. "노동자들에게 왜 일을 하느냐고 물어보면 생활고를 해결하기 위해 일한다는 사람은 25퍼센트에 불과하고 집을 마련하기 위해서라고 말하는 사람은 10퍼센트에 불과하다. 그러나 자동차를 사기 위해 일한다는 사람은 무려 65퍼센트에 달한다." (Panati 1997).

자동차는 1910년 50만 대, 1915년 200만 대, 1917년에는 거의 500만 대로 늘었다. 1914년을 기준으로 자동차 보유대수는 미국이 130만 대 이상이었던 반면 영국은 24만 5,000대, 프랑스는 10만 대, 독일은 6만 4,000대에 불과했다. 시간이 흐를수록 격차는 더욱 벌어졌다. 미국의 자동차는 1920년에는 1,000만 대로 늘었는데, 이는 미국을 제외한 전 세계의 자동차를 모두 합친 것보다 많은 수였다. 그로부터 5년도 채 되지 않아 미국은 전 세계 자동차의 85퍼센트를 생산하게 된다.

자동차의 이데올로기

자동차에 대한 인식은 나라마다 다르다. '유사 이데올로기' 라 해도 좋을 정도로 자동차는 한 국가의 중심적 가치를 대변한다. 자동차의 발명은 유럽에서 이루어졌지만, 자동차문화가 먼저 만개한 나라는 미국이었다. 미국인들에게 자동차는 거대한 대지를 장악하기 위한 수단이었다. 미국인은 세계 어느 나라 국민들보다 안전을 '자율(autonomy)' 과 '이동성(mobility)' 의 개념으로 파악해왔으며, 이는 곧 자동차(auto-mobile)를 의미하는 것이었다.

어디 그뿐인가. 헨리 포드는 모델 T의 가격을 인하하면서 "자동차를 사기 위해 부자가 될 필요는 없지만 부자가 되기 위해서는 자동차를 사야 한다(You don' t have to be rich to have a car, but you have to have a car to be rich)" 고 선전했다. 이 선전구호가 시사하듯이, 미국에서 자동차는 '자유 이데올로기' 와 '개인주의' 뿐만 아니라 '아메리칸 드림'

헨리 포드. 그는 장애인을 대폭 고용해 인도주의자라는 평가를 들었으나 노동조합은 매우 싫어했다.

의 상징이자 실체이기도 하다.

1914년 자동차 생산에 도입된 포드주의는 '20세기 소비자혁명'의 씨앗이자 견인차가 되었다. 포드주의로 대량생산체제가 작동함에 따라 광고를 중심으로 소비자를 양산하는 체제가 구축되었고, 이에 따라 대중의 정체성 변화가 일어났다. 그래서 미국 사회에 관하여 알아야 할 필요가 있는 모든 것들은 정치사상보다는 미국인들의 운전행태에서 훨씬 더 많이 배울 수 있다는 주장마저 제기되고 있다(Baudrillard 1994).

기능성과 효율성 중시, 대량생산과 대량소비, 국가·정부의 경제규제, 대중문화 동질화를 특징으로 하는 포드주의의 자본축적체제가 새로운 변화에 대해 너무 경직돼 있다는 것이 밝혀지면서, 1970년대 중반부터 유연적 축적(flexible accumulation)을 중심으로 한 포스트포드주의(post-Fordism)가 탄생하게 된다.

참고문헌 Allen 2008, Alvord 2004, Baudrillard 1994, Beatty 2002, Brinkley 1998, Bryson 2009, Davis 2004, Eckermann 2004, Edensor 2008, Englert 2006, Ewen 1976, Ford 2006, Harvey 1994, Kern 2004, Kreitzman 2001, Leuchtenburg 1958, Möser 2007, Panati 1997, Rifkin 1996 · 2002, Shenkman 2003, 강준만 2009, 김용관 2009, 문원택 외 1998, 송상근 2008, 이재광 · 김진희 1999a, 조선일보 문화부 1999, 한겨레신문 문화부 1995, 허두영 1998

피임투쟁과 '일반상대성 이론'
마거릿 생어와 아인슈타인

『여성의 반란』

1914년 7월, 미국 우정국은 3월 창간된 피임홍보용 잡지 『여성의 반란(The Woman Rebel)』의 우편발송을 할 수 없다고 판정했다. 이른바 음란출판물로 규정된 탓이었다. 당시 뉴욕주 법 제1142조(콤스톡법)는 "누구도 어떤 이유로든지 어떤 사람에게 피임에 관한 정보를 제공할 수 없다"고 규정했다.

1820년대까지 미국에는 낙태금지법이 없었다. 그 후 오랫동안 대부분의 주에서는 임신 초기 4개월까지 낙태를 허용했지만, 19세기 중반부터 불법화했다. 그럼에도 낙태는 계속 일어나고 있었다. 19세기 후반 평균 6명 중 1명, 1920년대엔 평균 4명 중 1명꼴로 낙태가 이루어지는 걸로 추정되었다.

이런 걸 다르고 속 다른 관행에 도전하고 나선 『여성의 반란』의 편집·발행인은 세 아이를 둔 어머니이자 간호사인 마거릿 생어(Margaret

Sanger, 1883~1966)였다. 뉴욕주 코닝에서 아일랜드 이민 2세로 태어난 생어는 석공이면서 사회주의자인 아버지의 영향으로 진보적 사고를 가진 인물이었다. 그녀는 자신의 어머니가 11명의 아이를 낳고 쇠약해져 끝내 48세에 세상을 떠나는 것을 보면서 산아제한문제에 관심을 갖게 되었으며, 간호사로 일하면서 빈곤의 참상을 목격하고 피임이 사회적 평등으로 가는 필수적 단계임을 확신했다.

마가릿 생어의 책 『여성과 새로운 종』 광고. 그녀는 피임 홍보잡지 『여성의 반란』이 발송금지 당하자 산아제한을 찬성하며 두 아들과 찍은 사진을 이용해 책광고를 냈다.

생어는 최초로 '산아제한(birth control)' 이란 말을 만들어냈다. 그녀는 이 잡지를 통해 여성은 "자기 자신이 육체의 주인이 되어야 하며……스스로 행동하고 스스로 억제할 권리, 즉 생명을 생성시키거나 그 생성을 억제할 수 있는 권리를 가져야 한다" 고 주장하면서 그 배경을 다음과 같이 설명했다.

"지난 14년간의 간호사생활을 통해 나는 여성 노동자들이 임신 예방법을 알고 싶어 한다는 확신을 갖게 되었다. 여성 노동자들 틈에서 일하는 내 일의 특성상, 지식전달을 금하는 법률 때문에 고통을 당하는 것도 그녀들이라는 사실을 분명히 알게 되었다. 이 법률이 철폐되려면 앞으로 몇 년이 더 걸릴지 알 수 없는 일이다. 그동안 이 세상에는 수천 명의 원치 않는 아이들이 태어날 것이고 수천 명의 여성들이 불행과 비참함에 빠져들 것이다. 그런데도 우리는 기다려야 하는가?"

생어의 격렬한 투쟁

생어는 1915년 산아제한 지식을 알려주는 우편물을 배포한 혐의와 뉴욕시 브루클린에 산아조절 상담소를 운영한 혐의로 체포되었다. 체포에서 풀려난 뒤 그녀는 영국으로 망명했다가 사건이 기각되자 다시 돌아왔다. 생어는 1915년부터 16년까지 119차례의 순회강연으로 미국 전역을 누비고 다녔고, 무정부주의적 노동조합주의의 본산 세계산업별노동조합과 사회주의자, 자유사상가들의 환영을 받았고, 보수적 교회와 경찰당국의 비난과 야유세례를 받았다. 그리고 1916년 가을 뉴욕 브라운스빌에 미국 최초의 산아제한 상담소를 열었다. 법정싸움이 또 기다리고 있었고, 그는 1심에서 패소해 30일 동안 감옥생활을 했다.

브라운스빌 상담소 사건의 1918년 항소심에서 뉴욕주의 고등법원이 "의사는 환자들에게 산아제한에 관한 정보를 제공해도 좋다"는 선고를 내렸지만, 산아제한을 자유화한 입법안은 한참을 더 기다려야 했다. 그동안 산아제한 임상연구소와 의료시술 상담소들이 시카고, 볼티모어, 클리블랜드, 샌프란시스코, 필라델피아 등지에 꼬리를 물고 개설되었다. 생어는 1921년 미국산아제한연맹을 결성했다. 1927년에는 제1차 세계인구문제회의가 제네바에서 열려 최초의 국제산아제한기구가 결성됐다. 애초에는 눈길을 주지 않던 의학계가 생어의 운동에 참여해 왔고, 의사들에게 무제한 피임처방권을 부여하는 '의사법' 입법안을 통과시키기 위한 100만 명 서명운동이 벌어졌다(안정숙 1993).

1931년 미국의 저명한 신문 칼럼니스트 헤이두드 브라운은 "미국인 중에서 마거릿 생어만큼 외설적인 욕지거리로 공격받은 사람은 없었다"고 썼다. 1939년 마침내 산아제한을 자유화한 입법안이 미국 의회를 통과했다. 생어는 1941년 산아제한연맹의 이름을 가족계획협회로 바꾼 뒤 새로운 피임법 연구개발의 강력한 후원자가 되었다.

그런 후원을 업고 1950년대에 미국의 생물학자 그레고리 핀커스(Gregory Pincus, 1903~1969)가 최초의 산아제한 경구 피임용 필(Pill, 알약)인 에노비드(Enovid)를 개발한다. 약의 시험을 푸에르코리코인들을 대상으로 하는 등 윤리문제는 있었지만, 1950년부터 시작된 일련의 실험 끝에 1960년 미국 식품약품청은 에노비드의 시판을 허가한다.

아인슈타인의 '일반상대성 이론'

생어는 격렬한 투쟁에 의한 '인식의 혁명'을 추구했지만, 훨씬 더 난해한 단계에서 순전히 과학의 힘만으로 그런 일을 한 사람도 있었다. 알베르트 아인슈타인(Albert Einstein, 1879~1955)이다. 1916년 3월 아인슈타인은 독일의 과학 학술지인 『물리학 연보(Annalen der Physik)』에 일반상대성 이론을 발표하면서 시간과 공간은 서로 깊은 관련을 맺고 있는 상대적인 것이라며 시간과 공간을 하나로 묶는 새로운 개념을 제창했다. 그는 종래의 3차원 공간 대신 시간을 또 하나의 좌표축으로

(1)

Die Grundlage der allgemeinen Relativitätstheorie.

A. Prinzipielle Erwägungen zum Postulat der Relativität.

§1. Die spezielle Relativitätstheorie.

Die im Nachfolgenden dargelegte Theorie bildet die denkbar weitgehendste
Verallgemeinerung der heute allgemein als „Relativitätstheorie" bezeichneten
Theorie; letztere nenne ich im Folgenden zur Unterscheidung von der ersteren „spezielle Relativitätstheorie" und setze sie
als bekannt voraus. Die Verallgemeinerung der Relativitätstheorie wurde sehr erleichtert
durch die Gestalt, welche der speziellen Relativitätstheorie durch
Minkowski gegeben wurde, welcher Mathematiker zuerst die formale
Gleichwertigkeit der räumlichen Koordinaten und der Zeitkoordinate klar erkannte
und für den Aufbau der Theorie nutzbar machte. Die für die allgemeine
Relativitätstheorie nötigen mathematischen Hilfsmittel lagen fertig
bereit in dem „absoluten Differentialkalkül", welcher auf den Forschungen
von Gauss, Riemann und Christoffel über nichteuklidische
Mannigfaltigkeiten ruht und von Ricci und Levi-Civita in ein
System gebracht und bereits auf Probleme der theoretischen
Physik angewendet wurde. Ich habe im Abschnitt B der vorliegenden
Abhandlung alle für uns nötigen, bei dem Physiker nicht als bekannt
vorauszusetzenden mathematischen Hilfsmittel in möglichst
einfacher und durchsichtiger Weise entwickelt, sodass ein Studium
mathematischer Literatur für das Verständnis der vorliegenden Abhandlung
nicht erforderlich ist. Endlich sei an dieser Stelle dankbar
meines Freundes, des Mathematikers Grossmann gedacht, der mir
durch seine Hilfe nicht nur das Studium der einschlägigen
mathematischen Literatur ersparte, sondern mich auch beim Suchen
nach den Feldgleichungen der Gravitation unterstützte.

A. Prinzipielle Erwägungen zum Postulat der Relativität.

§1. Bemerkungen zu der speziellen Relativitätstheorie.

Der speziellen Relativitätstheorie liegt folgendes Postulat
zugrunde, welchem auch durch die Galilei-Newton'sche Mechanik Genüge
geleistet wird: Wird ein Koordinatensystem K so gewählt, dass in Bezug
auf dasselbe die physikalischen Gesetze in ihrer einfachsten Form gelten,
so gelten dieselben Gesetze auch in Bezug auf jedes andere Koordinaten-
system K', das relativ zu K in gleichförmiger Translationsbewegung
begriffen ist. Dies Postulat nennen wir „spezielles Relativitätsprinzip".
Durch das Wort „speziell" soll angedeutet werden, dass das Prinzip auf den

일반상대성 이론의 필사본. 아인슈타인은 이 새로운 이론을 이해시키기 위해 태양 표면을 지나는 별빛이 휘는 정도를 제시했다.

하는 4차원 공간을 제시하고 이를 '시공간(時空間)'이라고 불렀다. 그는 "우주는 비(非)유클리드 기하학인 리만 기하학으로만 분석할 수 있는 휜 공간"이라고 주장했지만, 이걸 이해하는 사람은 거의 없었다. 사람들이 자신의 설명을 이해하지 못하자 아인슈타인은 이를 뒷받침하는 증거로 태양의 표면을 지나는 별빛이 휘는 정도를 제시했다.

1919년 5월 29일 아프리카 기니만의 프린시페섬에서 영국 런던왕립학회의 일식 관측팀은 태양의 표면을 지나는 별빛이 뉴턴 물리학으로 계산한 것보다 두 배나 더 휘어지는 것을 확인했다. 아인슈타인의 상대성 이론이 진리로 입증된 것이다. 일반인들은 그게 뭔지 알 길이 없었지만, 과학자들과 언론은 흥분했다. 아인슈타인은 하루아침에 세계적인 유명인사가 되었다.

그해 11월 영국의 『타임스(The Times)』는 '과학의 혁명, 아인슈타인 대 뉴턴' 이라는 제목의 머리기사를 통해 상대성 이론이 갖고 있는 혁명적 의미를 부각시켰다. 조지 버나드 쇼(George Bernard Shaw, 1856~1950)는 "프톨레마이오스가 만든 우주는 1000년 동안 유지되었고 코페르니쿠스가 만든 우주는 400년 동안 유지되었다. 이제 아인슈타인도 또 하나의 우주를 만들었는데, 그것이 얼마나 유지될지는 모르겠다" 고 충격을 토로했다.

상대성 이론은 물리학의 발전에 결정적인 영향을 미쳤을 뿐 아니라 자연과 우주에 대한 현대인의 인식도 바꾸어놓았다. 공간과 시간이 고정불변의 것이 아니라 물질세계의 운동에 따라 달라지는 상대적인 개념이라는 것을 알게 한 것이다. 이런 생각은 자연과학에 그치지 않고 절대성이 사라진 20세기 사상 전반의 모태가 되었다.

관점주의와 입장이론

스페인의 철학자 호세 오르테가 이 가세트(Jose Ortega y Gasset, 1883~1955)는 1916년 관점주의(perspectivism)를 역설하면서 같은 해에 아인슈타인의 일반상대성 이론이 발표된 것은 시대의 한 징표라고 주장했다. 관점주의는 객관적인 사실의 진리성에 대한 실증주의자의 신념과는 정반대로 그런 것은 없으며 오직 있는 것은 관점들과 해석들뿐이라고 보는 철학으로, 1887년 니체(Friedrich Wilhelm Nietzsche, 1844~1900)가 역설했다. 니체는 감각을 통해 얻어지는 인식의 타당성을 부정하는 플라톤주의와 인식에 본연적으로 존재하는 주관성에 눈감아버리는 실증주의를 비판했다. 그는 강단적인 사고방식의 편협성을 비판하고, 학자들이란 "정신에게 신겨줄 양말을 뜨는 자들" 이라고 조롱하면서, 철학자들에게 "인식을 위해 다양한 관점과 정서적 해석을 이용하라" 고 촉구했다. 20세기 들어 관점주의를 정식화한 사람이 바로 호세 오르테가 이 가세트인 셈이다.

컨(Kern 2004)은 "관점주의 철학은 자칫하면 엄밀성이 떨어지거나 깊이 없는 다원주의로 전락할 수 있으며 어떤 관점도 없는 것에 대한 핑계거리로 악용될 소지도 있다" 면서도 "하지만 이 시기의 관점주의 철학은 서구문화를 그토록 오랫동안 지배해온 인식론적 · 미학적 자기중심주의를 교정하는 역할을 수행하였다" 고 평가한다.

관점주의는 '입장 이론(standpoint theory)' 으로 이어진다. 19세기 독일 철학자 헤겔(Georg W. F. Hegel, 1770~1831)은 모든 사람이 그가 속한 사회그룹의 시각에서 보이는 대로 사회를 파악하며 모든 관점은 편파적이라고 했다. 강자의 관점도 편파적이고 약자의 관점도 편파적이다. 그러나 편파성의 질적 분석을 해보자면 약자의 관점이 진실에 더 가깝다. 생존방식의 차이 때문이다. 강자는 약자의 관점을 이해하지 않고 살아도 불편할 게 없지만, 약자는 살아남기 위해 강자의 관점까지 알아야 한다. 그래서 약자의 관점이 더 포괄적이다.

그러나 관점주의나 입장 이론이 곧장 지상의 낮은 곳으로까지 내려온 건 아니었다. 인종문제에 관한 한 철저하게 백인우월주의만이 유일한 관점이자 입장으로 재천명되었다. 1917년 2월 미국의 제1차 세계대전 참전 직전의 애국주의 분위기를 틈타 의회가 포괄적인 새로운 이민법을 통과시킨 것이 그걸 잘 말해준다. 이로써 아시아계 이민이 금지되었으며, 알코올중독자, 선천성 정신박약자 등 새로운 제외대상이 추가되었고, 다른 이민자들은 문자해독시험을 치러야 했다.

피임운동을 벌이다가 우생학에 심취한 마거릿 생어는 "생물학적으로 오염된 인종"을 사회로부터 제거해야 하며, 이를 위해서는 불임정책이 중요한 수단이 된다고 믿었다. 이것이 당시 진보의 수준이었지만, 인종과 민족의 본질적이고 높은 벽은 훗날 아니 오늘날까지도 지속되고 있다. 아인슈타인은 "내셔널리즘은 유아기적 질병이다. 그것은 인류의 홍역이다"고 외쳤지만, 인류가 그 홍역에 걸리기를 마다하지 않는 것을 어이하랴.

참고문헌 Boorstin 1991, Davis 2004, Gasset 2005, Hart 1993, Kern 2004, McLaren 2003, Shenkman 2003, Wood 2006, 안정숙 1993, 정근식 2001, 조선일보 문화부 1999

"세계 민주주의 안전을 위해"
미국의 제1차 세계대전 참전

'세계의 민주주의를 안전하게 만들기 위해서'

1916년 7월 미국은 자유의 여신상 부근에 있는 블랙 톰 무기공장에서의 대폭발과 함께 독일 스파이들에 의한 간첩행위와 태업을 겪고 있었다. 밖에선 독일군이 미국 배를 비롯한 모든 상선들에 대해 무차별적인 잠수함전을 벌이기 시작했다. 1917년 2월 3일 우드로 윌슨 대통령이 독일과의 외교를 단절한 배경이다.

그런 상황에서 이른바 '짐머만의 전보' 사건이 일어나면서 미국은 점차 제1차 세계대전 참전의 길로 나아가기 시작했다. 이는 독일 외무장관 아르투르 치머만(Arthur Zimmerman, 1864~1940)이 멕시코 외무장관에게 보낸 1월 16일자 전문에서 멕시코가 독일과 동맹을 맺으면 잃어버린 옛 땅을 되찾게 해주겠다는 것으로, 멕시코와 미국 간의 전쟁을 일으키려던 독일 측 음모가 발각된 사건이다. 영국은 2월 말 미국에 이 전문을 넘겨주었다.

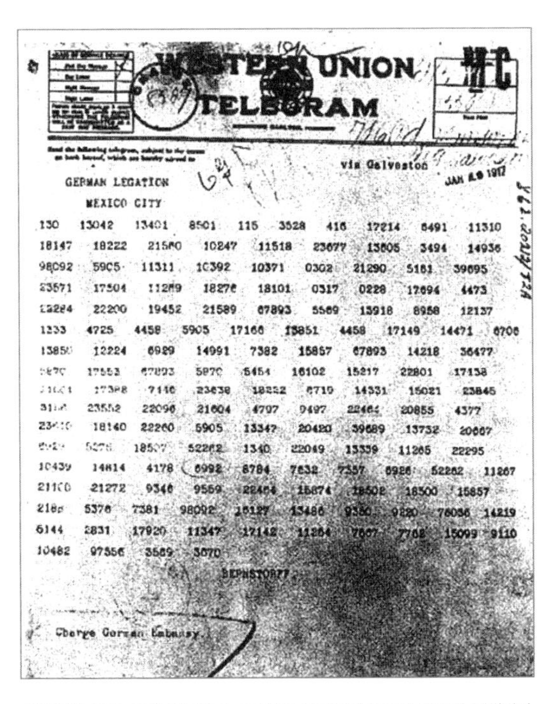

WESTERN UNION TELEGRAM

via Galveston JAN 19 1917

GERMAN LEGATION

MEXICO CITY

130 13042 13401 8501 115 3528 416 17214 6491 11310
18147 18222 21560 10247 11518 23677 13605 3494 14936
98092 5905 11311 10392 10371 0302 21290 5161 39695
23571 17504 11269 18276 18101 0317 0228 17694 4473
23284 22200 19452 21589 67893 5569 13918 8958 12137
1333 4725 4458 5905 17166 13851 4458 17149 14471 6706
13850 12224 6929 14991 7382 15857 67893 14218 36477
5870 17553 67893 5870 5454 16102 15217 22801 17138
21001 17388 7446 23638 18222 6719 14331 15021 23845
3156 23552 22096 21604 4797 9497 22464 20855 4377
23610 18140 22260 5905 13347 20420 39689 13732 20667
6929 5275 18507 52262 1340 22049 13339 11265 22295
10439 14814 4178 6992 8784 7632 7357 6926 52262 11267
21100 21272 9346 9559 22464 15874 18502 18500 15857
2188 5376 7381 98092 16127 13486 9350 9220 76036 14219
5144 2831 17920 11347 17142 11264 7667 7762 15099 9110
10482 97556 3569 3670

BERNSTORFF

Charge German Embassy.

치머만의 전보. 독일 외무장관 아르투르 치머만은 동맹을 맺으면 잃어버린 땅을 찾게 해주겠다는 내용의 전보를 멕시코 외무장관에게 보내 멕시코와 미국 간 전쟁을 획책했다.

비록 멕시코 정부가 독일의 제안을 받아들이지 않았지만, 윌슨은 이 전문을 미국의 안전에 대한 직접적인 도전으로 받아들였다. 치머만의 전문을 통보받은 다음 날, 윌슨은 미국 상선들을 무장시킬 수 있는 권한을 의회에 요청했으며, 이에 대한 호의적인 여론을 조성하기 위해 언론에 치머만 전문을 공개했다. 그러나 반전파 상원위원 로버트 라폴레트와 조지 노리스(George Norris, 1861~1944)의 의사방해로 윌슨의 요청은 받아들여지지 않았다.

독일은 미국의 참전을 원했던 걸까? 3월 16일부터 18일까지 독일 잠수함들은 멤피시스호, 일리노이호, 비질란시아호 등 미국 선박들을 계속 격침시켰다. 도대체 무슨 이유 때문이었을까? 그건 전쟁을 총지휘한 루덴도르프(Erich F. W. Ludendorff, 1865~1937) 장군의 잘못된 계산 때문이었다. 그는 당시 이런 생각을 했다.

"더 이상 전쟁터에서는 승리할 수 없지만 잠수함으로는 승리가 가능하다. 늦어도 6개월 안에 영국을 쓰러뜨릴 수 있을 것이다. 미국에서 유럽으로 대규모의 병력수송선을 보내오려면 1년이 걸린다. 그들이 오기 전에 독일은 승리할 것이며 그들이 더 일찍 오지 못하게 하는 데에도 잠수함을 쓸 수 있을 것이다." (Bender 2006).

그의 계산은 맞아떨어지지 않았다. 그가 원한 시간 내에 영국이 무너지지도 않았으며 미국의 파병은 그의 생각보다 훨씬 더 빨리 이루어졌다. 윌슨은 4월 2일 저녁 상하양원합동회의 연설을 통해 독일에 대한 선전포고를 요청하면서 '세계의 민주주의를 안전하게 만들기 위해서(making the world safe for democracy)' 라고 했다. 그는 "잠수함을 사용하는 비인간적인 행위는 인류에 대한 전쟁을 의미한다"며, 독일 정부를 '인간생활의 근원' 을 공격하는 위협적인 괴물로 규정했다. 4월 4일 상원에서는 라폴레트와 노리스를 비롯한 일부 의원들의 반대가 있었지만 82대 6으로, 하원에서는 4월 6일 373대 50으로 윌슨의 선전포고를 승인했다. 결국 미국은 1917년 4월 6일 대(對)독일 참전을 개시했으며, 최초의 미군이 1917년 6월 26일 프랑스에 상륙했다.

크릴위원회의 활약

경력으로 보자면, 윌슨만큼 '준비된 대통령' 도 드물었다. 학자 시절에도 현실정치를 깊이 파고드는 연구를 했을 뿐만 아니라 대학 총장과 주지사라고 하는 행정경험까지 쌓지 않았던가. 그럼에도 그에겐 한 가지 고질병이 있었으니 그건 바로 이상에 대한 집착이었다. 언젠가 윌슨은 "내 흥미를 끌거나 나를 괴롭히는 건 사람이 아니라 이상이다. 사람은 죽지만 이상은 영원하다"고 했는데, 참전의 명분을 대면서 그 이상집착증이 발동한 것인지도 모를 일이었다. 윌슨은 자신의 이상주의를 현실적인 면에서 보완해줄 수 있는 최측근 인사로 텍사스 출신의 에드워드 M. 하우스(Edward M. House, 1858~1938)를 두었지만, 이는 성공적이지도 못했고 그들의 관계도 오래가진 못했다.

현실과 이상의 엄청난 괴리는 윌슨만의 문제가 아니었다. 미국 외교에 내재된 근본문제였다. 이상주의와 팽창주의는 충돌하기 마련이었던 바, 역사가 윌리엄 애플맨 윌리엄스(William Appleman Williams 1959)는 이를 미국 외교의 근본비극으로 보았다.

그 비극은 군의 동원에도 그대로 나타났다. 참전의 명분은 화려했지만, 실속은 영 딴판이었다. 도무지 자원입대자가 나타나질 않았다. 100만 명의 군인이 필요했지만 처음 6주 동안 자원한 사람은 7만 3,000명에 불과했다. 결국 의회는 징병법(Selective Service Act)을 통과시켰다. 이 법으로 20세에서 30세까지, 나중에는 18세에서 45세에 이르는 모든 남성들이 지역징병위원회에 등록해야 했다.

남부의 여러 정치인들은 흑인들이 군인이 되는 것을 우려해 흑인들의 징병을 반대했지만, 정부 입장에선 그렇게 여유를 부릴 때가 아니었다. 전쟁을 흑인 지위향상의 기회로 본 흑인 지도자와 단체들은 흑인에게 '세계의 자유'를 위한 전쟁에 참여할 것을 촉구했다. 그러나 군대는 흑인과 백인용 시설을 분리하고, 흑인이 장교가 되는 것을 막

징병을 위해 전쟁 프로파간다 기구로 공공정보위원회가 발족되었고, 전시동원을 위해 선전영화를 만들기도 했다.

았으며, 흑인 병사들에게 주로 천한 일만 시키는 등 인종차별정책을 썼다. 1917년 텍사스의 휴스턴에서는 백인 병사들이 흑인 병사들의 폭동을 유발시켜 백인 17명과 흑인 2명이 사망한 가운데 100명 이상의 흑인들이 군법회의에 회부돼 13명이 교수형을 당하는 사건까지 일어났다.

징병을 원활하게 하기 위한 전쟁 프로파간다 기구로 공공정보위원회(Committee on Public Infor-mation)가 발족했다. 위원회는 월스트리트에서 전쟁자금을 조달하기 위해 할리우드 스타인 더글러스 페어뱅크스와 메리 픽퍼드 등을 동원해 일반투자자들을 상대로 정부채권 마케팅을 실시했다.

1917년 4월에 출범한 공공정보위원회는 미국 역사상 최초의 연방 선전기관으로 위원장의 이름이 조지 크릴(George Creel, 1876~1953)이어서 '크릴위원회'로 불렸다. 저널리스트 출신인 크릴은 1917년 5월부터 보도자료(CPI Official Bulletin)를 발간해 언론보도에 큰 영향을 미쳤으며, 15만 명을 선전요원으로 동원해 호전적 애국주의를 부추기는 등 탁월한 성과를 올렸다. 크릴위원회는 7만 5,000명의 연설가를 지원했는데, 이들은 5,000개의 도시와 마을에서 4분 연설을 75만 회나 실시했다. "전쟁을 끝내기 위한 전쟁(War to End Wars)"이라는 크릴의 구호는 거의 모든 언론에 의해 호의적으로 받아들여졌다.

나중에 크릴위원회의 활동에 주목하면서 벤치마킹을 시도한 이가 있었으니, 그가 바로 독일의 히틀러다. 이미 1883년, 보불전쟁에서 패배한 뒤에 프랑스어 결연체인 알리앙스 프랑세즈(Alliance Française)를 만든 프랑스 정부는 프랑스 문화의 대외 전파에 심혈을 기울였는데, 라디오의 등장은 이런 시도를 국제적으로 증폭시키는 계기가 되었다. 히틀러의 독일이 앞장서는 가운데 1920년대부터 주요 국가들 사이에 라디오를 국제선전용으로 쓰기 위해 외국어 방송을 내보내는 경쟁이 치열하게 벌어진다.

크릴위원회의 전시동원을 위한 대대적인 선전행위엔 그간 발달된 각종 광고기법이 사용되었으며, 이는 역으로 다시 광고발달에 기여하는 시너지효과를 가져왔다. 1927년 해럴드 라스웰(Harold Lasswell, 1902~1978)의 『세계대전에서의 프로파간다 기술(Propaganda Technique in the World War)』이라는 책이 나온 것도 우연이 아니다. 프로파간다의 발달과 더불어 전후에 밀어닥칠 경제적 풍요 덕분에 1929년경에 이르러서는 광고로 지출되는 비용이 17억 8,000만 달러에 달하게 된다. 이는 당시 모든 형태의 공식 교육비에 버금가는 것이었다.

크릴위원회는 종전과 함께 사라지지만, 1930년대에 다른 형태로 부활한다. 1930년대 후반 루스벨트 행정부가 "미국의 안보는 다른 나라 국민들에게 우리의 의사를 전하고 지지를 얻는 능력에 달려 있다"는 확신을 갖게 되기 때문이다.

'100퍼센트 아메리카니즘'

제1차 세계대전 참전 이후 가장 큰 현안은 유럽에서 갓 이민을 온 외국 출신자들을 어떻게 미국화시킬 것인가 하는 문제였다. 이는 '100퍼센트 아메리카니즘(100 Percent Americanism)'이라는 구호로 압축돼 표현되었다. 예컨대, 전비를 대기 위한 국공채를 판매하는 포스터는 "당신은 100퍼센트 미국인인가? 그렇다면 입증하시오!(Are You 100 percent American? Prove It!)"라고 외쳤다.

그런 맥락에서 반독일 히스테리가 거세게 밀어 닥쳤다. 독일어로 된 신문들을 폐간하자는 주장이 나왔고 또 판매가 금지되기도 했다. 교육과정에서 독일어를 빼야 한다는 캠페인이 일어났으며 실제로 그렇게 한 학교도 있었다. 도서관들은 소장 독일어 책을 불태우기도 했다. 델라웨어주, 몬태나주 등 몇 개 주에서는 아예 주 전체가 독일어 교습을 금지했다. 독일어 상표와 상호마저 사라지는 현상까지 생겼다. 이에 많은 독일인들이 앵글로색슨식 이름으로 개명하기 시작했다. 자우어크라우트(sauerkraut, 양배추로 만든 독일식 김치)는 '자유 양배추(liberty cabbage)' 로, 햄버거는 '자유 소시지(liberty sausage)' 로 명명하는 등 독일어 단어마저 일소하려는 시도가 이루어졌다. 학문세계에서도 독일의 영향력이 쇠퇴하는 가운데 '일종의 교육 먼로주의' 가 확립되고 '미국 문학' 이 탄탄한 위상을 갖게 되는 계기가 되었다.

생각해보면 참으로 놀라운 일이었다. 1910년의 인구조사에 따르면, 독일계는 250만 명이었고, 부모 어느 한쪽의 독일계까지 합하면 그 2배에 이르는 사람들이 독일계였다. 독일계는 수도 많은 데다 이민자그룹 가운데 가장 존경받고 높은 지위를 누리던 집단이었다. 그런데 이 모든 게 제1차 세계대전 하나로 뒤집어졌으니, 이 어찌 놀라운 일이 아니랴.

반독일 히스테리만 나타난 게 아니었다. 많은 선전용 포스터들은 여성이 강간을 당하고 아이들이 다치는 연상을 불러일으켰다. 공공정보위원회는 시민들에게 "비관론을 펼치는 사람을 법무부에 신고하라" 고 강권했고, 법무부는 600개의 마을에서 미국수호협회(American Protective League)를 후원함으로써 '만인에 대한 만인의 감시체제' 가 출범했다. 미국수호협회는 국가에 충성하지 않은 사례를 300만 건이나 적발했다고 주장했으며, 1918년 법무장관은 "역사상 이 나라의 치안이 이렇듯 철저하게 유지된 적이 없었다고 해도 무방하다" 고 자랑했다.

왜 그런 일이 벌어졌을까? 무엇보다도 징병거부자들이 너무 많았기 때문이다. 30만 명 이상이 병역거부자로 분류되었다. 정부는 전쟁을 반대하거나 비판하는 사람들을 막기 위해 1917년 6월 방첩법(Espionage Act)을 만들었는데, 이 법엔 입대를 거부하거나 타인의 입대를 제지할

캐이트 리처드 오헤어. 미국 여성들의 처지를 논한 연설을 했다가 징역 5년형을 선고받았다.

경우 20년 이하의 징역에 처한다는 조항이 포함되었다. 이 법은 전쟁에 반대하는 말을 하거나 글을 쓴 사람들을 구속하는 데에 이용되었다. 방첩법으로 인해 2,000명이 기소되고 900명이 감옥에 갔다.

사회주의 지도자 케이트 리처드 오헤어(Kate Richards O' Hare, 1877~1948)는 "미국의 여성들은, 자식을 키워 군대에 보내고 그 자신은 비료가 되어 버리는 씨받이 돼지에 지나지 않는다"고 연설했다는 이유로 징역 5년형을 선고받았다. 심지어 이런 코미디 같은 일도 벌어졌다. 미국의 독립혁명을 주제로 해 식민지 주민에 대한 영국의 잔학행위를 묘사한 영화 〈1776년의 정신(The Spirit of 76)〉(감독 프랑크 몽고메리)이 로스앤젤레스에서 상영되었는데, 영화를 제작한 사람은 방첩법 위반으로 기소되었다. 재판관은 그 영화가 "우리의 신뢰하는 연합국인 대영제국을 문제 삼으려는" 경향이 있다며 10년형을 언도했다. 이 사건은 "미국과 〈1776년의 정신〉 사이의 대립" 으로 기록되었다.

유력한 지식인들은 이런 상황에 이의를 제기하기는커녕 오히려 정부를 거들고 나섰다. 1917년 랜돌프 본(Randolph Bourne, 1886~1918)은 "전쟁 때문에 관료가 된 실용주의 지식인들은 실질적인 일들에만 치중한 나머지 어떤 사태에 대해 지식인답게 사고하거나, 이상주의자들처럼 목적에 관심을 두는 능력은 거의 없다" 고 꼬집었다.

미국의 선전포고 즉시, 프레더릭 잭슨 터너(Frederick Jackson Turner, 1861~1932)를 포함한 몇몇 지도적 역사가들은 워싱턴에 모여 "현재 역사가들이 조국을 위해 무엇을 할 수 있는가" 를 놓고 토론을 벌였다. 이들이 실행한 일 가운데 하나는 소책자 3,300만 부를 만들어 각종 정부기관을 통해 배포한 것이었다. 터너의 제자인 칼 베커(Carl Becker, 1873~1945)도 크릴위원회를 위한 소책자를 왕성하게 써댐으로써 '프런티어 신화' 를 재현하는 데에 앞장섰다.

제1차 대전시기의 역사적 프로파간다에 관한 연구에서, 블래키(G. T. Blakey)는 "많은 역사가들이 편향된 국가의 압력에 굴복하였으며 전쟁의 목표가 학문적 제약에 우선하는 것으로 받아들였다" 고 결론 내렸다. 인류사는 곧 전쟁사라고 해도 과언이 아니다. 전쟁이 모든 걸 바꾸기 때문이다. 지식인이라고 해서 다를 게 무엇이 있겠는가.

참고문헌 Aubitz & Stern 1986, Bender 2006, Bernays 2009, Brinkley 1998, Burton 1985, Carpenter 1990, Czitrom 1982, Davis 2004, Edwards 1970, Emery & Emery 1996, George & George 1956, Gordon 2002, Nelson 1967, Nye 2002, Runion 1936, Smith 1965, Smith 1996, Stevens 1982, Williams 1959, Wilson 1957, Wilson 1962a, Zinn 1986 · 2001 · 2001a, Zinn & Stefoff 2008, 권용립 2003, 손세호 2007, 송기도 2003, 송무 1997, 정성화 1999

제3장

러시아혁명과 '빨갱이 사냥'

'열광' 에서 '공포' 로
러시아 2월혁명과 10월혁명

전 세계를 열광시킨 2월혁명

제1차 세계대전으로 인해 많은 나라들이 고통을 받았지만, 러시아의 경우도 고통이 심각했다. 100만이 넘는 병사들이 죽어갔고, 경제는 최악의 상황으로 치달았다. 1917년 1월과 2월의 두 달 사이에 연인원 67만 6,300명이 참가한 1,330건의 파업이 발생했으며, 식량도 고갈상태에 이르렀다.

1917년 2월 23일 페트로그라드(지금의 상트페테르부르크)에서 영하 20도의 추위를 견디며 몇 시간씩 식량배급을 기다리고 있던 사람들에게 '더 이상 없다' 라는 뜻의 '니에트(нет)' 라는 말이 떨어졌다. 시민들은 빵을 요구하며 시위에 들어갔다. 다음날 페트로그라드의 노동자 40만 명 중 절반이 투쟁대열에 합류해 공장에서 시내로 행진해 들어갔고, '빵' 이라는 구호는 '전제정 타도' 와 '전쟁종식' 이라는 구호로 변했다. 4일째 되는 날 병영 전체에서 반란의 물결이 요동쳤다. 노동

1917년 2월혁명 당시 붉은 광장에 모여든 군중들. '빵' 이라는 구호는 시간이 지나자 '전제정 타도' '전쟁종식' 으로 변했고, 결국 니콜라이 2세는 기차 안에서 퇴위를 결정했다.

자 대중과 병사들은 한데 어우러져 총으로 무장하고 적기를 휘날리면서 경찰과 정부관리들을 체포했으며, 이는 다른 도시들에서도 똑같이 일어났다.

페트로그라드로 돌아가려던 니콜라이 2세(Aleksandrovich Nikolai II, 1868~1918)는 1917년 3월 2일 노동자들이 철로를 끊은 가운데 프스코프 근교의 열차 안에서 퇴위를 선언했다. 로마노프(Romanov) 왕조의 종언이자 300여 년 동안 러시아를 지배해온 전제체제의 붕괴였다. 부르주아 민주정부가 탄생했다. 이 부르주아 정부는 1917년 3월 2일부터 1917년 10월 25일까지 237일간 존속하게 된다.

많은 나라들이 러시아혁명에 열광했다. 미국도 그런 나라들 중 하나였다. 미국인들은 러시아인을 자유에 대한 본능적 성향을 지닌 사람들로 여겨 찬사를 보냈다. 대통령 우드로 윌슨도 러시아 국민을 찬양했으며, 미국은 러시아 임시정부를 승인한 최초의 국가가 되었다.

그러나 그런 열광은 오래가지 않았다. 붉은 색깔 때문이었다. 2월혁명이 일어났을 때에 스위스에 머물고 있던 블라디미르 레닌은 곧 독일군 최고사령부의 도움을 받아 특별히 주선된 '밀봉열차' 를 타고 독일, 스웨덴, 핀란드를 거쳐 러시아에 입국했다. 4월 3일이었다.

독일군은 그 후 볼셰비키에게 막대한 자금을 대주며 볼셰비키가 신문발행과 선동조직을 통해 사병과 노동자를 대상으로 한 반전(反戰) 선전을 더욱 강화하도록 도와주었다(1903년 레닌은 자신의 세력을 다수파라는 뜻을 지닌 볼셰비키(Bolsheviki)라고 부르게 했고, 자신을 반대하는 세력을 소수파라는 뜻을 지닌 멘셰비키(Mensheviki)라고 부르게 했다).

미국을 경악시킨 10월혁명

2월혁명이 일어났을 때 러시아 국민과 병사는 이미 전쟁에 지쳐 있었다. 군인들이 병영을 이탈해 대규모로 귀환하고 있는 실정이었다. 레닌은 이것을 보고 "병사들은 자기들의 발로써 평화 쪽에 투표했다" 고 썼다. 그러나 미국인들에게 레닌은 러시아를 포함한 연합국의 연합전선을 붕괴시키는 데 혈안이 된 첩자라는 인상을 주었다.

아나키스트 크로폿킨(Pyotr Alekseevich Kropotkin, 1842~1921)은 2월혁명 후 40여 년간의 망명생활을 끝내고 러시아로 돌아갔지만 그곳에서 아나키스트에 대한 볼셰비키의 가혹한 탄압을 말없이 지켜볼 수밖에 없었다. 레닌을 만나 하소연도 해보았지만 아무런 소용이 없었다. 이는 마치 이후에도 아나키즘이 겪게 될 험난한 운명을 예고하는 것이었는지 모른다.

우여곡절을 거친 권력투쟁 끝에, 1917년 10월 25일 레닌은 권력이 소비에트의 수중으로 넘어왔음을 선언했다. 11월 7일 레닌이 이끈 볼셰비키 일파는 거의 저항을 받지 않고 수도의 중층부를 장악해 소비에트 정권을 출범시켰다. 1917년 12월 15일 독일과 러시아는 향후 4주 동안 휴전함과 동시에 곧 평화조약의 체결을 위한 협상에 들어가기로 합의했다. 이에 대해 윌러-베네트(John Wheeler-Bennet)는 "역사의 변덕은, 이제까지 알려진 것으로는 가장 혁명적인 대표자가 모든 지배계급들 가운데 가장 반동적인 군대계급의 대표자들과 더불어 똑같은 외교 탁자에 앉게 하였다"고 썼다. 결국 1918년 러시아는 독일과 화친조약을 맺게 된다.

2월혁명은 좋아도 10월혁명은 싫었던 나라들은 경악했다. 물론 그런 경악의 선두에 미국이 있었다. 미국 저널리스트이자 시인인 존 리드(John Reed, 1887~1920)는 볼셰비키혁명을 지켜본 경험을 바탕으로 『세계를 뒤흔든 10일(Ten Days That Shock the World)』(1917)이라는 책을 써 '노동자가 지배하는 세상'을 꿈꾸었고, 이는 지식인들 사이에서 큰 반향을 불러일으켰지만, 그의 꿈은 일장춘몽(一場春夢)으로 드러난다.

볼셰비키혁명 직후 미국에서는 러시아가 여자까지 국유화한다는 소문까지 나도는 가운데 언론은 공포를 부추기는 데에 앞장섰다. 1917년 12월 『뉴욕타임스』는 볼셰비키가 '미국의 사악하고도 위험한 적'이라고 선언했다. 『뉴욕타임스』의 러시아혁명 보도는 전반적으로

10월혁명 당시 군중들을 상대로 연설하는 레닌. 거친 권력투쟁 끝에 승리한 볼셰비키는 수도 중층부를 장악하고 소비에트 정권을 출범시켰다.

매우 부정적이었다. 월터 리프먼(Walter Lippmann, 1889~1974)과 찰스 메르츠(Charles Merz, 1874~1940)가 진보적 주간지 『뉴 리퍼블릭(New Repurblic)』(1920년 8월 4일자)에 발표한 「뉴스의 테스트(A Test of News)」라는 논문에 따르면, 『뉴욕타임스』의 보도는 편집자와 기자들의 희망과 두려움이 반영되었을 뿐 사실에 근거한 것이 아니었다. 이 논문은 기자의 감정개입 이외에도 관급 뉴스 의존과 출처불명 뉴스 등과 같은 문제를 지적하면서, 오도된 뉴스는 아예 알리지 않는 것보다 더 나쁘며 뉴스의 신뢰성이야말로 민주주의 활성화의 근거임을 강조했다.

미국을 비롯한 서방세계의 공포와 비난 때문이었는지, 러시아에선 10월혁명 이후 광범위한 반볼셰비키운동이 일어났다. 차르시대의 장군들과 귀족들은 남러시아와 볼가강지역, 시베리아지역에서 백군(白

軍)을 조직해 여러 개의 임시정부를 선언했으며, 사회혁명당 등 좌파 세력도 시베리아에 두 개의 임시정부를 세웠다. 독일과 전쟁을 재개할 새 정부를 수립할 목적으로 미국, 영국, 프랑스, 이탈리아 등 연합국도 제한된 규모이지만 무력개입을 해 임시정부들을 지원했다. 이처럼 내란 및 외국의 무력간섭에 직면한 볼셰비키 정부는 1921년 2월에서야 이들을 진압하는 데에 성공하게 된다.

세계산업노동자동맹의 와해

제1차 세계대전 참전과 러시아 10월혁명의 여파로 반공산주의 물결이 거세게 몰아닥치면서 미국의 사회주의는 몰락위기에 처해졌다. 특히 세계산업노동자동맹(IWW)이 입은 타격이 커 정부에 의해 강제해산당하는 운명을 맞게 된다.

IWW는 오클라호마에서 전국의 반전론자들을 위해 워싱턴 D.C.에서 시위행진을 한다는 계획을 세웠으나 실행에 옮기기도 전에 발각돼 450명이 반역죄로 체포되어 주립교도소에 수감되었다. 보스턴에서는 반전시위에 나선 8,000명의 사회당원과 노동조합주의자들이 병사들에게 공격을 받기도 했다.

미국이 선전포고를 하기 직전 IWW 기관지는 "미국의 자본가들이여, 우리는 당신들을 위해서가 아니라 당신들에 대항하여 싸울 것이다"라는 글을 게재했다. 이걸 일망타진의 기회로 삼은 법무부는 1917년 9월 전국적으로 48개의 IWW 집회장을 습격해 편지와 문서들을 압수했다. 1918년 4월 IWW의 지도부 101명이 '징병에 반대하고 군인들의 탈영을 독려한 죄'로 유죄판결을 받았다. 빌 헤이우드(Bill Haywood,

1869~1928)를 비롯한 핵심인물들은 20년형을 받았는데, 헤이우드는 보석 중에 혁명이 한창이던 러시아로 달아나 그곳에서 사망했다.

1919년 3월 레닌의 지도하에 모스크바에서 창립된 국제공산주의 인터내셔널로 각국 공산당을 그 지부로 둔 코민테른(Comintern)은 이후 미국을 비롯한 각국에서 반공투쟁이 격화될 것임을 예고했다. 코민테른의 첫 과제는 만국의 노동자들에게 "국가 간의 경계를 쓸어 없애고 전 세계를 하나의 자립협동체로 바꿔야 한다"고 호소하는 것이었기 때문이다.

코민테른 제1차 대회에서 레닌은 세계 도처에서 공산주의가 승리하는 것은 단지 시간문제일 뿐이라고 큰소리쳤지만, 그는 전 세계적인 이념투쟁만을 격화시킨 채 1924년 사망했다. 레닌의 후계자로 떠오른 이오시프 스탈린(Joseph Stalin, 1879~1953)은 1910년대에 러시아어로 강철(stal)을 뜻하는 '스탈린' 이란 이름을 선택한 묘한 인물이었다. 그는 1927년에 권력을 장악해 1929년과 1938년 사이에 피의 숙청을 밀어붙이지만, 초기엔 많은 사람들이 그를 오해했다.

미국 특사 조지프 E. 데이비스(Joseph E. Davies, 1876~1958)는 마각을 드러내기 이전의 스탈린을 "어린아이라면 누구나 앉고 싶은 무릎을 가진 인자한 사람이라는 인상을 주었다"고 말했지만, 그게 엄청난 착각이라는 건 나중에 드러나게 된다. 그런데 비단 데이비스만 스탈린을 착각한 건 아니다. 수많은 사람들이 처음엔 스탈린의 두 얼굴 중 하나만 보았다. 1930년대에 『리버티(Liberty)』에서 인터뷰 전문 특파원으로 일하던 코넬리우스 반더빌트 2세(Cornelius Vanderbilt, Jr., 1898~1974)가 스탈린을 인터뷰했을 때 스탈린은 책을 읽고 있었다고 한다. 알고 보니 그 책은 성경이었고, 스탈린은 성경을 4개 국어로 읽는다는 것이 밝혀졌다나.

참고문헌 Davis 2004, Harman 2004, Hosking 1988, Hunt 2007, Kropotkin 2003, Lippmann & Merz 1920, Overy 2003 · 2008, Steel 1980, Sylvester 1994, Tilly 2000, Twitchell 2001, Zinn & Stefoff 2008, 권용립 2003, 김학준 1991

베르사유의 이상과 환멸
제1차 세계대전 종전

윌슨의 14개 조항

제1차 세계대전은 1918년 11월 3일 독일의 항복으로 끝이 났다. 11월 11일 11시 휴전조약이 조인되었다(오늘날 11월 11일은 미국 재향군인의 날로 기념되고 있다). 종전은 전 미국을 열광의 도가니로 몰아넣었다. 거리는 노래와 춤으로 종전을 축하하는 사람들로 흘러넘쳤다. 뉴욕 5번가엔 155톤에 달하는 테이프와 색종이 조각이 뿌려졌다.

4년 동안 지속된 제1차 세계대전은 독일 180만 명, 러시아 170만 명, 프랑스 140만 명, 오스트리아-헝가리 130만 명, 영국 74만 명, 이탈리아 61만 명 등 약 1,000만 명의 사망자를 냈다. 전쟁으로 인한 기아와 질병에 시달려 죽어간 사람도 1,000만 명, 불구자는 600만 명이나 나왔다.

엎친 데 덮친 격으로 스페인 독감까지 전 세계를 휩쓸어, 1918년 한 해 동안 2,200만 명이 사망했다. 심지어 5,000만 명이 사망했다고 기술한 문헌들도 있다. 제1차 세계대전 사망자의 2배에 해당하는 수치였다. 전쟁에서 돌아온 군인들을 따라 스페인 독감이 미국으로도 건너와 모두 67만 명이 사망했다. 스페인 독감은 1921년까지 맹위를 떨쳤는데, 당시 조선에선 약 14만 명이 사망했다.

1918년 12월 4일, 그런 어수선한 상황에도 불구하고 우드로 윌슨 대통령은 제1차 대전을 법적으로 마무리하기 위한 파리 평화회의에 참석하기 위해 군함 조지 워싱턴호에 승선해 뉴욕을 떠났다. 그는 재임 중 미국을 벗어나는 최초의 대통령이 되었다. 윌슨이 바다를 건너는 동안 11척의 전함이 대통령 전용선을 호위했다. 9일 뒤 프랑스 브레스트에 도착한 그는 파리와 런던, 로마를 방문해 환영 인파로부터 '유럽의 구원자' 라는 칭송을 받았다. 특히 거리를 가득 메운 200만 명의 파리 시민들은 "윌슨 만세" 를 외치며 열광했다.

전승국인 연합국 27개국 대표 70여 명은 1919년 1월 18일부터 프랑스 파리 베르사유궁전에서 만국강화회의를 열고 전후 대책을 논의하였다. 1년 전인 1918년 1월 8일, 윌슨이 선포한 14개 조항으로 된 평화대책은 전 세계의 주목을 받았다. 이 조항에는 국제연맹의 창설이 제창되었고, '모든 식민지문제의 공평한 조치' 를 규정한 이른바 '민족자결주의(national self-determination)' 가 포함되었다. 민족자결주의의 요지는 식민지문제를 취급함에 있어서 통치하는 정부의 주장과 통치를 당하는 국민들의 이익이 동등하게 취급되어야 한다는 것이었다.

그러나 각국 정부는 그런 이상보다는 자기 잇속 챙기기에 혈안이 되었다. 헌트(Hunt 2007)는 "윌슨의 14개 조항은 앵글로색슨문화가 국제사회의 패권을 장악하고, 영국과 미국 간의 외교적 협력시대를 기대한 것이다. 윌슨이 설계한 국제사회는 무역의 자유, 군비경쟁의 종

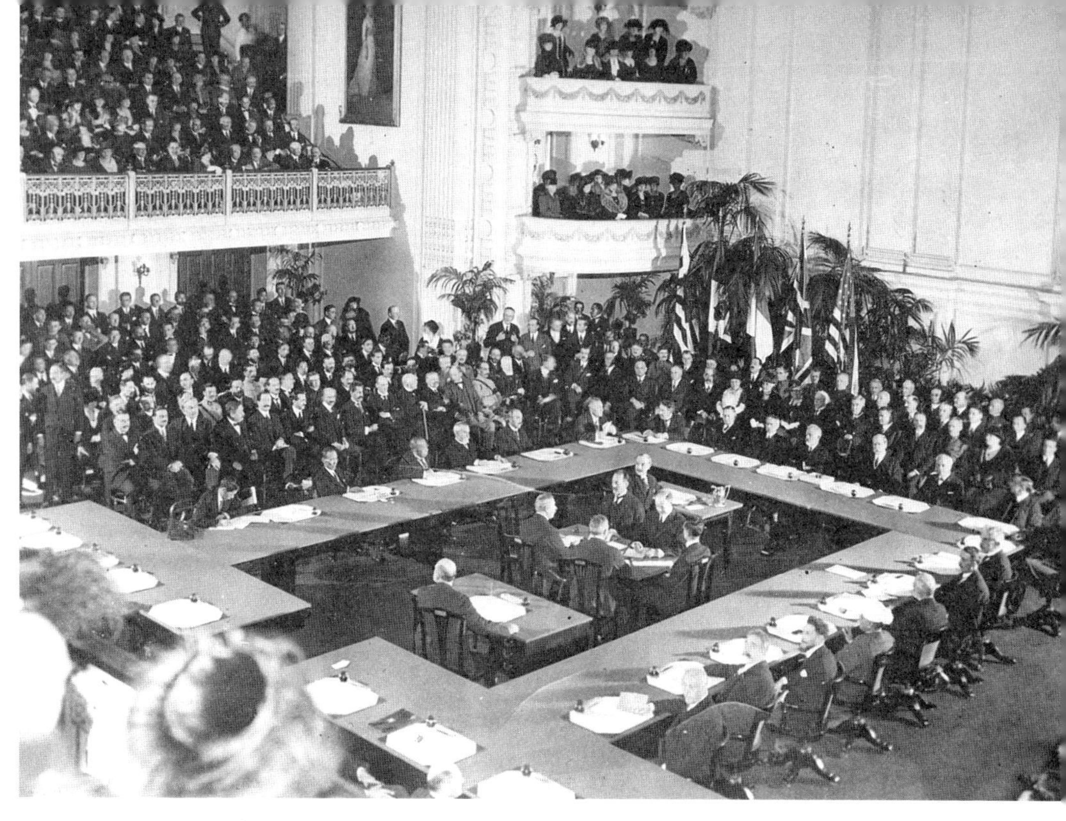

1919년 프랑스 파리 베르사유궁전에서 열린 만국강화회의 모습. 전승국인 연합국 27개국 대표 70여 명은 이 자리에서 전후 대책을 논의했다.

식, 동맹국 간의 비밀외교 및 무시무시한 대량학살의 추방, 제국의 해체가 달성된 세상이었으며, 특히 유럽 전역의 민족 자결주의가 선양된 세상이었다"며 다음과 같이 말한다.

"윌슨은 독일, 러시아, 오스트리아-헝가리제국에서 해방된 국가들에서 온건하고 민주적이며 헌법을 새롭게 제정하는 혁명이 일어날 것으로 기대했다. 아울러 그런 혁명을 통해 새롭게 태어난 국가들과 평화를 사랑하는 기존의 민주국가들이 제휴하여 국제적 연맹을 결성하면 국제사회에 만연된 테러, 폭정, 침략행위를 종식시킬 수 있고 정의를 요구하는 많은 민족들의 '항구적 불만'을 진정시킬 것으로 전망했다. 그러나 윌슨이 설계한 새 질서는 결국 실현되지 못했다. 윌슨의 기대와 달리 그의 동맹국들은 윌슨의 말을 듣지 않았다. 또 그들은 눈앞의 이익만 좇았다."

윌슨이 구체적 액션 플랜에 대해 고민한 것 같지도 않다. 브링클리(Brinkley 1998)는 "윌슨의 제안에는 심각한 허점이 있었다. 그가 약속했던 종속민들의 민족자결을 어떻게 실행할 것인지에 대한 원칙을 제시하지 못했다"며 다음과 같이 말한다.

"새로 등장한 소련정부의 존재가 서방국가들에게 위협적인 것임에도 불구하고(윌슨이 자신의 전쟁목표를 발표하게 된 것도 레닌에 대한 지지를 감소시키려는 시도의 일환이었다.) 그는 새로운 소련의 지도력에 대하여 아무런 언급도 하지 않았다. 경제적 긴장이 상당 정도 전쟁발발에 책임이 있었던 것임에도 불구하고 그는 경제적 경쟁과 그것이 국제관계에 미치는 영향력에 대하여는 거의 언급하지 않았다. 그럼에도 불구하고 윌슨의 국제적 이상은 미국과 유럽의 당대인들을 매혹시켰을 뿐만 아니라, 후세대들도 매료시켰다."

민족자결주의와 3 · 1운동

윌슨의 이상에 매료된 사람들 중엔 한국의 독립운동가들도 포함되었다. 여운형(1886~1947) 등 독립운동가들은 이 파리 강화회의에 청원서를 보내는 단체를 설립할 필요가 있어 신한청년당이라는 조직체를 만들어 영어에 능통한 우사 김규식(1881~1950)을 파리에 파견할 대표로 선정했다. 1919년 2월 1일 상하이를 떠나 3월 13일 파리에 도착한 김규식은 4월 11일 수립된 상하이 임시정부의 특사로 임명돼 맹렬한 활동을 벌였지만, 강화회의의 목적 자체가 서구 제국주의 국가 간 영토 재분할이었으므로, 아무런 호응도 얻을 수 없었다.

회담 초부터 민족자결주의에 관한 소문은 조선인들 사이에서 큰 기대를 불러 일으켰다. 그러나 일제는 이 파리 회의를 정반대의 목적으로 이용하려고 들었다. 이와 관련, 박은식(1859~1925)의 『한국독립운동지혈사』(1920)는 다음과 같이 기록했다.

"우리나라 광무제(光武帝, 고종)는 명성황후가 일본인들에게 피살되자 저들에 대한 원한이 이미 골수에 사무쳤는데, 그 위에 자신도 폐위를 당하고 나라까지 합병되자 무한히 통분하였다. 그는 비록 유폐되었다 하더라도 언젠가는 때를 타서 보복하려는 생각을 버린 적이 없었다. 왜놈들은 우리 황제를 일본 배격의 우두머리로 인정하고 제거하려는 생각을 가진 지가 오래였다. 때마침 구라파에서는 전쟁이 끝나고, 열국(列國)은 파리에서 평화회의를 개최하고, 미국 대통령(윌슨)은 민족자결주의를 제창하였으며, 우리 민족도 용약하여 독립운동을 벌이려 하고 있었다. 이보다 앞서 일본은 영친왕(英親王, 李垠)을 일본 여인 방자(方子)와 결혼을 시키기로 하고 기미년 1월 25일 혼례를 치른 다음, 「신혼여행」이라는 명목으로 파리의 평화회의에 맞춰 구라파 유람을 시킴으로써, 한국과 일본이 동화(同化)됐다는 증거로 보여주려고 하였다."

당시 고종(1852~1919)은 일본 측의 그러한 기도를 막고자 했는데, 1월 21일 오전 1시 45분경에 돌연 뇌일혈로 운명하고 말았다. 일제가 고종의 죽음을 공식 발표한 것은 23일이었다. 일제는 사망시간을 1월 22일 오전 6시로 조작 발표했다. 이른바 '고종 독살설' 이 나돌게 된 한 이

종로에서의 3·1만세운동 풍경. 고종 독살설로 분노한 사람들은 탑골공원에 모여 만세를 부르며 독립을 외쳤다.

유다. 민중은 통곡하며 분노했다. '고종 독살설'은 파리 강화회의에 관한 소식과 맞물려 더 큰 힘을 발휘하게 되었다. 『매일신보』는 조선 총독부 기관지였음에도 파리 강화회의 관련 기사들을 많이 게재함으로써 이 회의에 대한 조선인들의 기대심리를 높게 만들었다. 이와 관련, 송우혜(1998-1999)는 "당연히 그 시대의 조선인들은 '파리 강화회의'가 지닌 힘과 기능과 역할에 관해서 엄청난 환상을 가지게끔 되었던 것이다"라며 다음과 같이 말한다.

"그리고 바로 그런 시대적 정황이야말로, 당시 한민족사상 최대의 평화시위운동이었던 3·1독립만세운동이 고종의 인산 이틀 전에 불꽃처럼 폭발할 수 있게 한 원동력이 되고 기본토대가 되었다. 이런 시기에, 태황제의 돌연한 죽음은 두 가지 중요한 요소를 조선 백성들에게 제공했다. 첫째는 독살설에 의해서 침략자 일본에 대한 적개심이 거대한 불기둥처럼 타올라 두려움을 잊게 만든 것이요, 둘째는 인산(因山, 國葬) 때문에 자연스럽게 사람들이 많이 모일 수 있는 계기와 장소를 제공한 것이다. 왕세자 이은이 부친의 인산을 치르려고 서울에 들어와 머문 지 35일째인 1919년 3월 1일, 고종의 인산일을 이틀 앞두고 저 유명한 3·1독립만세운동이 폭발했다. 여기서 우리 민족의 항일독립운동사와 관련해서 한 가지 궁금증이 인다. 만약 그 시기에 그런 상태로 고종이 죽지 않았더라도 3·1독립만세운동과 같이 거대한 규모와 형태와 동력을 지닌 독립운동이 폭발적으로 일어나는 것이 가능했을까? 물론 대답은 부정적이다."

3·1운동은 3·4월 만 2개월간에 걸쳐 전국을 휩쓴 시위운동이었다. 통계로 보면, 집회 회수 1542회, 참가인원 202만 3,089명, 사망자 7,509명, 부상자 1만 5,961명, 검거자 5만 2,770명, 불탄 교회 47개소, 학교 2개소, 민가 715채나 되었다. 3·1운동의 역사적 의미는 컸을 망정, 3·1운동의 결과는 당시의 조선인들에게 엄청난 절망감과 좌절을 안겨주었다. 3·1운동의 원인 중의 하나가 베르사유의 이상이었다면, 그 결과는 쓰디 쓴 환멸이었던 셈이다.

'뜯어먹기 잔치판'

베르사유의 환멸은 조선에만 국한되지 않았다. 1919년 6월 28일에 맺어진 베르사유 조약은 말 그대로 '뜯어먹기 잔치판'의 결과였다. 독일은 모든 해외 식민지를 포기하고, 알자스로렌 지방을 프랑스에 돌려줘야 했다. 전쟁 배상금 1,320억 마르크를 10년 안에 지불하고, 공군과 잠수함을 보유하지 않으며, 육·해군 병력을 10만 명 이내로 제한하겠다는 약속도 했다.

베르사유 조약은 전후 지도를 바꿔놓았다. 전비는 독일, 오스트리아, 터키 동맹국 측에 떠넘겨졌고, 한때 오스트리아-헝가리제국에 속해 있던 헝가리는 영토의 3분의 2를 잃은 데다 인구까지 800만으로 줄어들었다. 오스트리아-헝가리 영토를 승전국 마음대로 분할한 결과 발틱해를 중심으로 한 유고슬라비아(현재 슬로베니아, 크로아티아, 몬테네그로, 세르비아, 마케도니아, 보스니아 헤르체고비나로 분리), 체코슬로바키아(현재 체코와 슬로바키아로 분리), 폴란드와 같은 독립국들도 새로 생겨났다. 그로 인해 약 300만 명의 오스트리아계 독일인들이 체코슬로바키아에 편입되었다. 오스만터키에 속해 있던 중동지역 영토는 승전국들이 나눠 갖고 터키는 허약한 소국으로 전락했다. 영국은 팔레스타인, 요르단, 메소포타미아(현 이라크)를 차지했고, 레바논과 시리아는 프랑스가 먹었다. 독일 소유로 되어있던 아프리카 지역도 승전국들에게 분할되었다.

제1차 세계대전은 일본과 미국에게도 큰 축복이었다. 1914년 11억 엔의 대외부채를 지고 고민하던 일본이 1920년에는 27억 7,000만 엔의 채권국이 되었다. 세계무역에서 일본이 차지하는 비율도 1913년의 1퍼센트에서 1918년에는 5퍼센트로 성장했다. 또다른 수혜국인 미국의 비율도 10퍼센트에서 20퍼센트 이상으로 증가했다. 1914년 심각한 경제위기에 봉착했던 미국은 연합국, 특히 영국에 수출할 군수물자를 생산하면서 호경기를 맞은 것이다. 전쟁 전 미국은 약 30억 달러의 외채를 갖고 있었지만 전후에는 약 130억 달러의 채권국이 되었고, 그

와중에 월스트리트는 전 세계금융의 중심지로 부상했다. 미국은 전쟁이 제공한 경제적 기회를 효율적으로 이용하기 위해 외국은행의 지점을 허용하는 엣지법(Edge Act)과 같은 다양한 방법들을 고안해냈다.

인류역사에서 전쟁은 늘 참혹했지만, 동시에 늘 수혜자를 만들어내곤 했다. 세계의 강대국이나 선진국 치고 전쟁에 적극 뛰어들지 않은 나라가 없고, '전쟁의 축복' 을 누리지 않은 나라가 없다. 인간세계의 근본모순인 셈이다. '전쟁의 축복' 을 누린 일제는 더욱 호전적인 자세로 다른 민족에겐 재앙을 주는 길로 나아가게 된다.

미국의 베르사유 조약 인준 거부

윌슨도 베르사유의 환멸을 피해가진 못했다. 나름의 원대한 이상을 품었던 윌슨이 평화회의에서 목도한 것은 유럽의 적나라한 현실주의 정치였다. 그는 독일에 가혹한 배상을 받아내려 혈안이 된, 그리고 영토에 대한 야심을 버리지 못한 유럽의 지도자들에게 넌더리를 냈다. 윌슨은 프랑스로 출발한 지 6개월 이상 지난 뒤인 1919년 6월 말 베르사유 조약을 갖고 돌아와 7월 10일 워싱턴에 도착했다.

베르사유 조약을 상원에 제출한 뒤, 윌슨은 유리한 여론조성을 위해 9월 3일부터 전국 연설여행에 나서 22일간 강행군을 했다. 그가 행한 대규모 연설만 해도 32차례였고, 때론 하루에 네 차례의 연설을 하기도 했다. 63세 노인이 소화하기엔 무리한 일정이었다. 윌슨의 그런 발버둥에도 불구하고 9월 24일 상원은 43대 40으로 인준을 거부했고, 11월 19일 마침내 조약을 폐기해버렸다.

윌슨이 당초 내건 14개 평화조항 중 유일하게 건질 수 있었던 것은 전후 세계질서 비전을 담은 국제연맹의 창설이었지만, 이마저 미 상원의 인준 거부로 날아가고 말았다. 미 상원의 고립주의 탓이었을까? 그런 설이 있지만, 고립주의가 아니라 일방주의(unilateralism) 때문이었다는 주장도 있다. 개입이 필요하면 미국 자신의 판단에 따라 자신의 방식으로 하면 되는 것이지 뭘 거추장스럽게 국제연맹 따위가 필요하냐는 생각이었다는 것이다. 같은 맥락에서, 윌슨의 이상도 제국주의를 거부한 것이 아니라 제국주의를 완성하려는 것이었다는 시각도 있다.

의회와 윌슨이 가진 이유와 동기가 무엇이었건, 윌슨이 어떻게 하느냐에 따라서 상원의 인준은 얼마든지 얻어낼 수 있는 것이었다는 데엔 이견이 거의 없다. 이철희(2008~2009)는 "그는 상원을 장악하고 있던 공화당 측 인사를 평화회의 대표단에 한 명도 포함시키지 않는 실수를 저질렀다. 더욱이 상원이 국제연맹 창설에 부정적인 태도를 보이자 국민에게 직접 호소하겠다며 3주간 열차로 미국 전역을 돌아다녀 의회의 분노를 샀다"며 다음과 같이 말한다.

"악화된 건강상태는 그의 아집과 독선을 더욱 부추겼다. 그는 몸의 왼쪽 전체가 마비되자 부인 이디스에게 사실상 대통령직을 대행시켰다. 학교교육이라곤 2년밖에 받지 못한 이디스는 '대통령이……라고 말씀하셨습니다'라고 써서 장관에게 건네주곤 했다. 윌슨의 국제연맹 가입안은 상원 표결에서 거부됐지만 공화당 측의 수정안은 통과될 가능성이 높았다. 상원의 이른바 '강경유보파'는 미국의 군사적 개입이 요구되는 위기상황과 관련해 의회에 이를 평가할 권한이 주어지면 국제연맹 가입을 승인할 것이라고 했다. 하지만 윌슨은 자신의 구상이 털끝만큼이라도 손상돼선 안 된다며 수정안을 거부하라는 쪽지를 민주당 의원들에게 보냈고 민주당 측의 반대로 수정안마저 부결되고 말았다. 결국 윌슨은 자신이 낳은 맏아들을 제 손으로 죽이고 만 것이다."

베르사유 조약에 대한 의회의 인준 거부로 처음부터 미국이 불참하는 등 국제연맹은 유명무실한 채로 표류하다 2차 대전 이후 해체되고 만다. 아니 국제연맹의 표류 때문에 2차 대전이 일어난 것인지도 모른다. 윌슨이 고집을 피우지 않고 수정안에 따라 미국이 국제연맹에 가입했다면 패전국 독일은 이후 국제법 절차에 따라 불만을 해소할 수도 있었다. 하지만 그렇게 되지 못했고 독일은 허울만 남은 국제연맹을 무시하며 무력으로 모든 것을 해결하려 했다. 결국 유럽에선 또 한 차례의 세계대전이 일어난다.

존 메이너드 케인즈. 그는 독일이 베르사유 조약 때문에 파산했으며, 아돌프 히틀러가 권력을 쥐게 된 원인도 베르사유 조약이라고 주장했다.

훗날 경제학자 존 메이너드 케인즈(John Maynard Keynes, 1883~1946)가 독일이 베르사유 조약 때문에 파산했으며, 아돌프 히틀러가 권력을 거머쥔 주요 원인도 베르사유 조약이라고 주장한 것도 무리는 아니다.

윌슨의 '아버지 콤플렉스'

사회당 지도자 유진 데브스는 "미국 역사에서 공인 가운데 우드로 윌슨만큼 철저히 신뢰를 잃고, 호되게 비난받고, 압도적인 거부와 반대에 부닥친 채 은퇴하는 사람은 찾아보기 힘들 것이다"라고 말했다.

그런 결과를 초래한 윌슨의 유별난 성격이 흥미로웠던 걸까? 이미 1910년 『레오나르도 다빈치(Leonardo da Vinci)』 전기를 쓴 바 있는 지그문트 프로이트는 미국 외교관 윌리엄 불릿(William Bullitt, 1891~1967)과 함께 우드로 윌슨 대통령의 전기를 썼다. 두 사람은 불릿의 아내가 프로이트의 치료를 받은 관계로 친해진 사이였다. 이 책은 윌슨의 아내에 대한 예의상 그녀가 1961년 사망할 때까지 출간을 미루었다가 쓰인 지 30년 후에서야 출간되었다.

이 전기에서 프로이트는 어렸을 때부터 아버지의 인정에 굶주렸던 윌슨의 '아버지 콤플렉스'를 지적했다. 목사였던 아버지 조지프 윌슨(Joseph Ruggles Wilson, 1822~1903)은 하루에 5번이나 가족 기도회를 이끌었고, 어린 윌슨에게 늘 도달하기 어려운 목표를 이루도록 압박했으며, 윌슨은 마흔이 되기까지도 무슨 결정을 내릴 때마다 아버지의 조언과 허락을 받아야 하는 '파파보이'였다는 것이다. 아버지가 돌아가신 후 아버지의 친구들이 백악관을 방문해 아버지와의 추억담을 꺼내면 윌슨은 그 자리에서 줄줄 눈물을 흘리곤 했다나. 한국인에겐 윌슨의 지극한 효심을 말해주는 미담으로 여겨질 수도 있겠지만, 서양인들의 관점에선 보통 심각한 병이 아니다. 프로이트는 이런 사례들을 근거로 윌슨이 '위대한 지도자'가 아니라 자신이 세상을 구원하겠다는 '예수 콤플렉스'의 소유자로서 거의 정신질환자에 가까웠다고 주장했다. 그는 이런 정신분석학적 분석으로 윌슨의 외교정책까지 평가하는 등 너무 상상의 나래를 편 나머지 비판을 많이 받았다.

프로이트의 책을 나쁜 역사서의 사례로 지목한 맥밀런(MacMillan 2009)은 프로이트가 이 책으로 "자기 명성에 오점을 남겼다"며 다음과 같이 말한다. "프로이트는 윌슨을 만난 적이 없었다. 또 윌슨의 사사로운 일기를 읽은 적도 없었다. 윌슨은 일기를 쓰지 않았기 때문이다. 하지만 프로이트는 아버지와 패배감에 대한 윌슨의 강박관념을 자신있게 이야기했다."

그러나 프로이트가 다소 '오버' 한 것일 뿐, 윌슨의 '아버지 콤플렉스' 는 그를 이해하는 데에 매우 중요한 의미를 갖는다. 립먼-블루먼(Lipman-Blumen 2005)의 이런 평가에 동의할 수 있다면, 그 다음 이야기로 나아갈 수 있을 것이다. "아주 어릴 때부터 자존심에 손상을 입은 사람이 다른 사람의 인정을 이끌어내는 일에 자신의 삶을 바칠 수 있다. 필요하다면 과장된 어조나 행동까지 곁들여가면서 말이다. 아버지의 인정을 받지 못해 심적 고통을 몹시 겪었던 우드로 윌슨이 그런 시나리오에 해당하는 예다. 윌슨은 자신의 가치를 입증하고 싶은 욕구를 잘 다듬어 청년기로 접어들며 위대한 정치 지도자가 되겠다는 포부로 승화시켰다."

그래서 윌슨은 대통령이 될 수 있었겠지만, 자신의 인정욕구에 너무 휘둘린 나머지 자신의 이상주의를 이상으로만 머무르게끔 타협할 수 없었던 게 아닐까? 사실 이게 의외로 재미있는 이야기다. 우리는 '소신 · 신념' 은 긍정 평가하면서도, '고집 · 아집' 은 부정 평가한다. 둘의 차이는 무엇인가? 없다! 결과가 좋으면 '소신 · 신념' 이요, 나쁜

면 '고집 · 아집'이다. 역사라는 것도 따지고 보면 이런 식의 결과론이다. 역사의 오남용이 저질러질 수밖에 없는 조건이기도 하다.

참고문헌 Allen 2006, Brinkley 1998, Davis 2004, Englert 2006, Freud & Bullitt 1967, Harman 2004, Howard & Louis 2000, Hunt 2007, Lipman-Blumen 2005, MacMillan 2009, Marton 2002, Shenkman 2003, Tuchman 1967, Zinn & Stefoff 2008, 김민아 2009, 김삼웅 1997, 박근태 2007, 손세호 2007, 송남헌 외 2000, 송우혜 1998-1999, 이덕주 2003, 이삼성 2001, 이철희 2008-2009, 정성화 1999

볼셰비즘에 대한 공포
미첼 파머의 '빨갱이 사냥'

미첼 파머와 존 에드거 후버

제1차 세계대전의 종전에 대한 기쁨은 잠시였다. 종전과 함께 볼셰비즘에 대한 공포가 미국 사회를 휩쓸면서 대대적인 '빨갱이 사냥' 이 벌어지기 시작했다. 종전 일주일 후 뉴욕 시장 하일란(John F. Hylan, 1868~1936)은 붉은 깃발을 가두에 내거는 것을 금지하고 경찰에게 모든 불법집회를 해산하라고 명령했다. 노동운동을 하는 자는 무조건 볼셰비키로 몰리곤 했다.

윌슨의 무능과 아집도 '빨갱이 사냥' 에 일조했다. 윌슨은 '고지식한 교장 선생님' 으로 불렸고, 윌슨의 평화이상주의에 대한 미국인들의 생각도 바뀌어갔다. 이제 사람들은 거침없이 "우리는 독일인들을 이겼다. 이번에는 이 저주스런 볼셰비키를 타도하자. 그리고 윌슨과 그의 평화주의자 일당을 쫓을 차례이다" 라고 외치기 시작했다.

윌슨은 베르사유 조약의 상원 인준이 거부되자 곧 앓아누웠다. 뇌

미첼 파머 법무장관(왼쪽)은 급진국을 창설해 반공주의자 존 에드거 후버(오른쪽)를 국장으로 앉힌 뒤 '빨갱이 사냥'에 열을 올렸다.

혈전으로 좌반신 일부가 마비되는 등 남은 임기 17개월 동안 사실상 식물 대통령이 되었다. 국정운영은 그의 아내가 주도하는 섭정체제에 맡겨졌고, 이 틈을 타 미첼 파머(Mitchell Palmer, 1872~1936) 법무장관 같은 공격적인 각료는 신나게 과격분자들을 뒤져 체포하고 추방하고 파업금지령을 내리는 공세를 취했다.

윌슨은 1920년 11월 공산주의에 대해 "결함이 너무 커 그냥 내버려둬도 사멸할 것이다"라고 말했지만, 파머는 달리 생각했다. 1920년 대통령 선거 출마를 염두에 둔 파머는 '빨갱이 사냥'을 자신의 선거 캠페인에 이용하고자 했다. 파머는 '싸우는 퀘이커교도'라고 불리는 걸 좋아했는데, 그럴 만한 개인적인 이유도 있었다.

1919년 4월 말 존 D. 록펠러(John Davison Rockefeller, 1839~1937), 존 피어폰트 모건(John Pierpont Morgan, 1837~1913), 올리버 웬델 홈스(Oliver Wendell Holmes. Jr., 1841~1935)를 비롯한 30명의 유명인사들에

게 똑같은 모양의 폭탄이 배달되는 등 당시 빈발했던 일련의 테러사건에서 자신도 피해자가 될 뻔했기 때문이다. 한 상원의원 집 가정부는 폭탄이 든 우편물을 뜯다가 양손이 날아가는 일이 벌어졌고, 한 달 후 파머도 자신의 집 밖에서 폭탄이 터지는 사건을 겪었다.

1919년 8월 파머는 일종의 '급진국(후일 종합정보국으로 개명)'을 창설해 존 에드거 후버(John Edgar Hoover, 1895~1972)라는 반공주의자를 책임자로 임명했다. 수도 워싱턴에서 네 형제 중 막내로 태어난 후버는 법대에 진학해 학·석사 학위를 취득했는데, 대학에 다닐 때는 의회도서관에서 아르바이트를 하면서 도서관의 듀이 십진분류법(Dewey Decimal Classification) 항목을 모조리 암기했다. 천성적으로 체계에 탐닉하는 성격인 데다 그것까지 익혔으니 누가 그를 당할 수 있었으랴. 후버는 급진주의자들에 대한 4만 5,000개의 방대한 색인카드를 만드는 데 성공했으며, 이 색인카드를 근거로 이른바 '파머 레이드(Palmer Raid)'로 불리는 빨갱이 사냥을 벌이기 시작했다.

러시아혁명 2주년 기념일인 1919년 11월 7일을 기해 수십 개 도시에 있는 러시아 출신 노동자들의 노조 사무실을 급습하면서 검거선풍이 일어났다. 수백 명의 혐의자들이 체포됐지만 대부분 석방되었다. 1920년 1월 1일 전 도시에서 공산주의자들이 동시에 각 지부 집회를 열고 있을 때 경찰이 현장을 덮쳤다. 공산주의자건 아니건 무조건 잡아들여 모두 23개 도시에서 1만여 명이 체포되었다. 체포자 대부분은 공산주의자라는 증거가 불충분하다고 해 석방됐지만 위협효과는 분명했다.

파머는 예전에 빨갱이들이 자본가들의 재산을 모두 몰수하자고 제안했던 사실을 상기시키는 공식 성명을 발표했다. 또 턱수염이 곤두선 무서운 형상의 볼셰비키 사진과 이런 집단이 미국을 통치할 수 있느냐는 질문을 담은 선전용 기사를 신문사에 배포했다. 물론 이 모든 게 후버의 작품이었다. 효과는 분명했다. 미국 내 공산당원의 숫자는 검거 전 8만 명이었으나 1920년 말에는 6,000명으로 줄어들었다. 또 556명이 국외추방됐는데, 그 중에는 소련으로 추방된 아나키스트 엠마 골드먼(Emma Goldman, 1869~1940)과 알렉산더 버크먼(Alexander Berkman, 1870~1936)도 있었다.

후버는 이런 빨갱이 사냥을 비판하는 사람들은 모조리 색인카드를 만들어 파일을 축적해나갔다. 이게 그의 권력의 근거가 되었다. 후에 정신과의사들에 의해 '편집증 환자' 라는 진단이 내려졌는데 그것이 1924년부터 1972년 숨을 거둘 때까지 48년 동안 후버가 연방수사국(FBI, Federal Bureau of Investigation) 국장으로 장기집권하게 되는 비결이었다.

빨갱이 사냥과 인종 · 민족문제

헨리 루이 멩켄(Henry Louis Mencken, 1880~1956)은 1920년 9월 13일 『볼티모어이브닝선(Baltimore Evening Sun)』을 통해 파머를 "아마 현대의 가장 유명하고, 잔혹하고 불성실하며 부정직한 사람의 전형과도 같은 인물" 이라고 비난했다. 그는 9월 27일에도 법무부가 "미국사상 전대미문의 조직적 정보활동을 행하고 있으며, 러시아, 오스트리아, 이탈리아의 역사에도 이에 필적할 만한 것은 발견되지 않는다" 며 다음과 같이 말했다.

"그들은 헌법이 보증하는 기본적 인권 등은 냉담하게 무시하고, 사람들을 괴롭히는 것을 일상다반사로 일삼고 있다. 그들은 성역인 개인의 주거지에 침입하여, 무고한 사람을 계략에 빠뜨릴 증거를 조작한다. 전국에 경찰의 앞잡이를 뿌려놓고, 이웃사람끼리 대립하게 하고 신문지상을 선동적인 날조기사로 채우고, 악의를 가지고 몰래 탐지하고 다니는 최악의 비열한 행위를 조장했다." (Johnson 1993).

파머와 후버가 그런 인권유린을 저지를 수 있었던 것은 '적색 공포증' 이라고 하는 당시의 사회적 분위기 덕분이었다. 수많은 애국주의 단체들이 등장한 가운데 공산주의자들의 수도 부풀려져 60만 명이라는 주장까지 나올 정도였다. 1919년 말 일리노이대학 교수 고든 왓킨스(Gordon S. Watkins)는 사회당원 3만 9,000명, 공산주의 노동당원 1만~3만 명, 공산당원 3만~6만 명이라고 추산했다. 이 계산에 의하면 공산주의자는 미국 성인 총인구의 약 1퍼센트에 불과했지만, 이런 사실이 반공 히스테리를 약화시키진 못했다.

앞서 보았듯이, 일부 급진주의자들이 반공에 앞장선 정치인들에 대한 폭탄테러를 시도해 여론을 악화시킨 탓도 있었다. '월스트리트 테러사건' 은 일반인들까지 사상케 함으로써 급진주의자들이 스스로 자기 무덤을 파는 결과를 초래했다.

1920년 9월 16일 오전 11시 59분경 마차 한 대가 J. P. 모건 은행 옆 월스트리트를 질주한 뒤 폭발했는데, 이 사건으로 40명이 사망하고 130명이 부상을 당했다. 사망자와 부상자는 모두 다 노동자들이었다. 폭발지점에서 가까운 거리에 있는 브로드웨이의 한 우편함에서 발견된 전단엔 "명심하라! 우리는 더 이상 기다릴 수 없다. 정치범을 석방

빨갱이 사냥이 한창이던 1920년 9월 일어난 월스트리트 테러사건은 일반인 사상자를 낳으면서 급진주의자들에 대한 사회여론을 더욱 악화시켰다.

하라!"라는 내용과 함께 '미국 아나키스트 전사'라는 서명이 쓰여 있었다. J. P. 모건 은행은 폭발 시 흠집이 생긴 건물벽을 바꾸지 않았는데, 1인치 정도가 깊게 파인 파편 흔적은 '자본주의의 성스런 상처'로 오늘날까지 보존되어 월스트리트를 찾는 관광객들에게 작은 볼거리가 되고 있다.

여기에 인종·민족문제까지 겹쳤다. 사회당의 경우 1917년 8만여 당원 중에 3만 3,000여 명이 영어가 아닌 외국어를 쓰는 사람이었다. 1920년대의 공산당도 당원 수는 1만 5,000명 정도였는데 영어를 쓰는 사람은 그 중에서 15퍼센트에 지나지 않았다. 이민자들을 급진주의자로 보는 결과가 초래된 이유다.

1919~1920년 공산주의에 대한 공포가 미국을 휩쓴 가운데 미국 정

부는 두 해 동안 4,000명이 넘는 외국인들을 검거해 추방했다. 2년이 넘는 기간 동안 『뉴욕타임스』는 볼셰비키혁명이 실패할 것이라는 예측을 91번이나 내놓았으며, 레닌과 트로츠키가 도망가거나 죽거나 은퇴하거나 투옥되었다는 기사를 13번이나 내보냈다.

이념투쟁에 인종·민족문제까지 겹쳐져 격화되는 가운데 흑인이라고 안전할 리는 없었다. 이미 1917년부터 필라델피아, 세인트루이스 등지에서 발생한 인종폭동으로 수십 명의 흑인들이 사망했으며, 남부에서는 린치가 극성을 부려 1919년 한 해에만 70명 이상의 흑인들이 백인 폭도들의 손에 죽었다. 1919년 7월 시카고에선 미시간호수에서 수영하던 10대 흑인 소년이 급류에 휘말려 백인들이 있는 곳으로 가게 되자 백인들이 그 소년에게 돌팔매질을 해 익사케 한 사건으로 촉발된 대대적인 폭동이 발생했다. 1주일 동안 벌어진 백인과 흑인 사이의 교전결과 백인 15명과 흑인 23명이 사망했고, 530여 명의 중상자가 발생했다.

'명백하고 현존하는 위험의 이론'

파머의 본격적인 빨갱이 사냥 이전에도 방첩법은 빨갱이 사냥의 효과를 톡톡히 내고 있었다. 방첩법 및 표현의 자유와 관련, 중요한 역사적 사례를 남긴 이는 사회당 서기장 찰스 솅크(Charles T. Schenck)다. 그는 1917년 8월 제1차 대전이 독점자본주의국가들 간의 싸움이므로 참전을 거부해야 한다는 선동적인 내용의 전단 1만 5,000매를 징병대상자들에게 배부했다. 이 전단은 징병이 "월스트리트의 금융업자들의 이익을 위한 것으로서 인간애에 역행하는 악마 같은 행위"라고 비난하면서 "협박에 굴복하지 말자"고 주장했다. 그는 군의 불복종을 선동한 죄로 방첩법에 따라 6개월 징역형을 받았다.

연방대법원은 1919년 '솅크 대 미국 정부(Schenck v. U.S.)' 사건에 대한 판결에서 만장일치로 유죄를 인정했다. 판결문을 쓴 홈즈 판사는 수정헌법 제1조가 언론의 자유를 충분히 인정하는 것이나 다른 헌법상의 기본권과 충돌할 때에는 부득이 제한하지 않을 수 없다고 말하면서 그 근거를 다음과 같이 설명하였다.

"모든 행위의 성격은 그 행위가 행해진 상황 여하에 의존하는 것이다.……자유언론의 보호를 가장 엄격히 내세우는 사람일지라도 거짓말로 극장에서 불이 났다고 소리 질러서 공포상태를 야기하는 것과 같은 행위를 보호하라고 주장하지는 않을 것이다.……모든 경우에 문제가 되는 것은 결국 사용된 언어가 의회가 방지할 권한이 있는 실질적인 해악을 초래할 만한 '명백하고 현존하는 위험'을 조성할 만한 상황에서, 또 그러한 성격으로 행해진 것인지 여하에 있는 것이다. 그것은 근접성(proximity)과 정도(degree)의 문제인 것이다."

그 유명한 '명백하고 현존하는 위험의 이론(clear and present danger test)'이다. 이는 똑같은 행위라도 상황에 따라 다른 의미를 가질 수 있다는 걸 뜻하는 것이었다. 즉, 극장에서 불이 났다고 외치는 건 해변가에서 불이 났다고 외치는 것과는 다르다는 것이다. 그런데 이 비유는 타당한가? 하버드 법과대학의 재커리어 차피(Zechariah Chafee, 1885~1957) 교수는 『미국에서의 표현의 자유(Free Speech in the United States)』(1941)라는 저서에서 솅크의 행동은 어떤 사람이 거짓으로 극장 안에서 불이 났다고 외치는 것과 같은 짓이 아니라, 오히려 표를 사서 극장에 들어가려는 사람들에게 극장 안에 불이 났다고 사실대로 알려 주는 것과 같은 행위였다고 썼다 (Chafee 1941).

재커리어 차피 교수. 1919년 솅크 대 미국 정부, 에이브람스 대 미국 정부 재판에 대해 비판했다는 이유로 퇴직압박을 받기도 했다.

그러나 '명백하고 현존하는 위험의 이론' 마저도 폭넓게 받아들여지지 않는 게 당시의 현실이었다. 솅크 판결 직후, 같은 해에 공산주의 신봉자들의 전단살포와 관련해 내려진 '에이브람스 대 미국 정부(Abrams v. U.S.)' 사건에 대한 판결은 '명백하고 현존하는 위험의 이론' 에서 1보 후퇴한 '위험한 경향의 이론(bad tendency test)' 을 제시했기 때문이다.

러시아 태생인 에이브람스(Jacob Abrams)는 미국 군대가 소련을 침공하는 것에 대해 항의하고 군수품공장에 종사하는 노동자들에게 군수품제조를 금지하도록 파업을 종용하는 내용의 전단 9,000매를 배포해 기소되었다. 연방대법원의 다수 의견은 이 사건에서의 표현의 자유의 문제에 별로 주의를 기울이지 않았으며, 솅크 판결을 원용하면서도, 문제가 된 전단이 전쟁수행의 노력에 대한 거부를 고무시키고 군수품생산의 감소를 가져올 '해로운 경향' 이 있다고 보고 유죄판결을 내렸다. 다수 의견에 의한 이른바 '해로운 경향' 의 원칙에 따르면, 어떠한 표현행위가 해로운 결과를 가져올 것이라면 금지될 수 있다고 본 것이다.

연방대법원만 보수적인 게 아니었다. 차피 교수는 에이브람스 판결에 대한 비판적 논평을 했다는 이유로 하버드대학 동창회 및 법무부로부터 퇴직압력을 받기까지 했다. 인간을 지배하는 가장 강력한 힘이라고 할 수 있는 '공포의 힘' 이다. 누구 말마따나, 공포는 필름을 인화하는 것처럼 부정(negative)을 만드는 암실이 아니던가.

참고문헌 Allen 2006, Chafee 1941, Davis 2004, Emery & Emery 1996, Gordon 2002, Hunt 2007, Johnson 1993, Killen 1985, Leuchtenburg 1958, Nelson 1967, Summers 1995, Watson 2009, Zinn 1986, Zinn & Stefoff 2008, 권용립 2003, 양건 1993, 이구한 2006, 팽원순 1988, 한병구 1990

'언론매춘부에 대한 연구'
라디오와 타블로이드의 탄생

미국 최초의 라디오방송국 KDKA

제1차 세계대전은 무선전신사업을 성장산업으로 부상시켰다. 특히 선박, 비행기, 자동차의 송수신에 필요한 진공관의 수요가 급증함에 따라 미국통신대는 한꺼번에 8만 개의 진공관을 주문하기도 했다. 아메리칸 마르코니, 제너럴 일렉트릭(GE, General Electric), 웨스팅하우스(Westing House) 등 통신산업체들이 크게 성장한 것은 두말할 나위가 없다.

전쟁상황은 무선통신의 실용화를 앞당겼으며 그 기술적 조정자는 미 해군이 되었다. '특허' 는 전쟁상황이라는 이유로 무시되었으므로 새로운 테크놀로지는 신속히 확산되었다. 전쟁기간 중 라디오는 조정, 정보, 프로파간다를 위해 사용되었으며, 당시 우드로 윌슨 대통령의 '14개 조항(Fourteen Points)' 이 전 세계적으로 알려진 건 바로 라디오의 힘 때문이었다. 미 해군의 공식 커뮤니케이션사에 제1차 세계대전이 '황금기(Golden Age)' 로 기록되게 된 것도 바로 그와 같은 이유들 때문이다.

1918년 11월 제1차 세계대전이 종전되자 라디오방송은 미 해군의 독점 하에 놓이게 되었으며, 자연스럽게 라디오방송을 국유화시키자는 법안이 미 해군과 국무성의 주도로 의회에 제출되었다. 미 육군은 라디오방송을 해군이 관장하는 것을 못마땅해 하긴 했지만 같은 군부의 차원에서 라디오의 국유화법안을 지지했다. 그러나 "정부독점"이라는 데 대한 반발이 만만치 않자, 해군은 차선책으로 군수산업체인 GE의 지원을 받아 해군이 마음대로 조종할 수 있는 민간기업체 RCA(Radio Corporation of America)를 탄생시켰다.

1919년 10월 17일에 탄생된 RCA는 외형상으론 민간기업체였지만 실질적으론 국영기업체의 성격이 짙었다. 미국 시민만이 RCA의 이사가 될 수 있고, 외국인은 20퍼센트 이상 주식을 소유할 수 없으며, 미 정부의 대표자가 이사진에 포함되어야 한다는 등의 조건을 달고 있었기 때문이다. 또 당시 영국의 영향력하에 놓여 있었던 아메리칸 마르코니도 반강제적으로 RCA에 흡수되었으며, 뒤이어 AT&T, UF(United Fruit)등과 같은 대기업들이 참여해 이른바 "라디오 테크놀로지 개발의 총체화"가 가능하게 되었다.

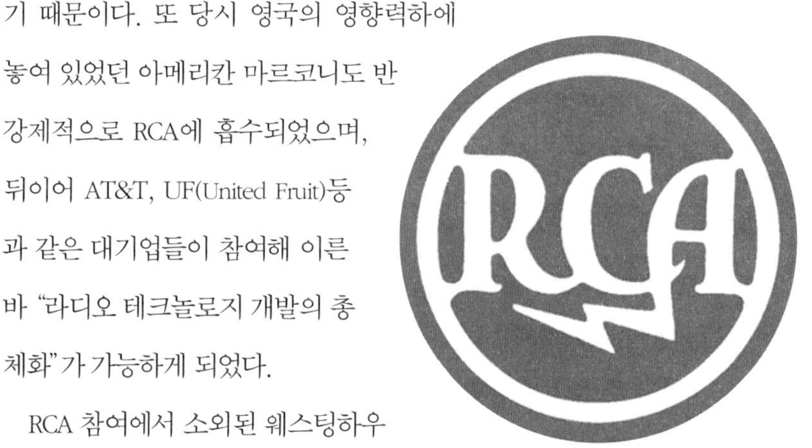

RCA 최초의 로고. 1919년 10월 탄생된 RCA는 외형상으론 민간기업체였지만 실질적으로는 국영기업체의 성격이 짙었다.

RCA 참여에서 소외된 웨스팅하우스는 독자적으로 라디오의 실용화에 골몰한 끝에 1920년 11월 2일 펜실베이니아주 피츠버그에 방송국 KDKA를 개국하였다. 미국 최초의 라디오방송국이다. KDKA의 개국 직후 백화점과 전자상회엔 라디오수신기를 사려는 사람들로 인산인해(人山人海)를 이루기 시작했다.

'거터 저널리즘'

업튼 싱클레어는 1919년 『브라스체크(The Brass Check)』라는 책을 출간해 타락한 언론 소유자의 모습을 그렸다. 이 책의 부제는 '언론매춘부에 대한 연구' 였다. 그는 신문 생산수단의 공유(公有)제를 주장하고 통신사도 공적 통제하의 공공재로 삼아야 한다고 역설했다. 노예폐지론자 윌리엄 로이드 개리슨(William Lloyd Garrison, 1805~1879)의 손자인 빌라드(Oswald Garrison Villard, 1872~1949)는 1923년에 『뉴욕타임스』에 대해 격렬한 비난을 퍼부었다. 그는 이 신문을 일컬어 "미국 시민에는 특권층과 불이익층, 흑인과 백인이라는 두 종류의 시민이 있다는 믿음을 확실히 하기 위해 안해본 짓이 없는, 탁월한 인종증오의 교사"라고 비난했다.

그간 무슨 일이 벌어졌기에 미국 신문이 이토록 욕을 먹어야 했던 걸까? '언론매춘부에 대한 연구' 라니, 너무 심하지 않은가? 이런 비난은 광고시장이 커지면서 언론의 산업화가 이루어지고, 그 와중에서 자본논리가 이전보다 더 관철된 데 따른 반응이었다.

1870년부터 1900년 사이에 미국 인구는 2배로 증가했으며, 이 기간에 미국의 신문 수는 4배로 증가했다. 1915년에 이르러 2,200개 이상의 일간 신문이 발행되었으며, 그 밖에 160개의 외국어 일간지가 발행되었다. 1913년에는 323개의 사회주의 신문이 발행되었으며, 전체 판매부수는 200만에 이르렀다. 동시에 소유 집중화도 일어났다. 스크립스(Eeward W. Scripps, 1854~1926)는 1914년까지 33개의 신문을 통합해 하나의 체인으로 묶었으며, 허스트는 1922년까지 20개의 일간지, 11개의 일요신문, 2개의 통신사, 1개의 뉴스영화사, 1개의 영화제작사를 소유하게 된다.

광고주들은 광고효과를 좀더 정확히 알기를 원했다. 1899년 미국광고주협회(Association of American Advertisers)가 일정한 방식에 기초를 두고 신문 · 잡지의 부수를 조사했으며, 1913년 전국광고주협회(Association of National Advertisers)가 발행부수의 조사를 위한 새로운 그룹을 결성했다. 1914년에 이 조직이 합병해 신문잡지발행부수공사기구(ABC, Audit Bureau of Circulations)가 창설되었다.

그런 상황에서 광고와 신문은 상호상승관계를 형성했다. 1900년 말 조지프 퓰리처(Joseph Pulitzer, 1847~1911)는 영국을 다녀오면서 우연히 영국의 신문발행인 앨프리드 함즈워스(Alfred Harmsworth, 1865~1922)와 같은 배를 탔는데, 이것이 계기가 되어 그는 함즈워스를 초빙해 1901년 1월 1일자 『뉴욕월드(New York World)』를 실험 제작했다. 가로 9인치, 세로 18인치의 크기의 판형이었다. 『뉴욕월드』는 바로 다음 날 원래의 크기로 되돌아갔으나 몇 년 후 함즈워스는 런던에서 작은 크기의 신문 『데일리미러(Daily Mirror)』를 발행한다. 이 크기의 신문을 타블로이드(tabloid)라고 부르는데, 이 말은 원래 1880년대 제약업계에서 농축되어 소화가 잘되는 약품의 상표에서 그 이름이 유래되었다. 1914년 무렵 『데일리미러』는 하루에 120만 부를 발행한다.

『데일리미러』의 성공은 미국에도 영향을 미쳤다. 사촌 형제 사이로

『시카고트리뷴(Chicago Tribune)』 경영권을 상속받은 로버트 맥코믹(Robert McCormick, 1880~1955)과 조지프 패터슨(Joseph Patterson, 1879~1946)이 1919년 6월 미국 최초의 타블로이드 신문을 창간했다. 처음엔 16면으로 출발한 뉴욕의 『데일리뉴스(Daily News)』다. 『데일리뉴스』는 1925년에 하루 100만 부, 1940년에는 200만 부에 가까운 발행부수를 기록한다.

『데일리뉴스』의 성공에 자극받은 허스트가 1924년 『뉴욕데일리미러(New York Daily Mirror)』라는 타블로이드 신문을 창간하는 등 타블로이드 붐은 미국 전역으로 퍼져 나갔다. 대부분의 타블로이드 신문은 1880년대와 1890년대의 뉴저널리즘의 핵심적인 특성이었던 사회개혁주의를 무시했으며, 1920년대에는 허스트도 진보노선에서 이탈했다.

미국에서 1920년대는 '광란의 20년대(Roaring Twenties)' 또는 '재즈시대(Jazz Age)' 라고도 할 만큼 번영과 즐거움이 솟구친 시대였다. 그래서 언론쪽에서 1920년대는 타블로이드 신문이 맹활약하고 더불어 사진을 많이 사용했다는 이유 등으로 '재즈 저널리즘(jazz journalism)의 시대' 로 불린다. 이 시대에 '해석적 보도' 도 도입되었지만, 가장 눈에 띈 건 독자들을 유인하기 위한 각종 쿠폰이었다. 미녀선발대회를 비롯한 각종 대회의 개최도 신문 마케팅의 일환으로 성황을 누렸다.

타블로이드 신문은 열차에서 읽기가 편했지만, 당시엔 이를 선정적이고 저속한 신문이라는 뜻으로 하수도에 빗대어 '거터 저널리즘(gutter journalism)' 이라고 불렀다. 타블로이드 신문의 제작방식과 철학은 광고에도 큰 영향을 미쳤다. 타블로이드 신문의 등장 이후 개인화되고 고백적인 광고카피가 많이 등장했다. 제품은 제쳐놓고 소비자의 심리상태를 파고드는 '치료적(theraputic)' 광고가 대세를 이루기 시작한다.

재즈 저널리즘의 이면엔 기술발전이 있었다. 특히 1920년 텔레타이프(printing telegraphy, 인쇄전신)의 등장은 언론의 비약적인 발전을 가져왔다. 이제 속도가 느린 모스식 부호 대신 분당 100단어의 속도로 전 세계에 뉴스를 동시에 전달할 수 있게 되었기 때문이다. 1924년에는 처음으로 사진을 전송하게 되었고 그로부터 10년 뒤에는 AP통신에서 최초로 전송사진 서비스를 한다.

퓰리처상의 탄생

허스트는 끝내 황색 언론인으로 머물렀지만 퓰리처는 정반대로 점차 선정주의와 거리를 두기 시작했다. 그의 생애 마지막 10년(1901~1911) 동안 퓰리처의 『뉴욕월드』는 미국 언론사에서 가장 존경받는 신문이 되었고, 언론인들 사이에선 '신문인의 신문(The newspaperman's newspaper)'으로 불릴 정도로 변모했다.

퓰리처는 1903년 컬럼비아대학에 언론대학원을 세우라며 200만 달러를 기부했다. 이 돈을 기금으로 하여 1917년 퓰리처상이 만들어졌다. 퓰리처상은 신문 쪽은 뉴스, 보도사진 등 8개 부문, 문학은 소설, 연극 등 6개 부문, 음악은 1개 부문에 주어진다. 컬럼비아대 신문학과가 주도하는 선정위원회가 수여하는 퓰리처상은 오늘날 그 분야의 최고 영예를 자랑하는 상이 되었다.

퓰리처는 "『뉴욕월드』는 대통령보다도 큰 힘을 가지고 있다. 대통령은 당파와 정객들에게 족쇄가 물려 있을 뿐만 아니라 그 임기도 고

조지프 퓰리처. 『뉴욕월드』를 정론지로 변모시키고 퓰리처상을 만들어 신문, 문학, 연극, 음악 등의 분야에서 훌륭한 성과물을 선정해 격려했다.

작 4년에 불과하기 때문이다"라고 호언했지만, 신문이라고 해서 임기가 영원한 건 아니었다. 퓰리처의 상속인은 1931년 2,500만 달러를 챙기면서 『뉴욕월드』를 신문재벌 스크립스하워드(Scripps-Howard)에 매각했다. 이에 대해 리블링(A. J. Liebling, 1904~1963)은 "그들은 단 한 푼도 신문에 재투자하지 않았다. 결국 뉴잉글랜드의 섬유업자들과 다를 바 없다는 이야기인데, 다른 것이 있다면 신문발행인들은 자신들이 섬유업자들보다 더 이상주의적이라고 광고하기를 좋아한다는 점이다"라고 꼬집었다.

『뉴욕월드』는 당시 등장했던 새로운 형태의 황색 신문, 즉 타블로이드 신문의 공세에 이기지 못한 채 그 경쟁과정에서 침몰했다. 황색 신문으로 일어서 황색 신문의 희생양이 된 역설이다. 『뉴욕타임스』의 거센 도전도 『뉴욕월드』의 폐간을 한몫 거들었다. 오늘날 퓰리처의 『세인트루이스포스트-디스패치(St.LOuis Post-Dispatch)』는 여전히 살아남아 이름을 떨치고 있지만, 퓰리처가 심혈을 기울인 『뉴욕 월드』는 자식들이 팔아넘기는 바람에 그렇게 사라지고 말았다.

1991년 저널리스트 더글라스 베이츠(Douglas Bates)는 저서 『퓰리처상(The Pulitzer Prize, The Inside Story of America' s Most Prestigious Award)』에서 수상위원회의 심사위원들은 각 분야마다 3명씩 후보자를 선정해 밀실에서 수상자를 뽑는데, 심사위원들의 구성은 매년 "백인이면서 남성으로서 고위 언론관계자"라는 3가지 조건을 벗어나지 않는다며 그 편협성을 비판했다. 이 상의 가장 큰 수혜자인 『뉴욕타임스』는 여타 신문들이 수상한 수의 3배를 수생했는데, 베이츠는 그 이유로 이 신문의 기자들이 컬럼비아대학 신문방송학과와 유착관계를 맺고 있다는 점을 들었다. 즉 "신문(즉 『뉴욕타임스』)에는 상을 주고, 학교(컬럼비아대학)에는 경제적 혜택을 주고, 상에는 권위를 부여하는" 식이라는 것이다(출판저널 편집부 1991). 설사 그것이 사실이라 해도 퓰리처상이 여전히 미국 저널리스트라면 누구든 받고 싶어 하는 최고 권위의 상으로 군림하고 있다는 건 분명하다.

참고문헌 Altschull 1991 · 1993, Barnouw 1978 · 1982, Brian 2002, Edwards 1970, Emery & Emery 1996, Head 외 1998, Marchand 1985, Peterson & 카네히라 쇼노스케 1996, Smith 1990, Stephens 1999, 출판저널 편집부 1991

'부정부패와 대형범죄의 온상'
금주법 시행

"여성들이여, 때려 부수자!"

1920년 1월 16일부터 미국 영토 내에서 0.5퍼센트 이상의 알코올이 포함된 음료의 주조·판매·유통이 불법화되었다. 이미 그 전에 '바이블 벨트(Bible Belt)'로 불린 남부의 주들이 하나둘 금주법을 실시해 금주법을 제정한 주가 24개에 이르렀지만, 이 불법화는 전 연방 차원의 것이었다. 그 과정과 이후 전개된 양상은 미국 사회를 이해하는 데에 큰 도움이 된다. 도대체 왜 그런 어이없는 일이 벌어졌던 걸까?

전시금주법은 이미 상정되어 1919년 7월 1일부터 실시될 예정이었지만, 이걸로도 부족하다는 듯 금주법을 영구적이며 실효성 있게 만들 수정헌법 제18조는 1917년 말에 의회를 통과해 많은 주에서 전쟁 종결 이전에 승인되었고, 1919년 1월 주의회 개회에 따라 이 조항의 승인촉진운동이 매우 빠른 속도로 진행되었다. 휴전 후 9주도 채 지나지 않은 1919년 1월 16일 수정헌법 통과에 필요한 36개 주가 수정안을

금주법시대, 술이 금지품목으로 지정되자 기존의 술은 경찰의 감시하에 버려졌고 금주 운동이 격렬하게 진행되었다.

비준했다.

처음에 동의하지 않은 나머지 주들도 두 주를 제외하곤 모두 금주법을 재가했다. 오로지 코네티컷주와 로드아일랜드주만이 금주법의 영역 밖에 있었다. 수정헌법 제18조는 이미 인준되었고, 주류판매반대연맹의 원안에 따라 기초된 수정조항 시행법 '볼스테드법(Volstead Act)' 은 더욱 더 쉽고 신속하게 통과되었다. 금주법의 주창자는 미네소타주의 공화당의원인 앤드루 볼스테드(Andrew Volstead, 1860~1947)로 그의 이름을 따서 '볼스테드법' 이라고 부른 것이다. 이 법은 1920년 1월 16일부터 효력을 발휘했다.

금주법은 "타협은 없다"는 전시체제정신의 조류에 편승한 것이었지만, 꼭 전시체제 때문만에 생긴 것은 아니다. 비록 늘 겉과 속은 달랐을 망정 금주는 식민지시대 이래 자리 잡은 오랜 문화적 전통이었다. 1874년 기독교여성금주회(Women's Christian Temperance Union)가 알코올과의 전쟁을 선언하며 발족해 미국 최초의 전국적인 여성조직으로 자리 잡은 이후로 수많은 반대투쟁이 벌어졌었다.

19세기 말 기독교여성금주회 회원들은 투쟁적인 캐리 네이션(Carrie Nation, 1846~1911)의 지휘 아래 도끼를 들고 "때려 부수자, 여성들이여 때려 부수자!"를 연호하며 캔자스의 술집들을 습격해 모조리 박살내기도 했다. 남편의 음주와 폭력에 질려 21세에 남편 곁을 떠난 네이션은 도끼와 벽돌을 마차에 가득 싣고 캔자스를 넘어 일리노이, 오하이오, 뉴욕주까지 쳐들어갔으며, 자금조달을 위해 판지로 만든 기념 손도끼를 팔기도 했다.

금주운동을 하는 사람은 많아도 음주운동을 하는 사람은 없는 법이다. 정치인들은 속마음이야 어떠했건 공식적으로는 칼뱅과 프로테스탄트 윤리의 옹호자로 비쳐지길 원했기 때문에 그런 금주운동 분위기에 편승했다.

원초적으로 지킬 수 없는 법

금주법 시행 초기엔 애주가들을 위해 플로리다와 카리브해를 잇는 항공노선이 만들어지기도 했지만, 굳이 그렇게까지 해외원정을 할 필요는 없다는 것이 점점 더 분명해졌다. 금주법은 원초적으로 지켜지기 어려운 법이었기 때문이다. 정부가 임명한 금주법 단속요원은 1920년에 1,520명, 1930년에도 2,836명에 불과했다. 숫자도 적은 데다 급료도 낮아 매수되기 일쑤였다. 여론의 지지나 있으면 그들이 자존심으로 버텼을 텐데 여론은 변하고 있었다. 이와 관련, 알렌(Allen 2006)은 다음과 같이 말한다.

"금주법의 논리는, 우드로 윌슨을 패배시키고 매너와 도덕의 혁명을 촉진시킨 바로 그 감정적 이완과 맞닥뜨렸다. 사람들은 고귀한 이상에 이바지하기 위해 허리띠를 졸라매는 일에 넌더리가 나 있었다. 그리고 미국을 영웅이 살기에 적합한 곳으로 만드는 데에도 지쳤다. 사람들은 긴장을 풀고 본래 자신으로 돌아가고 싶어 했다. 금주법에 대한 감정의 변화는 놀라울 정도로 빨랐다. 불과 수개월 사이에 볼스테드법은 좌우에서 난타당하고 있었고, 전에는 미미했던 금주법 반대 여론이 꽤 큰 비중으로 커가고 있었다."

그렇게 문제가 많다면 법을 바꾸면 좋으련만, 미국인들은 법을 바꾸지도 않은 채 그저 몰래 술을 마셔댔다. 1925년 단속 총괄책임자인 재무차관 링컨 C. 앤드루스(Lincoln C. Andrews, 1867~1950)는 단속요원들의 적발비율이 밀수입 되는 술의 5퍼센트에 불과하다고 발표해 『타임(Time)』 8월호 표지를 장식했다.

부자들은 개인클럽처럼 꾸며놓고 암호명을 가진 사람만 입장시키는 '무허가 술집' 을 드나들었다. 이 술집들은 경관이 지켜보는 앞에서도 버젓이 영업을 했다. 가난한 사람들은 밀조한 진을 마셨고, 약사들은 의약용 알코올을 조제하기에 바빴다. 성찬용 포도주 제조량도 폭증했다. 금주법으로 알코올중독율과 관련 사망률이 줄었다고 이야기하는 사람들도 있지만, 이는 '밀조 진' 에 소독용 알코올을 사용하는 데서 오는 치사율을 간과한 것이었다. 1920년대 조선 기독교계의 금주운동진영도 미국에서 금주법 덕분에 폐결핵 사망자 수가 크게 줄었다는 내용을 제시했지만, 밀주가 성행하면서 오히려 미국인의 건강

금주법이 시행되자 무허가 술집이 성행했다. 이 술집들은 '스피키즈'라고 불렸는데 19세기 영국에서 밀주사업이 벌어지던 장소를 나타내던 '스피크-소프틀리 숍'에서 유래한 말이다

은 악화되었다.

전문 상점에서는 술을 몰래 만들 수 있는 장비들이 날개 돋친 듯이 팔려나갔고, 미국 가정의 화장실은 그 본래의 목적과는 무관하게 불법적인 술을 만드는 장소로 변했다. 미국인들은 부동액에서부터 향수에 이르기까지 수백 가지나 되는 합법적인 상품에서 술을 뽑아냈다. 1928년 뉴욕에선 부동액과 페인트에서 알코올을 뽑아내 마신 사람들 중 34명이 4일 동안 잇따라 숨지는 사태가 발생했다. 일부 의사는 알코올을 이용할 수 있는 처방전을 공공연히 가장 높은 가격을 부르는 입찰자들에게 판매하곤 했다. 금주법이 시행된 13년 동안 3만 5,000명 이상의 시민들이 독성이 강한 술을 마시고 사망했다.

금주법은 마피아와 같은 갱단의 급성장을 가져와 미국 범죄역사를 바꿔놓았다. 남의 눈을 피해야 하는 은밀한 일을 뜻하는 '문라이트(moonlight)' 라는 말은 당시 달빛 아래서 술을 몰래 제조한다는 의미에서 비롯된 단어다. 무허가 술집은 '스피키즈(speakeasies)' 로 불렸는데, 이는 19세기 영국에서 밀주사업이 벌어지던 장소를 나타내는 '스피크-소프틀리 숍(speak-softly shop, 조용히 말하는 가게)' 에서 유래했다. 기다란 장화에다 술병을 숨겼기 때문에 '부틀레거(bootleger)' 라 불린 술 밀매업자들의 규모가 점점 더 커지면서 늘어난 조직범죄로 인한 사망도 많았다. 1920년대 동안 경찰은 2,000명 이상의 밀조자들을 총으로 쏘아 죽였으며, 그 과정에서 500명의 경찰이 목숨을 잃었다.

개혁가들은 이 법률의 목적이 주로 '이민 노동자의 폭음습관' 을 단속하는 것에 있다고 공공연히 공언하곤 했다. 미국의 정신을 지키기 위한 것이라는 뜻이다. 좀더 꼬집어서 말하자면, 금주법의 주동세력은 와스프였다. 이들은 특히 술 마시고 소란 피우는 아일랜드계가 싫어서 금주운동을 전개했다. 금주법시대의 갱에 아일랜드계가 많았던 것도 우연은 아니다. 그 이유가 무엇이건 '미국의 정신' 을 지키기 위한 금주법이라면서도 이후의 대통령들은 효과적인 단속에 필요한 세출액을 예산안에 집어넣기를 거부했다. 기업활동의 무제한적인 자유라는 원리와 충돌했기 때문이다. 물론 대통령을 비롯한 권력자들 또한 금주법을 지키지 않았기 때문이기도 할 것이다.

금주법은 외국인 소수자집단을 앵글로색슨의 도덕과 습관에 따르게 하기는커녕 오히려 그 결속을 조장하는 결과를 초래했다. 뉴욕에서는 술 밀매업자의 반수가 유대인, 4분의 1이 이탈리아인, 나머지 8분의 1씩이 폴란드인과 아일랜드인이었다. 시카고에서는 이탈리아인과 아일랜드인이 각각 반수를 차지했다. 금주법 이전 워싱턴 D.C.에는 300개의 허가된 술집이 있었으나 금주법 이후엔 4,000명의 밀매인에게 의존하고 있는 무허가 술집이 700개에 이르렀다. 1927년까지 시카고에서는 음주운전이 금지 이전보다 476퍼센트 증가했고, 알코올 중독으로 인한 사망은 600퍼센트나 증가했다. 모든 지역이 다 이런 식이었다. 이처럼 금주법은 오히려 사회를 타락시키는 기회를 제공함으로써 엄청난 부정부패와 대형범죄의 출발점이자 온상이 되었다.

1930년대 초에 나온 한 대중가요에 따르면 금주법의 폐해는 심각한 지경이었다. "금주법은 어처구니없는 실패작 / 금지시키려는 것은 금지시킬 수 없고 / 이 땅을 악과 범죄로 가득 채웠네 / 부정부패와 악취의 흔적만 남겼네 / 금주법은 조금도 금지하지 못했네." 1940년대에 활약한 코미디언 그루초 마르크스(Groucho Marx, 1890~1977)는 이런 현실을 코미디의 소재로 삼아 "나는 금주법이 도입될 때까지는 술을 한 방울도 입에 대지 않았다"고 말하기도 했다.

금주법과 근본주의

노르웨이에서도 1919년 10월의 국민투표에서 찬성 5대 반대 3의 비율로 독한 술과 와인의 제조와 판매가 금지되었지만, 1926년에 다시 국민투표를 실시해 그 법률을 폐지했다. 그러나 미국에선 금주법의 심각한 문제가 드러났음에도 훨씬 더 오래갔다. 대공황의 혼돈 속에서 1933년 대통령에 취임한 프랭클린 루스벨트(Franklin Delano Roose-velt, 1882~1945)가 국민들의 지지 속에 수정헌법 제21조를 만들어 금주법을 폐지할 때까지 금주법은 13년간 미국 사회를 부정부패와 대형범죄의 소굴로 몰고 갔다.

그런 어이없는 일이 어떻게 가능했던 걸까? 금주법의 탄생과 유지는

불법양조를 단속하는 경찰들. 근본주의 세력은 폐해가 드러났음에도 금주법을 계속 밀어붙였다.

근본주의(fundamentalism)의 득세와 맥을 같이 했다는 점에 주목할 필요가 있다. '근본주의' 라는 용어도 1920년 미국의 전투적 복음주의자들의 사고와 행태를 지칭하는 용어로 고안되었다. 이들이 가톨릭교도들, 진보주의자들과 연합전선을 형성함으로써 금주법을 밀어붙인 것이다. 금주법의 문제가 드러났을 때에 폐지를 막은 것도 바로 이들이었다. 마르스텐(Marsden 1992)은 "1920년대의 근본주의 세력은 막강했다. 왜냐하면 근본주의 세력은 한동안 성장을 거듭해온 보수적인 신교도들의 연합을 대표하고 있었기 때문이다" 며 다음과 같이 말한다.

"1차 대전은 보수적인 복음주의자들 사이에서 도덕에 있어서의 혁명에 대한 위기의식과 문명의 복리에 대한 새로운 관심을 야기했다. 우선, 전쟁은 노골적인 무신론적 정치체제의 확산에 대한 두려움을 가져온 1917년의 마르크스주의 혁명과 같은 시기에 일어났다. 더구나 미국 문화에 관한 한, 독일이 그 모델이었다. 그런데 전쟁 동안에는 독일 문명이 강력한 기독교적 유산을 안고 있음에도 불구하고 야만주의의 정수로 묘사되었다. 이렇게 상반된 일이 있을 수 있을까?"

그런 혼란상황에서 정상적인 판단이 가능했을 리 만무했다. 근본주의 세력은 그런 의문을 풀기 위해 우선 음주를 단죄했고, 이어 진화론적 철학을 주범으로 지목해 1925년 일명 '원숭이 재판'으로 불리는 스콥스사건을 일으킨다. 이 사건으로 근본주의 세력은 망신을 당하지만, 근본주의는 이후 오늘날에 이르기까지 미국 사회 전반에 막강한 영향을 미치는 이데올로기서의 위상을 굳게 지키게 된다.

오늘날 '근본주의'는 전투적인 입장을 취하는 보수주의를 가리키는 의미로도 사용되고 있으며, 더 나아가선 보수와 진보를 막론하고 이상적·원칙적 근본을 추구하는 노선에까지 적용되는 말로 쓰이고 있다. 독일 철학자 위르겐 하버마스(Jürgen Habermas)는 근본주의를 "자기 자신의 신념이나 근거가 합리적으로 수용되기 어려울 때조차도 그러한 신념이나 근거를 정치적 주장으로 자리매김하려는 특이한 사고방식이나 고집스러운 태도"로 정의한다. '금주법 근본주의'는 13년간 미국 사회를 지배하지만, 이후에도 각종 근본주의가 꼬리에 꼬리를 물고 일어난다.

참고문헌 Allen 2006, Borradori 2004, Cartwright & Biddiss 2004, Davis 2004, Englert 2006, Johnson 1993, Marsden 1992, Panati 1997, Regan 1996, Watkins 1995, 사루야 가나메 2007, 오치 미치오 외 1993, 유신모 2009, 윤정란 2003, 전성원 2009a

여성도 인간이다!
참정권-백화점-전화

"여성참정권에는 전진만이 있다"

1920년 8월 26일 테네시주의 비준을 끝으로 수정헌법 제19조가 마침내 헌법에 추가됨으로써, 21세 이상 미국 여성들은 1921년부터 남성과 동등한 참정권을 획득했다. 수정헌법 제19조의 내용은 "미국민의 참정권은 미국이나 혹은 어떤 주에서도 성별을 이유로 거부될 수 없다"로 아주 간단하지만, 여기까지 오기엔 수많은 여성들의 엄청난 투쟁과 희생이 있었다.

국가별로 여성 참정권을 허용한 시기는 뉴질랜드 1893년, 호주 1902년, 핀란드 1906년, 노르웨이 1907년, 네덜란드 1917년 등이었다. 영국은 1918년 30세 이상, 중산층 이상 여성들에게 참정권을 부여했고, 1928년에서야 남녀의 동등한 투표권을 보장했다. 미국 이후 각국이 여성참정권을 보장한 시기는 스페인 1931년, 프랑스 1944년, 이탈리아 1945년, 중국 1947년, 한국 1948년, 이란 1963년, 스위스 1971년

1913년 6월 4일, 에밀리 와일딩 데이비슨이 경마가 진행 중인 코스에 뛰어들어 말에 밟혀 숨졌다. 여성참정권을 주장한 팽크허스트의 열렬한 지지자였던 그녀는 순식간에 순교자가 되었다.

등이다.

미국에선 1880년 그린백당(National Greenback Party)이 최초로 여성참정권을 요구했지만, 이걸 제외하곤 정치권은 늘 여성참정권에 대해 시큰둥하게 생각했다. 1910년 이후 서부의 몇몇 주에서 여성참정권이 허용됨에 따라 여권운동은 새로운 국면을 맞이했고, 여기에 영국의 여성참정권운동 경험이 도입되었다.

영국에선 1903년 이후 에멀라인 팽크허스트(Emmaline Pankhurst, 1858~1928)의 주도하에 자신들의 몸을 빌딩에 쇠사슬로 결박했는가 하면 의회에 난입하고 우체통을 폭파하고 건물을 방화하는 등 다양하고도 과격한 투쟁이 전개되었다. 이런 투쟁으로 인해 투옥된 여성들은 스스로를 '정치범' 이라 부르며 단식투쟁을 벌이곤 했다.

1913년 6월 4일 팽크허스트의 열렬한 지지자인 에밀리 와일딩 데이비슨(Emily Wilding Davison, 1872~1913)이라는 젊은 여자가 잉글리시 더비 경마가 진행되는 엡섬다운스 경마코스에 뛰어들어 질풍처럼 내달리는 국왕 소유의 말고삐를 잡으려다 발굽에 밟혀 4일 뒤 숨진 사건이 발생했다. 그녀는 순식간에 여성참정권을 위한 순교자가 되었다. 그녀의 운구행렬 선두에 내걸린 플래카드엔 "여성참정권에는 전진만이 있다. 승리! 승리!"라고 쓰여 있었다.

미국에선 영국에서 공부했고 런던의 팽크허스트 시위에도 참가했던 앨리스 폴(Alice Paul, 1885~1977)이 투쟁을 이끌었다. 그녀는 1913년 우드로 윌슨 대통령 취임식 때 1만 명의 시위대를 이끌기도 했다. 이미 수백만의 여성들이 여러 주에서 참정권을 행사하고 있었으므로 공화당은 여성참정권 확대를 받아들이는 것이 정치적으로 유리하다는 판단을 하고 있었다. 반면 윌슨은 민주당 지지기반인 남부를 붙잡기 위해 여성참정권을 거부했다.

1916년 윌슨은 일부 주의 여성들이 2대 1의 비율로 반대표를 던졌음에도 재선에 성공했다. 그러자 여성들은 워싱턴으로 몰려가 백악관 주변에서 보초까지 서며 시위를 벌였다. 그러다 체포당하자 폴을 비롯한 운동가들은 단식투쟁에 돌입했다. 이들에 대한 혐의는 기각되었고 운동가들은 백악관 시위장소로 다시 돌아갔다.

여성에 대한 사회적 인식을 근본적으로 바꾸게 만든 계기는 제1차 세계대전이었다. 전선에 나간 젊은 남성들의 일자리는 누군가에 의해 채워져야 했는데, 그 공백의 상당 부분은 여성에 의해 메워질 수밖에 없었다(1920년 여성은 전체 노동력의 20퍼센트를 차지하게 된다). 전쟁으로 인해 여성의 사회참여가 크게 증가한 가운데 폴의 전법은 1918년 공화당이 의회를 장악함으로써 성과를 거두기 시작했다. 그 성과의 하나가 미국 최초의 여성 하원의원으로 뽑힌 몬태나주의 지넷 랭킨(Jeanette Rankin, 1880~1973)의 활약이다. 랭킨이 첫 번째로 한 일은 참정권에 대한 헌법수정안을 의회에 발의한 것이다. 그 수정안은 한 표 차로 하원에서 통과되었다. 상원 통과에는 18개월이 더 소요되어 1919년 6월에서야 수정헌법 제19조는 비준을 받기 위해 각 주로 보내졌다. 1년 뒤인 1920년 8월 26일 테네시주의 비준을 끝으로 수정헌법 제19조가 효력을 발휘하게 된 것이다.

이 시기의 중요한 여권운동가로 제인 애덤스(Janes Addams, 1860~1935)를 빼놓을 수 없다. 그녀는 주로 빈민운동 · 평화운동 · 인권운동에 헌신했지만, 당시엔 여성이 그런 일에 앞장선다는 것 자체가 실질적인 여권운동의 성격을 갖는 것이었다. 1912년 시어도어 루스벨트의 혁신당 전당대회에서 여성으로서는 처음으로 대통령 후보 지명 연설을 한 그녀는 빈민운동으로 '미국의 유일한 성녀' 로 불렸지만 동시에 제1차 세계대전 중의 평화운동과 전후 인권운동으로 '국가의 역적' 으로 몰리는 고난과 시련을 겪어야 했다. 애덤스는 1931년 미국 여성으로서는 최초로 노벨평화상을 수상했다.

백화점-냉장고-신용카드

여성운동의 발전에 기여했던 백화점은 1920년대 들어 본격적인 소비주의로 여성을 즐겁게 만드는 데에 앞장섰다. 백화점들은 무료 서비스를 즐기려고 백화점을 찾는 사람들이 꼭 상품을 구입하게 만들기 위해 내부 장식에 신경을 썼을 뿐만 아니라 새로운 광고기법을 선보여, 전반적인 광고의 발달에도 큰 영향을 미쳤다. 1919년 어느 백화점 재벌은 "대량생산은 대중의 교육을 필요로 한다. 대중은 대량생산의 세계에서 인간처럼 행동하는 법을 배워야 한다"고 했는데, 그런 배움의 교사는 단연 광고였다.

백화점은 또한 이벤트의 연출에도 큰 신경을 썼는데, 가장 대표적인 이벤트 연출은 '명절'의 양산이었다. 백화점들은 이미 사라진 옛날의 명절들을 부활시켰으며 전혀 새로운 명절을 만들어냈다. 당연히 백화점의 최대 고객인 여성을 위한 '여성의 날'도 만들어졌다. 1년 365일 내내 매일은 그 나름대로의 특별한 날이어야 했다. 백화점은 바겐세일이라는 백화점 명절을 만들어냈으며, 바겐세일을 다양화해 1년 365일 내내 백화점이 명절로 홍청댈 수 있게 만들었다.

1918년에는 최초의 가정용 냉장고가 선보여 주부의 가사노동에 획기적인 변화를 가져오기 시작했다. 가전업체 캘비네이터사(Kelvinator)가 아이스박스 형태의 몸체 위에 압축기와 모터가 달린 소형 냉장고를 개발한 것이다. 1923년 프리지디어사(Frigidaire)는 좀더 볼품 있고 사용이 편리한 냉장고로 인기를 끌었다. 가정의 중심이 된 냉장고는 새로운 생활혁명을 몰고 왔다. 한 사회학자는 미국 가정에선 가족 구성원들이 냉장고에서 약 3미터 이내에 모여 대부분의 대화를 나눈다는 사실을 보고하기도 했다. 1921년엔 킴벌리클라크사(Kimberly-Clark)가 '코텍스'라는 생리대를, 존슨앤존슨사(Johnson & Johnson)가 1회용 반창고를 내놓아 갈수록 편리해지는 생활혁명에 일조했다.

제1차 세계대전 후 대중의 축제였던 퍼레이드가 맨해튼에서 사라졌는데, 1924년 20층의 거대한 건물을 완공한 메이시(Macy's) 백화점

1924년 20층의 거대한 건물을 완공한 메이시 백화점은 그해부터 크리스마스 퍼레이드를 시작했다. 뉴욕시의 허가는 물론 지원까지 받은 행사였다.

은 그해부터 크리스마스 퍼레이드를 시작했다. 뉴욕시의 허가는 물론 지원까지 받은 퍼레이드였다. 맨해튼의 45번가에서부터 시작해서 34번가에서 끝나는 이 퍼레이드엔 다량의 퍼레이드 차와 5개의 밴드가 동원되었으며, 밴드의 중심에는 산타클로스가 있었다. 메이시가 기업 홍보용으로 크리스마스를 이용한다는 비판도 있었지만, 이 퍼레이드는 뉴욕시의 연례 대형 명물행사로 자리 잡았다.

코카콜라사의 산타클로스 마케팅과 더불어 모든 백화점들이 산타클로스를 판촉의 수단으로 이용함으로써 산타클로스는 전 세계로 확산되었다. 크리스마스 영화의 고전으로 통하는 영화 〈34번가의 기적(Miracle on 34th Street)〉(1947, 감독 조지 시튼)에 나오는 백화점의 이름은 콜스 백화점이지만 사실 메이시 백화점을 다룬 것이다. 벨크(Belk

1987)는 이후 미국에서 나타난 산타클로스 문화를 가리켜 "산타클로스의 신성화, 소비의 종교화(Santa Claus as Deity, Consumption as Religion)"라고 말한다.

크리스마스 상업화의 선두 주자가 된 메이시의 급성장 비결은 여성 고객과 더불어 어린이 우대정책이었다. 메이시는 후에 "메이시를 만든 것은 완구 부문이다"라는 말이 생겼을 정도로 어린이 시장에 주목했다.

1920년대 초반 할부구매는 일부 부유층들만이 할 수 있는 특권이었지만, 메이시를 운영하고 있던 스트라우스(Straus) 가문이 처음 중산층을 대상으로 할부구매를 실시한 뒤 널리 퍼져 1920년 중반에는 백화점의 고가품 가운데 대부분이 할부로 팔려나갔다. 1920년대 후반엔 중산층까지 신용카드가 보급되었다.

외면의 화려함과는 달리, 미국에서 초기 백화점의 역사는 잔인한 면도 있었다. 1910년대 말 미국 백화점에서 주당 60~80시간의 노동에 박봉(薄俸)을 받으면서도 고객들에게 아름다운 미소를 지어 보이게끔 교육받은 여직원들이 겪어야 했던 고통은 어떠했던가? 판매 여사원들은 하루 종일 서 있느라 발의 감각조차 느낄 수 없었으며, 급기야 과로로 기절하는 여사원들이 속출했다. 주 의회는 백화점이 직원들을 위한 의자를 마련하도록 법으로 정했지만 별 소용이 없었다. 볼티모어의 한 백화점은 85명의 여사원을 위해 단 2개의 의자를 설치했을 뿐이며, 어떤 백화점은 282명의 여사원에게 단 하나의 화장실만 배정했다. 화장실에 갈 때엔 남성 감독관에게 보고를 해야 했는데, 그게 싫었던 많은 여사원들은 몸에 이상이 생길 정도까지 용변을 참아야 했다.

이는 겉과 속이 다른 백화점의 두 얼굴을 말해주는 적나라한 사례였지만, 대중은 백화점의 이면을 볼 수 없었다. 백화점의 어두운 면은 학자들의 연구서에서나 등장할 뿐, 언론은 광고를 매개로 백화점의 충실한 동반자였기 때문에 백화점의 화려한 면만 전달하기에 바빴다.

전화의 사교매체화

20세기 들어서도 한동안 전화는 여전히 정보전달 매체로만 인식되었다. 1910년 미국에서 '크리스마스의 전화'를 주제로 한 광고가 등장했을 때에도, 이 광고가 전하려고 한 것은 크리스마스 준비를 전화로 끝낼 수 있다는 것이지 크리스마스 인사 자체를 전화로 하자는 것은 아니었다. 1920년대까지도 잡담은 전화의 본래의 이용법에서 벗어난 것으로 생각되었다.

물론 전화를 잡담용으로 쓰는 사람들은 있었다. 1909년 시애틀 전화국의 가정용 통화 조사결과 약 30퍼센트가 '하잘 것 없는 가십'인 것으로 드러났다. 전화회사 경영자들은 이걸 줄이려고 고심한 나머지 통화시간을 제한하는 법을 쓰기까지 했다.

전화사업을 발전시킨 경영자나 기술자들은 모두 전신사업에 종사했던 이들이었다. 반면 저명한 음성학자 집안 출신인 벨은 달리 생각했다. 그는 이미 1878년에 "사람들이 사소한 가십에 대해 가벼운 마음으로 전화로 잡담을 나눌 수 있게 되면 누구라도 전화를 가지려고 할 것이고, 우리 주머니에는 돈이 왕창 굴러 들어올 것"이라고 말했다.

전화회사들이 전화를 사교성 매체로 광고하기 시작한 건 1920년대 이후였다. 1923년 벨 전화회사 광고는 "사우스웨스턴 벨 전화회사는

1892년 뉴욕과 시카고의 전화개통식에서 벨이 전화를 하고 있다. 벨 전화회사는 거리나 속도, 정확함보다 중요한 것을 판다고 광고하기도 했다.

거리보다도 속도보다도 정확함보다도 더욱 중요한 것을 팔기로 결정했습니다"라면서 다음과 같이 말했다.

"전화는 우리를 거의 실제로 대면한 것 같이 만들어줍니다. 이것은 실제로 만나는 것 다음으로 훌륭한 방식입니다. 그러므로 이 광고가 기본적으로 지향하는 것은 우리 회사 계약자 여러분의 목소리를 그 진가에 어울리도록 파는 것입니다. 다시 말해 여러분이 '당신의 목소리는 당신 자신이라는 것'을 알아주었으면 합니다.……멀리 있는 친구나 친척 생각이 난다면 언제든지 전화가 있다는 것을 생각해주셨으면 합니다."

1920년대 미국 AT&T의 광고문구는 가정용 전화시장 공략에 나서면서 전화가 집에 있다는 '안도감'을 부각시켰다. "캄캄한 밤, 소리를 죽이며 내게로 다가오는 인기척을 느꼈다.……누군가 자물쇠를 만지작거렸다.……내 방 창문 너머로 그림자 하나가 어른거리는 게 보였다.……나는 침대머리에서 뭔가를 집어 들었다.……그것은 권총이 아니라 전화기였다."

전화를 사교매체로 판촉하는 일은 1920년대 후반부터 본격화되었다. 이처럼 사업자들의 인식이 바뀐 배경에는 이 시대에 대중소비재로서 자동차나 가전제품이 전화를 훨씬 능가하는 속도로 보급되자 초조해진 전화사업자들의 사정이 놓여 있었던 게 아니냐는 해석이 있다.

전화의 개념을 바꾸기 위한, 즉 소비자의 욕망을 자극하기 위한 각종 이미지 마케팅도 도입되었다. 전화 수화기의 디자인과 색깔에 신경을 쓰는 것도 그런 마케팅 전략의 일환이었다. 이는 전화가 남성중심 미디어에서 여성중심 미디어로 이동해가는 것에 부응하는 것이기도 했다. 아니 전화회사가 여성의 전화이용을 늘리기 위해 적극 애를 썼다고 보는 게 옳으리라.

1920년대의 미국 여성 중 상당수가 전화에 푹 빠져 지냈다. 1911년생인 한 남성의 어린 시절 기억에 따르면, "어머니는 피아노 의자에 앉아 몇 시간이나 전화를 했습니다. 그러면 아버지가 말합니다. '전화 끊고 그 사람들 집으로 가!' 저 역시 그러는 편이 훨씬 시간을 절약했을 거라고 생각합니다. 도대체 그렇게 오랫동안 전화를 하다니 믿을 수 없는 일이었습니다."

이와 관련, 요시미 순야(2005)는 "전화로 나누는 잡담은 결코 현실의 만남으로 대체할 수 있는 것이 아니었다"며 "남자들에게 술집이나 집회장이 특별한 곳인 것과 마찬가지로 여성에게 전화는 이미 젠더화된 독백의 커뮤니케이션 공간이었다"고 분석한다.

전화는 남녀 차이뿐만 아니라 국가별 문화적 차이도 드러나게 만들었다. 컨(Kern 2004)에 따르면, "프랑스인들은 처음엔 전화에 대해 반신반의해서 1898년의 전화대수는 겨우 3만 1,600대였다. 좀더 모험심이 강한 영국인들은 정부가 전화 시스템을 통제하게 된 1912년에 이미 60만 대를 사용하고 있었다. 독일의 성장속도는 더욱 거셌다. 1891년 7만 1,000대 사용에서 전쟁 전에 이미 130만 대를 돌파했다. 한 보고서에 따르면 1913년에 독일에서는 통화수가 25억 회를 웃돌았다고 한다. 전화를 가장 열광적으로 받아들인 곳은 미국으로, 1914년에 1,000만 대를 사용하고 있었다."

전화에 가장 열광한 미국에선 1920년경까지 중산계급의 대부분이 가정에 전화를 두게 되었다. 1939년엔 인구 100명당 전화기 수가 24.66대로 1세대당 1대 가까이 보급되었다. 프랑스의 전화보급이 지지부진한 최대 이유는 전화의 쌍방향성이 대부분 지방의 닫힌 사회적 권력구조에 적합하지 않았기 때문이다. 지역적 권력구조가 수평적 커뮤니케이션을 원치 않은 것이다. 실제로 프랑스는 오늘날까지도 유럽 국가들 중에서 권한을 집중시키고 활동을 구조화하는 걸 선호하는 피라미드형 조직문화를 갖고 있다.

참고문헌 Beatty 2002, Belk 1987, Davis 2004, Desbiens 2007, Evans 1998, Felder 1998, Ferree & Hess 1985, Gordon 2002, Hofstede 1995, Kern 2004, Manning 2002, 가시마 시게루 2006, 김인호 2006, 민융기 1999, 배진한 2002, 안윤모 2006, 요시미 순야 2005, 요시미 순야 외 2005, 조선일보 문화부 1999, 한겨레신문 문화부 1995

제4장

평상으로의 복귀

'평상으로의 복귀'
제29대 대통령 워런 하딩

1920년 대통령 선거

상원은 1919년 11월 19일 베르사유 조약을 폐기해버렸지만, 윌슨은 1920년 11월 대선에 한가닥 기대를 걸었다. 국제연맹안 지지를 내걸고 민주당 제임스 콕스-프랭클린 루스벨트 팀이 공화당의 워런 하딩-캘빈 쿨리지 팀과 붙었기 때문에, 만약 콕스-루스벨트 팀이 이긴다면 자신의 꿈이 실현될 수도 있을 거라고 믿은 것이다.

그러나 그 기대마저 처참하게 무너지고 말았다. 1,615만 2,000표 대 914만 7,000표! 700만여 표라는 엄청난 차이로 공화당이 승리했기 때문이다. 오하이오주 상원의원으로 공화당 대통령 후보인 워런 G. 하딩(Warren G. Harding, 1865~1923)이 얻은 60.2퍼센트의 지지는 그때까지의 기록 중 최다득표수였다. 공화당은 하원에서도 303대 131로 다수를 차지했고, 상원에서는 10석을 추가해 22석을 차지한 다수파가 되었다. 마지막 기대도 사라진 탓이었는지 윌슨은 1924년 2월에 사망

미국 제29대 대통령 워런 하딩. 1920년 대선 하딩은 쿨리지와 팀을 이루어 출마, 700만 5,000표라는 압도적 차이로 당선되었다.

했다.

하딩은 논쟁을 싫어하는 무난한 성격에 용모가 뛰어난 지방 소도시 자수성가형 기업인 출신이었다. 1920년 대선은 여성이 투표권을 얻은 후 처음으로 권리를 행사한 선거였기 때문에, 하딩이 잘 생긴 얼굴 덕에 여성표를 거의 휩쓸었다는 분석도 나왔다.

민주당 부통령 후보로 패배한 프랭클린 루스벨트는 윌슨의 대통령 선거를 지원하고 베르사유 회의도 수행하는 등 윌슨과 깊은 인연을 맺은 인물이었다. 그는 39세가 된 1921년 여름 뱃놀이를 하다 얼음처럼 차가운 바닷물에 빠진 뒤 소아마비에 걸려 다시는 두 발로 걸을 수 없게 되었다. 절망에 빠진 루스벨트는 아내 엘리너(Eleanor Roosevelt, 1884~1962)에게 물었다. "이 지경이 됐는데도 나를 사랑하오?" 엘리너는 그를 바라보면서 답했다. "그동안 당신의 성한 다리만 사랑한 줄

알았나요. 내가 사랑한 건 당신 그 자체예요."

부잣집에서 곱게 자란 '경박한 젊은 귀족' 으로서 '마마보이' 라는 별명을 얻기도 했던 루스벨트는 투병과정을 거치며 새로운 사람으로 다시 태어났다. 루스벨트는 건강과 자신의 정치인 이력을 다시 일으키기 위해 끊임없이 노력했으며, 무엇보다도 사람들과 소통하는 법을 터득했다. 그 스스로 '꽤 긴 인생의 바캉스' 라 불렀던 이 기간이 지난 뒤 뉴욕 주지사를 지냈고 2년 뒤 재선에 성공했다. 1932년에는 민주당 대선 후보로 나서 압승을 거두었다.

'평상으로의 복귀'

제29대 대통령 하딩은 대선 유세에서 '평상(normalcy)으로의 복귀' 를 선거공약으로 내세워 당선되었다. 사전에는 그가 말한 'normalcy' 라는 단어는 없었지만, 'normalcy' 건 'normality' 건 대충 뜻은 알아들 수 있는 '평상' 또는 '정상' 은 미국인들이 간절히 바라던 바였다.

하지만 그의 임기는 부패로 얼룩졌다. 하긴 부패가 '평상' 이라면 할 말은 없겠지만 말이다. 그의 '평상 이데올로기' 는 혁신주의를 부정하는 성격의 것이었는데, 하딩은 선거유세 중 다음과 같이 주장했다. "미국이 현재 필요로 하는 것은 영웅적 행위가 아니라 요양이며, 특효약이 아니라 평상상태이며, 혁명이 아니라 복고이며, 선동이 아니라 조정이며, 외과수술이 아니라 안정입니다."

하딩은 당선과 함께 훗날 '오하이오 갱' 으로 불린 자기 패거리를 워싱턴으로 끌고 들어와 곳곳의 요직에 앉혔다. 오하이오주는 하딩을 포함해 모두 7명의 대통령을 배출했는데, 바로 이게 문제였다. 대통령을 많이 배출한 덕에 뜯어먹는 데에 이력이 난 전문가들, 아니 그런 풍토가 만연해 있었다. 그가 대통령이 될 수 있었던 과정부터가 그런 문화의 결과였다. 하딩은 사교성이 워낙 좋아 정치적으로 적(敵)이 없었고 고집도 세지 않아 이른바 '킹 메이커들'의 요구를 잘 받아들여 신뢰할 만한 인물로 선택되었던 것이다.

하딩의 내각에 참여한 각료 10명의 총재산은 모두 6억 달러나 될 정도로 각료들은 부유층 일색이었다. 신임 재무장관 앤드루 멜론(Andrew Mellon, 1855~1937)은 미국에서 두세 번째의 부자로 조세체계가 '부의 축적'에 부과하는 부담을 없애려는 사람이었다. 다른 인사는 더욱 엉망진창이었다. 독설가 헨리 맹켄은 하딩의 내각이 "사리사욕에 가득 찬 지적인 인간 3명, 멍청이 6명, 사기꾼 1명"으로 구성되었다고 말했다. 그럼에도 전후 안전한 고립주의 정서가 다시 고개를 들면서 공화당은 1921년부터 12년간 내리 대통령직을 차지하게 된다.

하딩은 무식해도 솔직한 점은 있었다. 그는 언젠가 "나는 한 작은 마을 출신으로 자질이 한정된 사람이다. 나는 아직도 내가 대통령이라는 사실을 이해할 수가 없다"고 했고, "저는 미국주의(Americanism)에 대해 잘 모르지만, 선거 때 사용하기에는 아주 좋은 말이라는 건 압니다"라고 하기도 했다. 하딩은 조지아주 오거스타에서 행한 연설에서 "북부 사람들은 물론 남부 사람들도 국가가 당신에게 무엇을 할 수 있는가를 바라기보다 당신이 국가에게 무엇을 할 수 있는지를 더 생각하기 바란다"고 했는데, 훗날 존 F. 케네디(John F. Kennedy, 1917~1963)의 명언은 바로 이 하딩의 말을 조금 바꿔 가져다 쓴 것이다.

하딩은 오하이오의 친구들을 일주일에 이틀 밤씩 백악관으로 불러

들여 포커게임을 즐겼으며, 금주법을 어기는 데에도 앞장섰다. 백악관 1층에서 열린 리셉션에 참가했다가 우연히 대통령 서재가 있는 2층을 구경한 앨리스 롱워스(Alice Longworth, 1884~1980)의 증언에 따르면, "백악관의 진풍경은 소문 그대로다. 서재는 대통령의 친구들로 바글거리고, 담배연기가 자욱했으며, 최고급 상표가 붙은 위스키병이 여기저기 흩어져 있었고, 사람마다 카드와 포크 칩을 들고 있었다. 모두가 양복 조끼를 풀어헤친 채 다리를 책상 위에 올려놓고 있었다. 그리고 여기저기에 침 자국이 있었다."

하딩은 섹스 스캔들도 풍성하게 일으켰다. 3류 호텔에서 자주 섹스를 했다거나, 심지어 백악관 집무실의 옷장에서 섹스를 했다는 이야기까지 떠돌아 다녔다. 그의 사망 후인 1927년 하딩의 아이를 낳았다는 낸 브리튼(Nan Britton, 1896~1991)이라는 여인이 등장해 하딩 가족에게 돈을 요구하기도 했다. 딸이라고 주장하는 엘리자베스 앤(Elizabeth Ann Blaesing, 1919~2005)과 같이 나타났지만, 관계를 입증하는 데엔 실패했다. 그녀는 『대통령의 딸(The President' s Daughter)』(1927)이라는 회고록을 출간해 하딩과의 애정행각을 낱낱이 밝힘으로써 베스트셀러 저자가 되었다. 1960년대에 약 200통의 연애편지가 발견되었는데, 이는 하딩이 한 기업가의 아내인 캐리 F. 필립스(Carrie F. Phillips, 1873~1960)와의 내연관계를 가지며 쓴 것이었다. 1909년에서 1920년까지의 관계를 드러내준 편지 중 한 대목이 인상적이다. "나는 옷 입은 당신을 사랑하지만, 벌거벗은 당신을 더욱더 사랑합니다."

유진 데브스와 헬렌 켈러

1920년 대선에서 3.5퍼센트의 득표율을 기록한 정치인이 있었으니, 그는 바로 사회당 후보 유진 데브스였다. 그는 1918년 헌법에 대해 연설하면서 "지배계급은 언제나 전쟁을 일으켰고, 종속계급은 언제나 전쟁터에 나가 싸웠다"고 말했다는 이유로 체포되어 10년형을 선고받았다. 애틀랜타 교도소에 수감되었던 그는 1920년 사회당 후보로 다시 한 번 대선 출마를 결행했다. 다섯 번(1900 · 1904 · 1908 · 1912 · 1920년)의 대선 출마와 함께 미국 역사상 전무후무한 옥중출마라는 진기록을 세우는 순간이었다. 그는 그 다음 해 자신과 경쟁했던 하딩 대통령에 의해 사면을 받고 석방되지만 시민권 박탈로 두 번 다시 정치 활동을 하지 못한다. 그는 1926년 10월 20일 지병이었던 심장병으로 생을 마친다.

데브스가 죽은 다음 해인 1927년에 출간된 『공중과 그 문제(The Public and Its Problems)』에서 존 듀이(John Dewey, 1859~1952)는 "기술발전은 공동체(community)의 쇠락을 가져왔다"고 썼다. 이와 관련, 제임시 다시(Darsey 1988)는 데브스의 문제 중 하나는 그렇게 달라진 세상과는 맞지 않는 공동체 개념 위주의 생각을 하고 그런 어법을 구사한 데 있었다고 평한다.

데브스가 반전운동을 주도한 혐의로 투옥돼 있을 때 헬렌 켈러는 그 '친애하는 동지'에게 편지를 썼다. 그녀는 1919년 3월 11일에 쓴 편지에서 다음과 같이 말했다. "나는 지금, 만일 대법원이 전쟁을 혐오한 것과 전력을 다해 전쟁에 반대한 내 행위에 죄를 물어 기소한다 해도 나는 당당하리라는 것을 동지가 알아주었으면 하는 마음에서 편

다섯 번의 대선 출마와 함께 미국 역사상 전무후무한 옥중출마의 기록을 세운 유진 데브스(왼쪽)와 절친한 동지 사이였던 헬렌 켈러(오른쪽). 그녀는 장애를 이겨낸 인간승리의 주인공이기도 하지만 반전운동에 열심이었던 행동가이기도 했다.

지를 씁니다. 과거의 그 모든 사악한 전쟁들에서 고통을 당한 수많은 사람들을 생각할 때마다 참을 수 없는 분노가 일어 마음이 떨려옵니다. 나는 생명을 파괴하고 인간정신을 말살하는 그 모든 야만적 힘에 맞서는 일에 나를 던지고 싶습니다."

켈러는 미국이 제1차 세계대전에 가담하기 한 해 전엔 카네기홀에서 다음과 같은 반전연설을 하는 등 치열한 반전운동을 편 인물이었다. "전쟁을 거부하십시오! 여러분이 없으면 어떤 싸움도 할 수 없으니까요. 유산탄과 독가스탄과 일체의 살인도구 만들기를 거부하십시오! 수백만의 죽음과 불행을 뜻하는 군비를 거부하십시오! 파괴를 위한 군대의 어리석고 순종적인 노예가 되지 마십시오! 건설하는 군대의 영웅이 되십시오!"

켈러는 나중에 "사회당이 점점 정치적 늪에 빠지고 있다"고 비판하며 탈당하고 생디칼리스트(Syndicalst, 노동조합주의자) 조직인 세계산업노동자연맹(IWW)에 가입한다. 그녀는 1937년 서울을 방문해 서울시민회관에서 강연을 하기도 했다.

참고문헌 Angelo 2001, Darsey 1988, Davis 2004, Dole 2007, Johnson 1993, Miller 1983, Miller 2002, Phillips 2004, Ridings & McIver 2000, Shenkman 2003, Wills 1999, Zinn 2001a · 2008, 강준만 외 1999-2000, 박경재 1995, 사루야 가나메 2007, 윤재설 외 2009, 이보형 2005, 조이영 2008-2009

"모든 것은 국가를 위하여 있다!"
무솔리니 파시즘의 등장

무솔리니의 '로마 진군'

미국에선 '평상으로의 복귀'가 외쳐지고 있었지만, 유럽은 파시즘의 발호로 정반대의 방향으로 가고 있었다. 1922년 10월 28일 파시즘의 원조인 베니토 무솔리니(Benito Mussolini, 1883~1945)는 이탈리아 나폴리에서 50만 당원과 30만 의용병을 이끌고 '로마 진군'이라는 쿠데타를 일으켜 정권장악에 성공했다. 그는 로마에 입성해 국왕 에마누엘레 3세(Vittorio Emanuele III, 1869~1947)에게서 수상으로서 연립정권을 구성할 권한을 위임받은 것이다. 파시즘은 이후 전 유럽은 물론 미국 사회에도 큰 영향을 미치기 때문에 여기서 무솔리니 파시즘을 이해하고 넘어가는 게 좋겠다.

무솔리니는 과연 어떤 인물이었던가? 그는 1883년 대장장이(아버지)와 국민학교 교사(어머니)의 아들로 태어났다. 그의 아버지와 할아버지는 감옥에 갇힌 적도 있을 만큼 열렬한 사회주의자였다. 그의 아

베니토 무솔리니. '로마 진군'을 통해 권력을 탈취하고 이탈리아를 파시즘으로 지배했다.

버지는 무솔리니가 어렸을 때부터 사회주의 사상으로 '의식화' 시켜, 무솔리니는 10대 때부터 사회주의에 심취하게 되었다. 10대의 무솔리니는 대단히 폭력적이었다. 그를 소개한 거의 모든 자료마다 그가 어린 시절 '망나니' 였다는 말을 빼놓지 않는다. 그러나 무솔리니는 머리가 좋은 아이였다. 후일 그가 독재자가 된 다음에도 그가 독어, 불어, 영어에도 능통하며 소설을 쓰기도 하는 등 박학다식했다는 걸 지적하는 사람들이 많았다.

처음에 무솔리니는 고향에서 잠시 동안 불어불문학을 가르치는 교사생활을 했다. 그러나 문란한 사생활이 문제가 돼 스위스로 건너갔고 그뒤 오랫동안 방랑생활을 했다. 그는 스위스에서도 타고난 사회주의자로서 파업을 선동하는 등 사회활동을 벌이다가 추방당했는데, 이후 프랑스로 도망가서 혁명적 생디칼리스트들과 어울렸다. 그러나 프랑스에서도 마르세유 파업을 선동했다는 죄로 추방되어 이탈리아로 다시 돌아와야만 했다. 그후, 오스트리아에 입국해서 사회주의 신문의 편집인이 되었는데, 세 차례나 필화사건을 일으켜 추방당하고 또 다시 이탈리아로 되돌아왔다. 고향에 돌아온 그는 주간신문 『계급투쟁(Lotta di classe)』(1910)을 창간하는 한편, 이탈리아 사회당의 선전활동에 종사해 두각을 나타내기 시작했고, 1912년 사회당 집행위원 및 당 기관지 『아반티(Avanti)』의 편집장이 되었다. '아반티' 는 전위(前衛)라는 뜻이다.

사회주의운동으로 몇 차례 투옥을 당하기도 했던 무솔리니는 제1차 세계대전을 계기로 큰 변화를 겪게 되는데, 처음엔 참전을 반대했다가 몇 달 뒤 열렬한 참전론자로 변신해 사회당으로부터 제명을 당한 것이다. 무솔리니의 그러한 변신은 그가 군부와 줄을 만들고 전쟁을 이용해 이탈리아를 변화시키겠다는 '기회주의' 때문이었다고 보는 시각도 있다.

무솔리니는 이탈리아가 연합군에 가맹하자 의용병으로 참전했다가 1917년 부상으로 제대 후 파시스트 그룹을 결성했다. 무솔리니는 1919년 3월 23일 좀더 투쟁적인 파시스트당을 결성해 '사회주의와의 전쟁' 을 선포하고 실천하면서 1921년 민족 파시스트당 대표로 의회에 진출했다. 1919년 3월 23일은 파시즘의 공식 생일인 셈이다.

무솔리니가 대변한 파시즘(fascism)은 파쇼(fascio)의 사상을 의미한다. 파쇼는 19세기 이탈리아에 존재했던 작은 정치결사집단에서 유래된 것이다. 그 어원은 라틴어인 fasces로, 나무 막대기 묶음에 도끼날이 결합된 것을 가리킨다. 이는 고대 로마에서 권위의 상징이었다. 나무 막대기는 처벌, 도끼는 처형을 의미했다. 또 이 말은 동시에 묶음[束]을 뜻한다는 점에서 정치적으로는 결속과 단결의 뜻으로 사용되기도 했다. 이러한 의미를 가진 파쇼를 정치적 상징으로서 19세기의 한 정치 결사집단이 이용했고, 1914년 이전엔 여러 좌익집단들이 이용했으며, 1914년에 혁명적 생디칼리스트 그룹이 이용하다가, 1919년 3월 23일 무솔리니가 새로운 파시스트당을 결성하면서 국가의 절대권력과 로마의 영광을 재현한다는 의미에서 당의 상징으로 채택한 것이다.

당시 이탈리아의 정치상황은 어떠했던가? 제1차 세계대전 이후 이탈리아는 분명히 전승국의 일원이었음에도 불구하고 전리품의 배분에 있어서 푸대접을 받았기 때문에 국가적 좌절상태에 놓여 있었다. 통화가치의 하락으로 경제가 어려워진 가운데 노동자들의 대규모 파업사태로 정국이 극도의 혼란상태를 보였다. 1919년과 1920년에 일어난 파업만 해도 3,543건에 이르렀다. 기업가들은 이러한 정국의 불안정성에 대한 새로운 정치적 해결책이 나오기를 기대하고 있었는데, 무솔리니가 이끄는 파시스트당은 바로 이러한 문제에 대한 해답을 제시하는 것처럼 보였다.

바로 그와 같은 상황에서 지방에서는 검은 셔츠를 착용한 무솔리니의 지지자들로 구성된 전투부대들이 사회주의자, 공산주의자, 가톨릭 및 자유주의자들과 내전을 벌였다. 무솔리니의 열렬한 지지자들 가운데엔 사회적응이 어려웠던 제대 군인들과 졸업 후 취직자리를 찾을 수 없었던 학생들이 많았다.

"명령하는 자는 오직 나뿐이다"

1922년의 '로마 진군' 은 당시 정권을 장악하진 못했던 독일의 히틀러를 크게 감동시켰다. 이 '로마 진군' 이 있기까지 히틀러는 무솔리니를 몰랐는데, 그 사건 후 히틀러는 무솔리니에 반했고, 일방적인 친근감을 갖게 되었다. 히틀러는 뮌헨에 있던 자신의 집무실에 무솔리니의 흉상을 모셔놓았으며, 독일 나치스의 구호에는 "독일의 무솔리니는 히틀러다!" 가 추가되었다. 팔을 뻗어 치켜드는 인사법은 악수가 비위생적이라는 무솔리니의 신념 때문에 개발된 것이었는데, 나치스는 이것도 흉내냈다. 이탈리아 파시스트가 검은 셔츠를 입은 걸 흉내내 나치스는 갈색 셔츠를 입었다. 당시 독일에서 유행했던 농담 중엔 히틀러의 선전 담당자인 요제프 괴벨스(Joseph Goebbels, 1897~1945)를 포함해 이런 것이 있었다. "세계에서 제일 훌륭한 사진사 세 사람은? 무솔리니, 히틀러 그리고 괴벨스! 왜? 무솔리니는 현상하고, 히틀러는 인화하고 그리고 괴벨스는 확대하니까!"

무솔리니는 "명령하는 자는 오직 나뿐이다" 라는 통치철학(?)을 앞세워 철권통치를 했으며 군대와 비밀경찰을 앞세워 '조합국가' 로 경제를 재편했다. 물론 그 과정에서 노동운동은 철저히 억압했다. 무솔리니가 지휘한 이탈리아 파시즘 이론의 표어는 "모든 것은 국가를 위하여 있다. 아무 것도 국가에 반대할 수 없다. 그리고 아무것도 국가를 떠나서는 존재할 수 없다" 는 것이었다.

무솔리니도 히틀러처럼 철학자 니체를 열렬히 존경했으며 1908년엔 니체에 관한 글을 잡지에 기고하기도 했다. 무솔리니는 또한 오래 전부터 진보에 대한 환상과 민주주의에 대해 격렬한 비판을 가하고 '신화' 를 예찬했던 엔지니어 출신의 프랑스 철학자 소렐(Georges Sorel, 1847~1900)에 심취했다. 1908년 소렐은 "몰락의 시대에 이룩한 혁명은 다시 과거로 후퇴하거나 심지어 보수적 사회상태를 이상으로 여기는 상황에 봉착할지도 모른다"는 사실을 알아채지 못했다는 이유로 마르크스(Karl Marx, 1818~1883)를 비판했다.

소렐은 기독교와 같은 모든 위대한 사회운동은 신화를 추구함으로써 일어났다고 믿었다. 무솔리니는 1922년 나폴리에서 가진 연설에서 소렐을 그대로 반복하는 듯한 문구를 사용하면서 다음과 같이 주장했다. "우리는 우리의 신화를 창조하였다. 신화는 신념이며, 그것은 정열이기도 하다. 그것이 실재일 필요는 없다. 그것은 자극이며 희망이며 믿음이며 용기라는 사실로 인해서 실재한다. 우리의 신화는 국가이며, 우리의 신화는 국가의 위대성을 의미한다."

'로마 진군' 중인 무솔리니와 검은셔츠단. 전후 경제혼란을 틈타 의석을 확보한 무솔리니는 1922년 검은셔츠단의 로마 진군으로 정권을 탈취했다.

무솔리니는 스스로 소렐의 제자임을 자처하면서 "소렐은 내 마음 속에 있는 반민주적 성향을 강화시켰다"고 말했다. 무솔리니는 소렐의 제자답게 이 지구상에서 행복과 무한대의 진보가 가능하다는 생각을 비웃었으며, '국민'과 '대중'은 추상에 지나지 않는 것으로서 단지 그 머릿수로 사회의 진로를 결정한다는 건 어리석다고 주장했다. 무솔리니의 사상적 배경에 있어서, 소렐이 '총론'이라면 귀스타브 르봉(Gustave Le Bon, 1841~1931)은 '각론'이었다. 무솔리니는 르봉의 『군중심리(La Psychologie des foules)』(1895)를 늘 머리맡에 두고 탐독했다.

직접적인 관련은 없을 망정, 이탈리아 파시즘의 선구적 이론가로 이탈리아의 유명한 경제학자이자 사회학자로서 자유주의에 환멸을 느꼈던 빌프레도 파레토(Vilfredo Pareto, 1848~1923)를 빼놓을 수는 없을 것이다. 파레토는 죽는 날까지 경제적 자유와 사상·교육·출판자유를 옹호하기엔 충분할 만큼 자유주의자로 남아 있었지만, 무솔리니 체제하에서 상원의원직을 수락했던 만큼 그의 이론이 이탈리아 파시즘에 미친 영향이 전혀 없다고 보기는 어렵다. 파레토는 '잠재의식적인' 본능과 감정으로 구성된 '잔재(殘滓, residues)'를 파괴하는 것은 불가능하며, 따라서 통치기술이란 잔재를 파괴하려는 시도에 있지 않고, 지배 엘리트에게 유리하도록 잔재를 이용하는 데 있다고 믿었다.

'종교로서의 파시즘'

늘 '신화'를 강조하고 '잔재'를 이용하고자 했던 무솔리니가 초기 연설에서 이론이 없는 실천가, 경험주의자, 또는 직관주의자의 태도를 취함으로써 '말이 아닌 행동'을 역설한 건 당연한 일이었는지도 모른다. 물론 무솔리니가 강조하는 행동은 '폭력'을 포함하는 것이었다. 그는 "폭력은 완벽하게 도덕적인 것"이라고 주장했다. 그는 자신이 평생에 걸쳐 폭력적이었음을 자랑스럽게 말하면서 폭력을 수반한 투쟁은 인간본성의 심연에 있는 것이라고 주장했다.

파시즘의 공식 구호는 "믿어라, 복종하라, 싸워라"와 "질서, 권위, 정의"였다. "믿어라"는 히틀러의 독일에서도 핵심적인 구호였는데, 이는 파시스트들이 파시즘을 '종교화' 했다는 것을 의미하는 것이다. 무솔리니 체제의 공식 간행물은 "신(神)을 사랑하는 걸 기억하라. 그러나 이탈리아의 신은 지도자(Il Duce, 무솔리니를 지칭함)임을 잊지 말라"고까지 주장했다. 무솔리니도 '종교로서의 파시즘'에 대해 다음과 같이 말했다.

"파시즘은 종교적 개념이다. 만약 파시즘이 신앙이 아니라면 어떻게 그 지지자들이 금욕을 실천하고 용기를 발휘할 수 있겠는가? 위대한 일이라는 것은 뜨거운 정열과 종교적 신비주의 상태가 아니고서는 결코 성취될 수 없는 것이다."

그 밖에도 무솔리니 체제하에선 많은 구호가 난무했다. "전쟁과 남자의 관계는 출산과 여자의 관계와 같다"라거나 "양(羊)으로 백 년을 사느니 호랑이로 하루를 사는 게 더 낫다" 등도 자주 사용된 구호였다. 무솔리니는 언젠가 '파시즘'이 무엇이냐는 질문을 받고 "파시즘은 행동이다"라고까지 말한 적도 있었다. 그는 1924년에 쓴 한 논문에선 다음과 같이 주장했다.

"우리 파시스트들은 모든 전통적 정치이론을 무시할 수 있는 용기를 가졌으며 우리는 귀족이고 서민이며, 혁명가이고 보수주의자이며,

자코모 마테오티. 통일사회당의 서기장이 되어 의회에서 파시스트들의 폭력행위에 대한 비난연설을 한 뒤 실종되었으나 뒤늦게 파시스트에게 암살당했다는 사실이 밝혀졌다.

프롤레타리아이고 반프롤레타리아이며, 평화주의자이고 반평화주의자이다. 우리는 단 한 개의 확고한 점, 즉 민족을 갖는 것만으로 충분하다."

무솔리니는 뚜렷한 정책노선이 없는 게 오히려 자기에게 유리하다고 생각했는데, 그건 자기를 반대할 명분을 주지 않기 때문이라는 것이었다. 무솔리니는 "사회주의자들은 우리의 프로그램이 뭐냐고 묻는데, 우리의 프로그램은 사회주의자들의 머리통을 부수는 것이다"고 말하기도 했다. 히틀러도 그런 면을 보였는데, 이는 좋게 말하자면 상황에 대한 즉흥적 대응을 중요하게 생각하는, 그냥 말하자면 테러와 기만을 밥 먹듯이 저지르는, 파시즘 체제의 공통된 특성인지도 모르겠다.

무솔리니는 1924년 총선거에서는 전 투표의 65퍼센트를 획득하는 성과를 올렸으나, 지역적으로 볼 때에 북부 지방에서는 그다지 좋은 결과를 얻지 못했다. 게다가 1924년 6월 파시스트에 의한 사회당 의원 마테오티(Giacomo Matteotti, 1885~1924) 암살사건은 파시스트 정권을 심각한 위기에 처하게 만들었다. 가까스로 위기를 넘긴 무솔리니는 점차 권력을 강화해 비밀경찰의 확대, 언론 · 출판의 통제, 심지어 법령제출권까지 자신의 동의하에 두게 해 자신의 정령(政令)이 그대로 법령으로 통용되게 되었다. 1925년에는 파시스트당 이외의 결사를 금지시켰다. 무솔리니가 '전체주의(totalitarianism)' 란 단어를 쓴 것도 바로 이즈음이었다. 그는 1925년 1월 5일에 행한 한 연설에서 자신의 강력한 리더십으로 전체적으로 정치사회적 변화를 꾀하겠다는 뜻으로 그 용어를 사용했다.

무솔리니와 히틀러의 차이

그러나 무솔리니가 모든 일을 다 '무식한 방법' 으로 밀어붙인 건 아니었다. 그는 과거에 『교황의 첩(L' amante del Cardinale)』(1910)이라는 소설을 썼을 정도로 가톨릭에 대해 적대적이었지만, 가톨릭교회만큼은 전체주의적 목표에 굴복시킬 수 없다는 걸 깨닫고 타협을 모색했다. 예컨대, 학교와 재판소, 그리고 병원 안에 십자가를 달게 하고, 모든 초등학교에서 종교적인 교리교육을 실시하며, 밀라노 가톨릭대학을 공식적으로 인가했다. 그리고 군대 안에 군목제도를 도입했고 신학생들에게 병역면제의 특혜를 부여했다. 또, 국유화된 교회와 수도원이 상환되었고, 교회력을 정부가 승인했다. 이러한 모든 조처는 파시즘에 대한 가톨릭 측의 호의적인 공감을 불러일으켰다.

무솔리니는 1929년 2월 11일 가톨릭 여론을 더욱 끌어안기 위해 바티칸을 독립국가로 인정하는 조약을 체결했다. 바티칸은 거액의 돈을 받고 또 가톨릭을 국교로 인정받는다는 조건으로 이탈리아를 국가로 인정했다. 교황은 수시로 무솔리니가 신의 섭리에 따라 보내진 사람이라고 예찬했으며 무솔리니의 모든 정책에 대해 전폭적인 지지를 보냈다. 히틀러는 교황청에 대한 무솔리니의 '굴복'을 다음과 같이 비판했다. "나 같으면 바티칸으로 행진해 들어가서 교황청을 쫓아낼 것이다. 그런 다음 이렇게 말할 것이다. '용서하십시오. 나는 잘못 생각했습니다!' 하지만 그들은 이미 떠났을 게 아닌가!"

그렇다. 무솔리니와 히틀러 사이에는 그런 차이가 있었다. 이와 관련, 홍사중(1997a)은 "일반적으로 파시즘 운동은 격렬하고 테러적일수록 대중의 지지를 더 많이 받는다. 이탈리아 파시즘이 나치즘에 비해 덜 인기가 있던 것은 덜 포악했기 때문이기도 했다"고 말한다.

물론 그런 차이는 무솔리니와 히틀러 개인의 차이라기보다는 두 나라 사이의 여건의 차이로 보아야 할 것이다. 우선 두 사람이 최고 지도자의 자리에 오른 다음 반대파까지 제거하는 완전한 권력장악에 있어서 히틀러의 경우 4개월밖에 걸리지 않았지만 무솔리니의 경우 거의 7년이 걸렸다. 이 또한 무솔리니가 그 만큼 덜 포악했기 때문이 아니냐고 말할 수도 있겠지만, 무솔리니의 경우 연정(聯政)형태로 출발해 그 만큼 세력기반이 약했거니와 완전히 허수아비라고 볼 수는 없는 국왕이 위에 버티고 있었다는 점을 간과해선 안될 것이다(처음 연정 당시 14명의 장관들 가운데 파시스트는 4명뿐이었다).

언론과 지식인 통제에 있어서도 무솔리니 체제가 히틀러 체제에 비해 훨씬 더 관대해 무솔리니 체제하에선 약하나마 제법 비판의 목소리가 살아 있었다. 1929년에 정부가 후원해 출간된 권위 있는 『이탈리아 백과사전(E ciclopedia Ztaliana)』만 하더라도, 파시스트가 아닌 지식인은 말할 것도 없고 반파시스트 지식인들까지 집필자로 참여했다. 바로 이런 점이 무솔리니 체제가 나중에 내부적으로 무너지게 된 하나의 이유로 작용했을지도 모르겠다. 이는 파시즘의 심리적 기초라 할 '권위주의적 성격' 을 독일인들이 더 강하게 갖고 있었다는 걸 의미하는 건 아닐까?

여기서 분명히 알아둬야 할 것은 적어도 이때까지, 아니 1930년대 초까지도 파시즘에 대한 세상의 인식은 지금 생각하는 것과는 판이하게 달랐다는 점이다. 당시엔 공산화를 막아줄 수 있는 유일한 '구원의 사상' 으로 여겨지기도 했다. 인도의 간디(Mohandas Karmchand Gandhi, 1869~1948)는 무솔리니를 '이탈리아의 구세주' 로 보았고, 처칠은 그에게서 '아주 유쾌하고 우호적인 인상' 을 받았다고 했다. 독일은 말할 것도 없고 프랑스, 에스파냐, 폴란드, 헝가리, 포르투갈, 영국 등 유럽 전역에서 무솔리니를 영웅으로 떠받드는 파시스트들이 적잖은 세력을 형성하게 된다. 미국의 프랭클린 루스벨트 대통령도 1930년대 중반까지 무솔리니에게 "호감과 신뢰" 를 표현했다.

심지어 조선에도 무솔리니 예찬론자들이 적지 않았다. 이광수(1892~1950)는 1928년 9월 『동아일보』에 쓴 글에서 당대의 위대한 개인으로 무솔리니, 레닌, 쑨원(孫文, 1866~1925) 등 세 사람을 들었다. 그는 이후에도 여러 차례 무솔리니와 히틀러를 예찬했다. 윤치호(1865~1945)도 무솔리니 예찬론자였다. 그가 1929년 2월 11일자 일기에 쓴 무솔리니 예찬론에 따르면, "그는 대단히 유능하고, 정직하고, 상식 있고, 정력적인 사람이다. 이탈리아뿐만 아니라 중국, 러시아, 인도, 조선에도 무솔리니와 같은 인물이 반드시 필요하다. 낭만적인 국제주의, 짐승 같은 볼셰비즘, 구역질나는 사회주의 같은 지긋지긋한 것들로부터 사람들을 구제해내기 위해서 말이다."

오늘날 파시즘에 대한 평가는 파시즘 체제가 제2차 세계대전이라는 엄청난 범죄를 저지르고 패배한 이후에 내려진 것임을 잊어선 안 된다. 그래야 1920년대와 1930년대의 미국 사회를 이해하는 데에도 도움이 된다. 무솔리니의 이후 활동은 히틀러가 독일에서 권력을 장악하는 1930년대(1933) 이야기를 할 때에 하기로 하자.

참고문헌 Baumer 1999, Clarke 1982, Eatwell 1995, Fest 1998, Griffin 1998, Guerin 1974, Laqueur 1997, Neocleous 2002, Nolte 1969, Paxton 2005, Sabine & Thorson 1983, Schivelbusch 2009, Thurlow 1999, Time-Life 1987, 김삼웅 1996, 박찬승 2007, 신승권 1982, 엄창현 1996, 허인 1995, 홍사중 1997a

섹스는 '마지막 프런티어'
프로이트 유행과 성(性)혁명

'퓨리턴이 세상에 끼친 해독'

앞서 보았듯이, 프로이트의 초청 특강은 미국 정신분석학이 발전하는 결정적 계기가 되었다. 마리아 몬테소리(Maria Montessori, 1870~1952)도 거들었다. 1912년 이탈리아의 심리학자이자 교육학자인 몬테소리가 쓴 『몬테소리 교육법(Montessori method)』이 논픽션 부문 1위를 차지한 베스트셀러가 된 이후 '감수성이 민감하게 발달하는 시기(periods of sensitivity)' 라는 말이 유행했다. 1916년경 미국엔 정신분석가의 수가 500여 명에 이르렀으며, 무엇이건 정신분석학적으로 해석하려는 책들이 우후죽순 쏟아져 나왔다.

알렌(Allen 2006)에 따르면, "프로이트, 애들러(Alfred Adler, 1870~1937), 융(Carl Gustav Jung, 1875~1961), 왓슨(John Watson, 1878~1958)은 수만 명의 열렬한 지지자를 거느렸고, 지능검사는 IQ테스트라는 형태로 학교에 침입했다. 기업은 사람들을 고용 · 해고하거나, 광고전략을 결

지그문트 프로이트. 정신분석의 창시자로 꿈, 착각, 해학을 분석, 인간의 심층을 연구했다.

정하기 위해 정신의학자들을 채용했다. 신문들은 확신에 차서 심리학이 방황, 이혼, 범죄 등의 문제를 해결할 열쇠를 쥐고 있다고 써댔다."

그런 용도로도 쓰였지만 미국에서 정신분석학이 가장 빛을 발한 분야는 다른 데에 있었다. 맥래런(McLaren 2003)은 "프로이트의 『꿈의 해석(Die Traumdentung)』 영어판이 D. H. 로렌스(David H. Lawrence, 1885~1930)의 『아들과 연인(Sons and Lovers)』이 출간된 해인 1913년에 나왔다는 사실은 무언가 시대정신을 말해주는 듯하다"며 다음과 같이 말한다.

"둘 다 오이디푸스적 유혹, 육체적인 것과 지적인 것 사이의 투쟁에 관한 생각을 강조했다. 처음에는 학문적인 독자층만 그의 저작을 읽었고, 대전 후에야 대중적으로 읽게 되었다. 그는 자신을 반역자로 묘사하기를 좋아했고, 그의 제자들은 그를 빅토리아시대의 이중 기준에 대한 단호한 반대자로 표현했다. 신문은 독자들에게 정신분석가들을 조심하라고 경고했다. 그들은 원시적, 본능적, 생물학적 충동을 옹호하고, 더 나아가 성의 해방과 관용, 타락을 선전한다는 것이었다."

그러나 전쟁이 사람들을 본능에 충실하도록 만든 걸 어이하랴. 제1차 세계대전은 '성 전쟁' 이기도 했다. 젊은 남자들이 대거 전쟁터에 나가 싸우는 동안 여성들이 성적 기갈상태에 빠졌다는 우려와 공포가 유럽과 미국 사회를 휩쓸었다. 종전(1918년 11월 3일) 후 어떤 일이 벌어졌을지는 짐작하기 어렵지 않다. 그간 밀린 성욕을 채우려는 열풍에 프로이트가 동원되었다.

알렌(Allen 2006)에 따르면, "섹스는 인류를 움직이는 중심적이고 보편적인 힘으로 간주되었다. 인간의 거의 모든 동기는 섹스로 귀결되었다.……정신건강의 첫째 필요조건은 억제 없는 성생활이며, 건강하고 행복하게 살려면 '리비도' 에 복종해야 한다. 이것이 바로……미국인들의 마음에 심어진 프로이트의 복음이었다.……자기통제의 덕을 설교했던 성직자들은 직설적인 비평가들로부터 '자기통제라는 것은 이미 시대가 지난 것이며, 실로 위험한 것' 이라는 이야기를 들었다."

앞서 지적했듯이, 실제로 프로이트 이론의 오·남용을 일삼는 단순한 프로이트주의자들은 "퓨리턴이 세상에 끼친 해독의 대부분은 자기절제로부터 생겼다" 고 선언하는 동시에 억압된 성적 충동을 해방하면 자유에의 길이 열린다고 주장했다. 이제 곧 밀어닥칠 자동차의 보급이 성혁명의 전위대로 기능하는 가운데, 미국에서 프로이트는 성혁명의 전도사처럼 여겨졌다.

생어와 프로이트의 기여

프로이트는 이를 어떻게 생각했을까? 한편으론 흐뭇하게 생각하면서도 다른 한편으론 정신분석학의 오·남용이 왕성하게 이루어지는 걸 불편하게 생각했던 것 같다. 그는 1925년에 출간한 자서전 『나의 삶과 정신분석학(Selbstdarstellung)』에서 다음과 같이 말했다.

"우리가 방문한 뒤로 정신분석학은 미국에서 여전히 그 나름의 영역을 확보하고 있고, 대중들로부터 제법 큰 인기를 누리고 있으며, 공인된 많은 정신과 의사들에 의해 의학교육의 중요한 한 부분으로 인정받고 있는 실정이다. 불행히도 여기에는 거품이 많이 섞여 있다. 정신분석학을 빙자한 (사실 정신분석학과는 아무 관련도 없는) 남용이 수없이 이루어지고 있다."(Robert 2000).

정신분석학을 빙자한 오·남용 중 가장 두드러진 건 단연 성(性)과 관련된 것이었다. 1910년대 중반 마거릿 생어가 피임투쟁을 벌이며 산아제한권을 역설한 것은 그녀가 빈곤의 참상을 목격하면서 피임이 사회적 평등으로 가는 필수적 단계임을 확신했기 때문이었지만, 피임은 동시에 자유로운 섹스를 즐기기 위한 과정이기도 했다. 생어가 섹스를 위한 육체의 정당화 논리를 펼쳤다면, 프로이트는 섹스를 위한 정신의 정당화 논리를 편 셈이었다.

러시아는 볼셰비키혁명 성공 직후 낙태합법화를 비롯해 일련의 급진적인 성개혁정책들을 선보였으며, 비슷한 실험들이 헝가리에서도 즉시 시행되었다. 뉴욕 그리니치빌리지에 있는 보헤미안들이 '자유

플래퍼 스타일을 그린 일러스트. 단발머리, 짧은 치마, 담배를 문 모습은 플래퍼를 구분짓는 대표적인 양태였다.

연애' 를 옹호하는 데 대해, 비판자들은 '성의 볼셰비즘(the Bolshev-ism of Sex)' 이라고 비난했지만, 성 문제 만큼은 그런 이념공세로 억압할 수 있는 것이 아니었다.

1920년대는 미국의 성혁명시대로 기록되는 데, 이 혁명의 선두주자는 플래퍼(flapper)였다. 1700년대 중반 영국에서는 '플래퍼' 가 날개를 퍼덕거리는 소리를 흉내내 의성어로 이제 막 날기를 배우려는 새끼 야생오리라는 뜻으로 쓰였으며, 1800년대 중반엔 머리를 핀으로 묶지 않고 길게 늘어뜨려 바람에 휘날리게 하는 여자라는 뜻으로 쓰이다가, 20세기 초쯤 프랑스에서 짧은 치마에 단발머리를 한 길거리 창녀를 부르는 말로 의미가 달라졌다. 제1차 세계대전 당시 유럽 땅을 밟은 미군들이 이 창녀들과 즐기면서 '플래퍼' 라는 말과 그녀의 모습을 기억에 담은 채 미국으로 돌아오면서 미국에선 또 다른 의미로 쓰이게 되었다(Panati 1997).

넓게 보자면 플래퍼는 제1차 대전 이후 여성들의 사회참여로 인해 생겨난 신여성을 일컫는 말이지만, 그 전형적인 모습은 짧은 치마를 입고 담배를 물고 색소폰 소리에 몸을 흔들어대는 '노는 여자' 였다. 1922년 『플래퍼』라는 잡지가 창간될 정도로 '플래퍼 붐' 은 미국 사회에 큰 영향을 미쳤다. 이 말이 외국으로 수출되면서 부정적인 의미가 더욱 강해져, 한국에서도 한때 '여자 깡패' 나 '행실이 방정하지 못한 여자' 를 가리켜 '후랏빠' 라고 부르기도 했다.

'박애 소녀(charity girls)' 라는 별명도 등장했다. 맥래런(McLaren 2003)에 따르면, "노동계급의 소녀들은 댄스홀에 '한 건 하러' 가는 경우가 더 많았다. 뉴욕에서는 그들을 '박애 소녀' 라고 불렀다. 성적인 선물과 하룻밤의 유흥을 맞바꾸려고 했기 때문이다.……그러나 그들은 스스로를 창녀로 여기지는 않았으며, 두 번째부터는 가능했을는지 몰라도 첫 데이트부터 섹스를 허락하려고는 하지 않았다."

성혁명 이전에 의복혁명이 있었다. 루즈(Rouse 2003)에 따르면, "실크, 레이온, 저지와 같은 가벼운 천의 사용, 스타일의 단순화, 착용하는 의복 수의 전반적인 감소로 1920년대 여성의 옷은 빅토리아시대의 약 10분의 1 정도 밖에 무게가 나가지 않았다. 이러한 사실 하나만으로도 여성들은 전쟁 이전의 자매들에게는 부정되었던 신체의 자유와 행동의 즐거움을 느꼈을 것이다."

나일론 스타킹은 1940년에 출현하지만, 플래퍼건 아니건 젊은 여성들은 1920년대 초반부터 너 나 할 것 없이 모두 살구색 스타킹에 빠져

들었다. 각선미를 드러낸 여성의 사진을 뜻하는 '치즈케이크(cheese-cake)' 란 말은 이 스타킹 색깔에서 나왔다. 여성들은 꼬챙이처럼 가냘프게 보이려고 필사적으로 애썼고, 미용실을 상시 출입하면서 파마(permanent wave)머리가 유행했다.

이 파마머리는 1930년대 중반부터 조선에서도 유행한다. 물론 남성들의 반감은 만만치 않았다. 『조선일보』 1938년 5월 3일자에 따르면, "배척할 것은 파마넨트입니다. 머리를 찌지고 꼬부리고 하는 파마넨트가 요새 문제가 되어 있습니다만 어쨌건 '외래의 이상스런 풍속을 흉내내지 말자' 는 소리는 결국 이 파마넨트를 은연중 배척하고 있는 것입니다. 우리의 자랑은 윤기 흐르는 검은 머리입니다."

1920년대의 성혁명에 대한 반론이 있기는 하다. 전통적 도덕의 성벽은 이미 1890년대 초부터 무너진 것이라는 주장이다. 1920년대 신문이 섹스에 관한 기사를 예전보다 더 많이 실었다는 것은 맞지만, 그것은 통신사 사장 켄트 쿠퍼(Kent Cooper, 1880~1965)가 뉴스의 범위를 확대했기 때문이며, 만약 당시에 혁명이 있었다고 한다면, 그것은 미국 신문의 혁명이었지 도덕의 혁명은 아니었다는 논리다(Shenkman 2003).

그렇게 볼 수도 있겠지만, 이 반론은 1920년대에 불어 닥친 '자동차 혁명' 의 영향을 과소평가한 것으로 보인다. 자동차 대중화 이전과 이후, 섹스에 이렇다 할 변화가 없었다고 말할 수 있을까? 앞에서 프로이트가 끌고 뒤에서 생어가 밀어대는 미국의 성문화에 자동차가 미친 영향은 매우 컸다. '혁명' 이라고 해도 좋을 정도였다.

자동차와 섹스

자동차가 가져다준 이동성은 전통적인 마을의 성역과 금기를 깨는 혁명을 몰고 왔다. 19세기적 도덕의 강제력은 불법행위를 저지른 사람이 그 장소로부터 달아나지 못하고 반드시 보복을 당하게끔 돼 있는 데에서 비롯된 것이었는데, 자동차는 그 강제력을 크게 약화시켰다. 도덕적으로 켕기는 일도 자동차를 타고 다른 지역에 가면 얼마든지 할 수 있었다. 특히 부부가 아닌 남녀가 성행위 장소를 찾는 건 어려운 일이었지만, 자동차는 일시에 그 문제를 해결해주었다.

초기의 자동차엔 지붕이 없었지만, 1920년대부터 지붕 있는 자동차가 양산되었다. 1919년 미국에서 생산된 차 가운데 지붕 있는 차의 비율은 10퍼센트도 되지 않았지만, 1924년에는 43퍼센트로 증가했고, 1927년에는 82.7퍼센트에 달했다. 한 자동차 해설가는 "T형 모델은 실

1927년 출시된 포드 T 모델. 한 자동차 해설가는 "T형 모델은 실내공간이 너무나 커서 아무리 키가 큰 사람도 선 채로 자신들의 원하는 욕구를 충족할 수 있었다"고 주장했다.

내공간이 너무나 커서 아무리 키가 큰 사람도 선 채로 자신들의 원하는 욕구를 충족할 수 있었다"고 주장했다.

이미 1923년 말 자동차가 욕조를 앞서고 있었다. 노동자계층 123가구를 표본 조사한 결과, 60가구가 차를 소유하고 있었지만 이 60가구 가운데 낡아 보이는 집에 살고 있는 26명에게 욕조가 있느냐고 물었을 때 21명이 욕조가 없다고 대답했다.

이처럼 대중화된 자동차는 여권향상에도 기여했다. 전시체제에 남자들이 빠진 일자리를 여성들이 메우면서 획득하게 된 전투성이 드라마틱하게 발휘될 수 있는 기회를 만났다고나 할까. 플래퍼들은 쫓아다니는 남자한테 운전대를 맡기지 않고 직접 핸들을 잡았으며, 섹스에 대해서도 능동적인 자세를 취했다. 자동차 대중화는 매매춘의 일상화도 몰고 왔다. 1924년 청소년 법정에서 '성범죄'로 기소된 30명의 소녀 중 19명은 자동차 안의 행위로 기소되었다.

1920년대 중반 자동차를 탄 채로 이용할 수 있는 '드라이브 인(drive-in)' 업소들이 우후죽순 나타났다. 처음에 나타난 건 음식점이었으며, 고객의 차까지 음식을 갖다 주는 '트레이 걸(tray girl, 쟁반 소녀)'도 새로운 직업군으로 부상했다. 1930년대 초 뉴욕과 뉴헤이븐 사이의 고속도로를 조사한 결과 평균 180미터마다 주유소가 있고 560미터마다 식당이나 간이식당이 있는 것으로 나타났다. 이에 따라 패스트푸드 체인점도 등장한다.

드라이브 인 업소는 음식점으로만 끝난 게 아니다. 1925년 무렵 수천 개의 모텔과 야영장도 등장했다. FBI의 에드거 후버는 모텔을 가리켜 '범죄의 온상'이라고 우려했지만, 불륜이 범죄인지는 생각하기 나름이다. 1935년 서든 메소디스트대학의 사회학과 학생들은 주말 동안 댈러스에 있는 모텔들의 출입자를 은밀히 조사했다. 어떻게 조사했는지는 의문이지만, 38개 모텔을 이용한 2,000명의 고객 중 대부분이 가짜 이름을 남겼고 그들 중 적어도 4분의 3이 불륜관계라는 것을 밝혀냈다. 댈러스의 한 모텔은 24시간에 16번, 즉 90분에 한 번씩 특별실을 빌려준 것으로 드러났다(Bryson 2009).

1940년대엔 모텔 가는 것도 귀찮다는 듯, 자동차 안에서 모든 걸 해결하는 '드라이브 인 영화관'이 생겨난다. 드라이브 인 영화관은 1947년 554개에서 1958년 4,700개로 늘어났다. 드라이브 인이 호황을 누리는 동안 시내의 영화관은 하루에 두 개 정도의 비율로 문을 닫았는데, 1946년에서 1953년 4월 사이에 5,000개 이상의 영화관이 망했다.

자동차광고는 '사랑과 섹스'를 주요 소구점으로 삼았으며, 이 기본 방침은 1960년대까지 지속되었다. 1964년의 한 광고카피에 따르면, "이 남자는 2주 전만 해도 숫기 없는 교사였습니다. 지금은 계속 만나는 여자친구만 세 명이고 이 동네 최고급 식당의 지배인과 트고 지내는 사이이며 사교모임의 총아입니다. 이 모든 것이 무스탕과 함께 왔습니다.……차가 아닙니다. 사랑의 묘약입니다.……멋진 자동차는 열정을 자극합니다."

영화와 섹스

섹스를 파는 잡지와 영화도 급증했다. 교육자와 성직자들로 대표되는 보수 엘리트들은 영화에 대한 강력한 검열을 요구했다. 에렌부르크(Ehrenbourg 2000)에 따르면, "1921년 가을, 미국의 기독교계는 '에디슨은 어쩌자고 움직이는 영상을 발명했는가?' 라는 장로교, 침례교, 감리교 신자들의 분노로 들끓고 있었다. 영화가 로스엔젤레스의 주색, 방탕, 청소년들의 타락, 간음, 신성모독에 관한 스캔들을 만들어내면서 패륜을 조장하고 있었기 때문이다. YMCA는 회원들에게 영화관에 가는 것은 위험하다고 경고했고, 격분한 '개혁협회' 는 결의안을 채택했으며, '어머니회' 에서도 정부에게 단호한 결정을 내리라고 촉구했다."

과장된 것이었을 망정, 기독교계가 그렇게 흥분할 만한 나름의 근거는 충분했다. 한 가지 대표적 사례를 들자면, 1910년대에 '할리우드의 요부(妖婦)' 로 통하던 여배우 테다 바라(Theda Bara, 1885~1955)의 맹활약을 빼놓을 수 없겠다. 그녀는 선정적인 포즈와 춤을 특기로 삼아 이른바 '남자 호리기(vamping)' 의 달인으로 통했다. 〈한 바보가 있었네(A Fool There Was)〉(1915년, 감독 프랭크 파웰)라는 영화에서 "이 바보야, 어서 키스해달란 말이야(Kiss me, my fool)" 라고 보채는 그녀의 메시지는 청춘 남녀의 유행어가 돼버렸다. 그녀가 출연한 〈로미오와 줄리엣(Romeo and Juliet)〉(1916년, 감독 고든 에드워드), 〈카미유〉, 〈클레오파트라〉(이상 1917년, 감독 고든 에드워즈), 〈살로메〉(1918년, 감독 고든 에드워즈) 등은 모두 폭발적인 인기를 누렸고, 이에 따라 순진한 처녀들이 남자를 유혹하는 게 당연시되는 풍조마저 생겨난 것이다.

당시까지도 영화는 표현의 자유를 보장한 연방 수정헌법 제1조의 보호를 받지 못하고 있었다. 앞서 보았듯이, 최초의 공식적인 검열기관이 1907년에 시카고에 등장한 이래로 각 지역별로 검열위원회가 설치되었는데, 연방대법원은 1915년의 '뮤추얼 대 오하이오 사건(Mutual Film Corp. v, Ohio)' 에 대한 판결에서 다음과 같이 판시했다. "영화의

영화 〈클레오파트라〉의 한 장면. 타이틀롤을 연기한 테다 바라(오른쪽)는 1910년대 '할리우드의 요부'로 통했다.

상영은 여느 구경거리처럼 수익을 위해 조직되고 수행되는 순전하고도 단순한 사업이지, 언론의 한 부분이거나 여론의 전달매체로 인정할 수는 없다."

사정이 그와 같았던 만큼 할리우드 영화업자들은 전전긍긍하지 않을 수 없었다. 그들은 대책회의 끝에 자신들을 보호해줄 강한 방패가 필요하다는 결론에 도달했다. 1922년 그들은 공화당 의장을 역임한 바 있는 우정장관 윌 H. 헤이즈(Will H. Hays, 1879~1954)를 접촉했다.

헤이즈는 대통령 워런 하딩의 충직한 심복으로 막강한 권력을 누리고 있었다. 장관 자리를 내던지고 할리우드 업자들의 방패 노릇을 한다? 별로 어울리지 않는 일 같지만, 헤이즈는 우정장관 자리를 사직하고 '영화 제작자 및 배급자협회(MPPDA, Motion Picture Producers and Distributors Association)' 의 회장이 되었다. 그는 장관 연봉보다 열 배나 많은 10만 달러의 연봉을 받게 되었지만, 그에게 돈 못지않게 중요한 것은 미국의 자녀들과 장래를 지킨다는 강한 사명감이었다. 그러나 얼마 후에 곧 터질, 하딩 행정부의 최대 부패사건인 이른바 '티포트돔 스캔들(Teapot Dome Scandal)' 에 연루된 헤이즈가 자기보호 차원에서 영화계로 자리를 옮겼다는 주장도 있다(Sklar 1975).

당시 신문들은 헤이즈의 회장직 수락을 보도하며 그를 '영화계의 황제' 라고 불렀다. 장로교회의 장로로서 매우 도덕적인 인물로 알려진 헤이즈는 높이 세운 깃과 금욕적인 얼굴의 사진만으로도 높은 도덕성을 증명하기에 충분했다. 그는 1922년부터 1945년까지 MPPDA의 회장으로 일하면서 할리우드의 '자율 규제' 로 외부의 개입을 막아낸 것은 물론 유럽의 시장을 뚫는 공격적인 세일즈맨 노릇을 잘해낸다.

할리우드의 모든 사람들이 헤이즈의 영입을 환영한 건 아니었다. 어떤 종류의 영화검열에도 반대하는 사람들을 대표해서 찰리 채플린이 MPPDA의 '장로교파적인 검열' 에 대한 반대의사를 표명했다. 사실 검열은 '눈 가리고 아웅' 하는 격이었다. 세상은 이미 새로운 성의 물결로 출렁이고 있었다. 1920년대는 활기 넘치는 약동과 더불어 자유분방한 재즈의 시대였다. 찰스턴(Charleston)과 같은 광란의 춤이 유행하고 여성들은 빅토리아시대의 속옷을 벗어던지고 짧은 스커트를 입기 시작했다.

양쪽 발을 안팎으로 돌리면서 발가락을 안으로 오므려 균형을 잡아 몸을 이쪽저쪽으로 흔드는 동시에 손으로 미친 듯이 무릎을 치면서 "춤을 춥시다!"라고 외치는 찰스턴은 동작의 격렬함으로 인해 보수층의 격렬한 반감의 대상이 되었다. 보스턴의 한 댄스클럽이 무너져 44명의 춤꾼이 사망하는 사고가 발생하자, 비판자들이 찰스턴 때문이라고 주장할 정도였다. 이후 댄스클럽들은 "우리 건물은 찰스턴을 이겨낼 수 없습니다"라는 내용의 경고장을 붙이기에 이르렀지만, 재즈시대엔 그 무엇 하나 격렬하지 않은 것이 없었다.

프로이트 이론으로 무장한 소녀전사들

1921년 9월 7일 미국 동부 애틀랜틱시티에서 열린 최초의 미스 아메리카 선발대회는 성과 관련된 재즈시대 개막의 상징이었다. 바닷가 관광도시인 애틀랜틱시티의 한 지방 신문사 간부는 피서객들을 좀더 오래 붙잡아둘 심산으로 '수영복 미인대회'를 생각해냈다. 젊은 여성들이 자극적인 수영복 차림으로 퍼레이드를 한다는 데 비난이 만만치 않았지만, 이듬해에는 57개 도시에서 미녀들을 뽑아 보냈다. 당시 일기 시작한 영화와 사진 붐과 맞물려 1920, 1930년대에는 미국 전역에서는 수천 개의 미인대회가 생겨났다.

소녀들은 이제 더 이상 과거의 소녀들이 아니었다. 그녀들은 이미 어설프게나마 프로이트 이론으로 무장한 새로운 전사들이었다. 알렌(Allen 2008)에 따르면, "딸들은 주차된 차 안에서 애인의 휴대용 술병에 든 불법 위스키를 꿀꺽꿀꺽 마시는 것이, 이후 진행될 상황에 멋진

묘미를 더해준다는 걸 알았다. 어머니 세대가 사용한 숙녀다운 내숭은? 딸들은 성과 리비도에 대해 거침없이 얘기했다. 리비도는 프로이트에게서 나온 말로, 그에 따르면 충동의 억압은 별로 좋지 않았다. 어머니 세대가 남의 눈앞에서 발목을 드러내는 것은 남자들을 성적으로 유혹하는 거나 다름없다고 배운 롱스커트 세대였다면, 1920년대 중반의 그 딸들은 치맛자락이 무릎까지 올라간 새로운 스타일로 해방을 만끽했다."

새로운 연애문화의 만개 때문이었을까. 1920년대 광고계엔 입냄새를 제거하는 리스터린 열풍이 불었다. 리스터린 광고는 입냄새 때문에 연애에 성공하지 못하는 젊은 여인의 비극을 시리즈로 묘사했다. 미국의학협회는 리스터린이 한 가지 냄새를 다른 냄새로 덮어버릴 뿐 "진정한 방취제는 아니다"라고 했지만 모두 허사였다. 리스터린은 대히트 상품이 되었다.

'성 억압설' 논쟁

이 모든 섹스열풍이 프로이트 때문에 일어난 것은 아니지만, 미국의 프로이트주의자들이 제공한 자기 정당화의 논리를 무시할 수는 없다. 그들이 "퓨리턴이 세상에 끼친 해독의 대부분은 자기절제로부터 생겼다"며 억압된 성적 충동을 해방하면 자유에의 길이 열린다고 주장했을 때, 이를 새로운 복음으로 받아들인 사람들이 많았던 것이다.

1947년 미국을 방문한 시몬 드 보부아르(Simone de Beauvoir, 1908~1986)는 "정신분석학이 미국에서 그토록 유행하며 지식인들과 교양 있는 사람들 사이에 화젯거리가 되는 것은, 그 학문이 그들 자신을 되

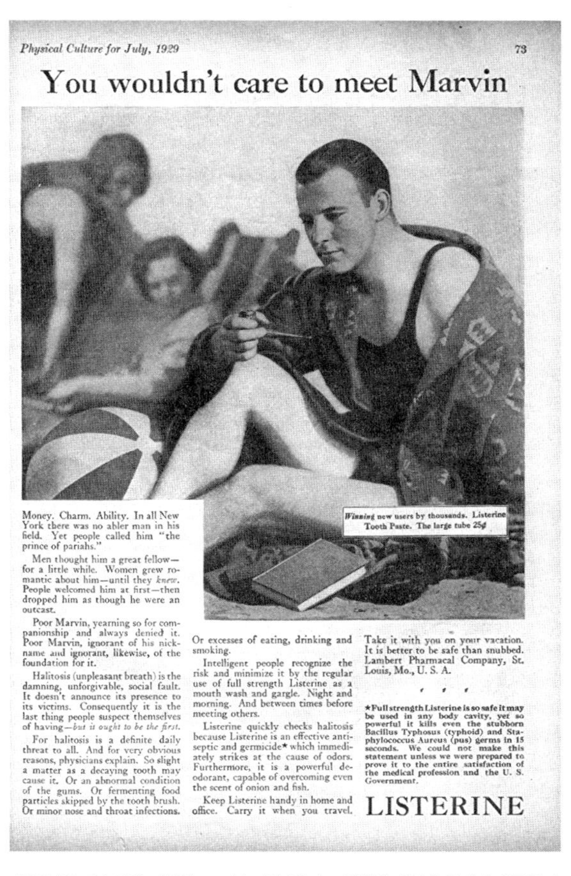

Physical Culture for July, 1929 73

You wouldn't care to meet Marvin

Winning new users by thousands. Listerine Tooth Paste. The large tube 25¢

Money. Charm. Ability. In all New York there was no abler man in his field. Yet people called him "the prince of pariahs."

Men thought him a great fellow—for a little while. Women grew romantic about him—until they *knew*. People welcomed him at first—then dropped him as though he were an outcast.

Poor Marvin, yearning so for companionship and always denied it. Poor Marvin, ignorant of his nickname and ignorant, likewise, of the foundation for it.

Halitosis (unpleasant breath) is the damning, unforgivable, social fault. It doesn't announce its presence to its victims. Consequently it is the last thing people suspect themselves of having—*but it ought to be the first.*

For halitosis is a definite daily threat to all. And for very obvious reasons, physicians explain. So slight a matter as a decaying tooth may cause it. Or an abnormal condition of the gums. Or fermenting food particles skipped by the tooth brush. Or minor nose and throat infections. Or excesses of eating, drinking and smoking.

Intelligent people recognize the risk and minimize it by the regular use of full strength Listerine as a mouth wash and gargle. Night and morning. And between times before meeting others.

Listerine quickly checks halitosis because Listerine is an effective antiseptic and germicide★ which immediately strikes at the cause of odors. Furthermore, it is a powerful deodorant, capable of overcoming even the scent of onion and fish.

Keep Listerine handy in home and office. Carry it when you travel. Take it with you on your vacation. It is better to be safe than snubbed. Lambert Pharmacal Company, St. Louis, Mo., U. S. A.

★**Full strength Listerine is so safe it may be used in any body cavity, yet so powerful it kills even the stubborn Bacillus Typhosus (typhoid) and Staphylococcus Aureus (pus) germs in 15 seconds. We could not make this statement unless we were prepared to prove it to the entire satisfaction of the medical profession and the U. S. Government.**

LISTERINE

1929년의 리스터린 지면광고. 리스터린 광고는 입냄새 때문에 연애에 성공하지 못하는 젊은 여인의 비극을 시리즈로 묘사했다.

찾도록 도와주기를 기대하기 때문이 아니라, 오히려 그들의 도피처가 되어주는 까닭이다"라고 썼다. 이 이치는 미국의 성혁명에도 그대로 적용될 수 있다. 아니 정도의 차이는 있을망정 유럽은 별 달랐던가 (Beauvoir 2000).

근대 부르주아 도덕이 성을 억압하고 억눌렀다는 전제하에 성이야말로 인간의 진실을 드러내주고 성해방이야말로 인간에게 행복을 제공할 수 있다는 정신분석학적 주장, 즉 '성 억압설'은 프랑스에서도 오랫동안 상식으로 받아들여졌으며, 온몸으로 실천되었다. 물론 이에 대한 반론도 만만치 않다.

프랑스 철학자 미셸 푸코(Michel Paul Foucault, 1926~1984)는 1976년에 출간한 『성의 역사 1: 앎의 의지(Historie de la sexuailté, 1: I'asage des plaisirs)』를 통해 성 억압설을 부정하면서 정반대로 성은 근대사회의 고안물이라고 주장했다. 즉 근대사회는 19세기에 처음으로 우리 각자가 우리의 성적 욕망과 본능에 의해서 규정되고 알려지도록 하는 사유방식을 고안했다는 것이다. 푸코는 "우리는 다른 사람의 성고백을 들어주는 것으로 돈을 버는 직업이 있는 유일한 문명 안에 살고 있다"고 꼬집었다.

도정일의 비판은 더욱 격렬하다. "미국의 일부 정신과 사람들이 프로이트의 억압이론을 가져다가 '억압된 성적 기억'이란 이상한 상품을 만들어 아이들의 정서장애를 치료한다고 나섰다가 말썽을 일으킨 적이 있었죠. 그 사람들이 '얘야, 잘 기억해봐라, 어릴 때 아빠나 엄마한테서 뭐 당한 일 없니?' 라고 묻는 거예요. 자라면서 부모에게 이런 저런 불만을 갖지 않은 아이들이 어디 있겠어요? 의사들의 질문에 아이들이 성적으로 억압당했다는 '기억'을 마구 날조해냈죠. 그래서 부모들이 고발당하는 사태까지도 벌어졌어요. 프로이트를 빙자한 돌팔이 의사들 때문에 이런 일이 생긴 겁니다."(도정일 · 최재천 2005).

섹스는 '마지막 프런티어'

그러나 프로이트는 출발점에서의 기본동력이었을 뿐, 성혁명을 완성시킨 건 자동차와 영화로 대변되는 테크놀로지였다. 기술발전엔 끝이 없으니 성혁명도 계속될 수밖에 없다. 1930년대에 나타난 신기술을 하나만 들자면, 그건 바로 지퍼다. 지퍼가 발명돼 편하게 구두를 신고 벗을 수 있게 된 것은 1893년이었지만, 현재 우리가 보는 형태의 지퍼로 특허를 받은 건 1917년 기디엔 선드백(Gideon Sundback, 1880~1954)이었고, 현대적인 의류에서 사용할 수 있을 만큼 지퍼가 가볍고 유연성이 있게 된 것은 1930년대였다.

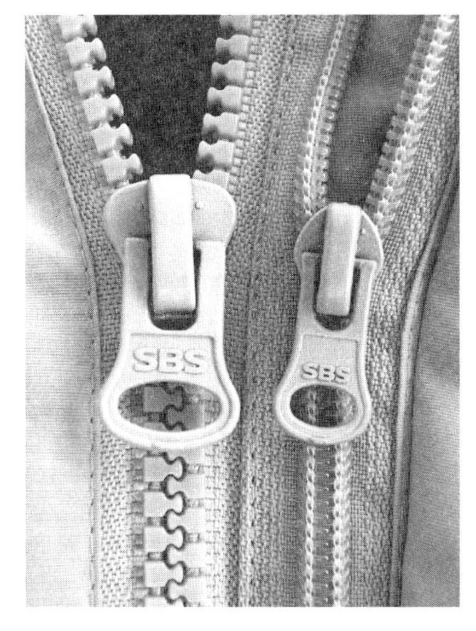

1930년대에 발명된 지퍼는 생활, 그리고 섹스에도 편의성을 제공했다.

앨리슨 루리(Alison Lurie)는 "지퍼보다 더 섹시한 것은 없다. 지퍼는 빠르고 열정적인 섹스를 위한 것이었다"고 말한다. 지퍼와 섹스가 무슨 관계란 말인가? 18~19세기의 정장 드레스에는 30개의 단추가 달려 있었으며, 이후 단추 수가 줄긴 했지만 옷을 벗기까진 여전히 시간이 오래 걸렸다는 것을 상기할 필요가 있다. 『뉴욕타임스(New York Times 2008)』가 '세계 역사를 바꿔놓은 지난 20세기의 베스트 패션'으로 지퍼를 선정하면서 다음과 같이 말한 것도 무리는 아니다.

"지퍼는 옷을 입는 문화뿐만 아니라 옷을 벗는 문화에도 혁신적인 영향을 끼쳤으며, 그로 인해 남녀 사이의 성관계에도 변화를 일으켰다.……어떤 영화 전문가는 '지퍼에 대해 이야기하는 것은 섹스에 대해 이야기하는 것과 같다' 고 말한다. 나란히 배열된 단추로 여민 드레스는 낭만적인 도전을 의미한다. 남자가 그 단추를 벗기려면, 인내심과 솜씨, 그리고 매력을 지녀야 한다. 그러나 반쯤 열려 있는 지퍼는 빨리 오라고 말없이 재촉하는 것이나 다름없다. 지퍼가 암시하는 그런 종류의 섹스는 낭만적이거나 오랜 시간이 걸리는 것이라기보다는 즉각적으로 이루어지는 격렬한 섹스일 것이다. 상대방의 옷을 벗기는 것이 한순간에 끝나버리기 때문이다."

옷에다 지퍼를 달 때는 지퍼 위를 천으로 가렸지만 1960년대에 지퍼는 유행의 일부가 되어 겉으로 드러나게 된다. 물론 지퍼마저도 낡아빠진 것으로 만들 만큼 새로운 발명은 계속된다. 이 모든 것이 보다 간편하고 보다 빠른 섹스를 위한 것임은 두말할 나위가 없다. 훗날엔 '비아그라' 라는 게 나타나 폐품처리해야 할 섹스기관에 동력을 재충전시켜주는 지경에까지 이른다. 누구 말마따나, 섹스는 정녕 미국인, 아니 모든 인류의 '마지막 프런티어' 인가?

참고문헌 Allen 2006 · 2008, Alvord 2004, Beauvoir 2000, Bell 1990, Belton 2000, Bryson 2009, Davis 2004, Ehrenbourg 2000, Eliot 1993, Englert 2006, Gelfert 2003, Leuchtenburg 1958, McLaren 2003, Miller 1995, New York Times 2008, Panati 1997, Phillips 2004, Rifkin 1996a, Robert 2000, Rouse 2003, Shenkman 2003, Sklar 1975, 고명섭 2007a, 도정일 · 최재천 2005, 사루야 가나메 2007, 이용관 · 김지석 1992, 이이화 2004a, 조선일보 문화부 1999, 한상준 2000

'우리 머릿속의 그림'
월터 리프먼의 『여론』

여론과 민주주의의 위기

"대학에 입학한 후 한동안 전공 및 진로문제로 고민에 빠졌던 적이 있다. 그러던 중 우연한 기회에 한 권의 책을 접하게 되었고 그것은 내가 진로를 결정하는 데 중요한 계기가 되었다.……당시에 느꼈던 충격이 지금까지도 생생하게 살아남아 있을 뿐만 아니라 지금도 언론과 여론의 관계를 연구할 때마다 우선으로 읽으면서 그때의 느낌을 되살리곤 한다."

연세대 신문방송학과 교수 김영석(1991)의 말이다. 도대체 무슨 책이기에 출간된 지 70년이 된 시점에서까지 한국의 언론학자에게 그토록 큰 영향을 발휘하고 있단 말인가? 월터 리프먼(Walter Lippmann, 1889~1974)이 1922년에 출간한 『여론(Public Opinion)』이다. '정치의 사회심리학적 해석서'라 할 『여론』은 출간 당시로선 충격적인 내용을 담고 있었다. 철학자 존 듀이가 서평에서 "지금까지 알려진 것 가운데 민주주의에 대해 가장 효과적인 비판"이라고 평했듯이, 이 책은 민주주의의 기본전제를 뒤흔들었다.

민주주의 이론은 국민의 중요한 문제들을 이해하고 합리적 판단을 내릴 수 있다는 가정에서 출발하지만 그러나 이 주장은 신화에 가깝다는 게 리프먼(Lippmann 1922)의 주장이다. 작은 커뮤니티에서는 사람들은 합리적 판단을 내릴 수 있지만 큰 사회에서 정치질서는 추상적으로 이해된다는 것이다. 그러나 리프먼은 과거로 돌아가자고 외치지는 않았다. 역사가 민주주의를 위해 개조될 수는 없으며 오히려 민주주의가 역사에 적응해야 한다는 것이다. 리프먼에 따르면, 민주주의는 사람들이 갖고 있는 지혜를 표현하는 방법이 아니라 사람들이 지혜에 도달할 수 있게끔 해주는 방법이다.

그렇다면 민주주의에서 숭상해마지 않는 여론의 실체는 무엇인가. 리프먼에 따르면, 흔히 여론으로 간주되는 것은 번쩍이는 이미지들의 결합, 표피적인 인상, 스테레오타입(streotype), 편견, 이기심의 반영에 지나지 않는다. 보통사람들의 세계와의 접촉은 간접적인 것이며, 그들은 무작위로 사물에 대한 정의를 내리는 것이 아니라 오히려 그들의 문화가 요구하는 스테레오타입에 따라 정의를 내린다는 것이다.

우리말로는 흔히 '정형화'로 번역되는 '스테레오타입'이라는 용어는 인쇄에서 '연판인쇄'를 가리키는 말인데, 리프먼이 최초로 사용하였다. 그는 사람들의 사회적 상황에 대한 지각과 정의를 표준화시키는 데 있어서 폭넓게 공유된 기대의 효과를 설명하기 위해 스테레오타입이라는 개념을 원용한 것이다.

리프먼에 따르면, "우리는 먼저 보고나서 정의를 내리는 게 아니라

월터 리프먼. 미국의 정치평론가 · 칼럼니스트. 명저 『여론』은 퓰리처상을 수상했다.

정의를 먼저 내리고 나서 본다." 사람은 모든 것을 다 볼 수는 없기 때문에 자신의 경험에 적합한 현실만을 만들어 내며, 그것이 바로 '우리 머릿속의 그림(the pictures inside our heads)'이라고 하는 스테레오타입인 것이다.

사람들은 권력과 의사결정과는 거리가 멀고 일련의 이미지와 픽션들로 구성된 '유사환경(pseudoenvironment)'에 살고 있다. 리프먼은 "우리가 정치적으로 다루어 할 세계는 손에 닿지도 않고 눈에 보이지도 않고 마음속에 존재하지도 않는다. 그것은 탐구되어야 하고 보도되어야 하고 상상되어야 한다"고 말한다.

그런데 실상은 어떠한가. 리프먼은 여론의 구성요소뿐만이 아니라 여론이 근거해야 할 사실들에 대한 접근을 방해하는 것들도 지적하고 있다. 공정한 여론형성을 방해하는 것들로는 인위적인 검열, 언론인의 제한된 사회적 접촉과 시간, 생활의 일상적 관행을 위협하는 사실들을 직면하는 데 뒤따르는 공포, 편견과 이기심이 우리의 빈약한 정보에 미치는 영향, 그리고 사사로운 의견들이 여론으로 정형화되는 것 등이 지적되었다.

리프먼은 "진실과 뉴스는 동일하지 않다"고 말한다. "뉴스의 기능은 사건을 두드러지게 하는 것이고 진실의 기능은 감춰진 사실들을 밝혀내고 그 사실들 사이의 올바른 관계를 정립시키고 사람들이 행동할 수 있는 근거로 삼을 현실의 그림을 만드는 것이다" 고 말한다. 리프먼에 따르면, 언론은 사건을 하나씩 어둠에서 꺼내 빛을 밝히는, 끊임없이 움직이는 서치라이트의 빛과도 같다. 사람들은 이 빛만으론 세상사를 다 알 수는 없다는 것이다.

『여론』은 민주주의에 있어서 관심의 한계에 대한 연구이기도 하다. 리프먼에 따르면, 보통사람들의 정신은 현대사회의 급변하는 문제들을 따라잡기엔 역부족이다. 언론이 세계의 정확한 그림을 공급해준다 할지라도 보통사람은 혼란스러운 정보의 공급과잉에 대응할 시간도 능력도 갖고 있지 못하다는 것이다.

정치학자와 사회학자들이 그들의 연구대상에서 뉴스를 외면하고 있는 걸 리프먼이 개탄한 것은 너무도 당연한 일이다. 만약 리프먼의 주장을 그대로 받아들인다면, 뉴스와 여론을 연구하지 않으면서 어떻게 민주주의에 대해 이야기할 수 있겠는가.

리프먼은 자신이 지적한 문제의 해결책으로 "전문화된 지성" 의 중요성을 강조했다. 그러나 엄밀한 의미에서 그는 해결할 수 없는 '판도라의 상자' 를 연 셈이었다. 보수주의자들은 『여론』에 담긴 국민의 지혜에 대한 비관적 견해를 좋아했으며 자유주의자들은 같은 이유로 곤혹스러워했다.

'민주주의 숭배' 비판

리프먼은 1974년 사망할 때까지 미국의 언론은 물론 정치에도 큰 영향을 미친 인물이다. 따라서 그에 대해 자세히 알고 넘어가는 게 좋겠다. 그의 활동을 통해 당대의 사회를 이해하는 데에도 도움을 얻을 수 있을 것이다. 먼저 리프먼의 사상적 뿌리를 거슬러 올라가보자. 그의 사상은 하버드대학 시절(1906~1910) 철학자 윌리엄 제임스와 조지 산타야나의 가르침에 큰 영향을 받았다. 산타야나는 스페인 출신으로 어릴 때 미국으로 이주해 살다가 1912년 하버드를 떠나 유럽으로 건너가 활동한 세계주의자였다. 리프먼이 『도덕 서설(A Preface to Morals)』(1929)에서 '공평무사의 정신(the spirit of disinterestedness)'을 '고등 종교(high religion)'로 칭송한 것은 두 사람에게 받은 영향이 컸다.

리프먼은 또 당시 하버드대학의 객원 교수로 온 영국의 정치학자 그레이엄 월러스(Graham Wallas, 1858~1932)의 정치관에 크게 심취했다. 후일 리프먼에 의해 "나의 가장 위대한 스승"으로 불려진 월러스는 사회주의자로서 인간의 지성을 정치의 기본전제로 삼는 것에 큰 회의를 느낀 인물이었다. 월러스는 그의 저서 『정치에서의 인간본성(Human Nature in Politics)』(1908)에서 정치는 인간생활처럼 본질적으로 본능 · 편견 · 습관의 지배를 받는 비합리적 현상이며 정치학의 한계는 인간본성을 문제 삼지 않고 통계에만 집착하는 데에 있다고 역설했다. 월러스는 "대부분의 사람의 정치적 의견의 대부분은 경험에 의해 테스트된 논리의 결과가 아니라 무의식과 반의식적 추론의 결과에 지나지 않는다"고 말했다.

리프먼은 대학 시절 카를 마르크스의 작품들을 열심히 읽었지만 완전히 빠져들지는 않았다. 그는 그 대신 당시 중산층 개혁가들을 매료시킨 영국의 '페이비어니즘(Fabianism)'에 큰 매력을 느끼고 곧 그 주창자인 H. G. 웰스(H. G. Wells, 1866~1946)와 조지 버나드 쇼와 친분을 갖게 되었다.

리프먼은 비록 부유한 가정에서 태어났지만 독일계 유대인이었던 관계로 하버드대학의 최고 엘리트학생들의 클럽에는 가입할 수 없었다. 그는 그 대신 '사회주의 클럽'을 조직하여 회장을 맡으면서 활발한 캠퍼스 정치를 전개했다. 졸업 후인 1910년 사회개혁의지를 실천하기 위해 당시 '추문폭로' 언론인으로 명성을 날리던 링컨 스테펀스의 조수로서 1년간 일하기도 했다. 리프먼이 스테펀스 밑에서 보낸 1년간은 그에게 '발로 뛰는 취재와 사실에 근거한 주장'의 중요성을 일깨워준 기간이었다. 덕분에 리프먼은 학자의 안목과 언론인의 현실감각을 동시에 갖출 수 있게 되었다. 테펀스는 리프먼을 통해 경찰기자를 거치지 않고도 훌륭한 언론인이 될 수 있다는 것을 증명하고 싶어 했으며 그의 그러한 바람은 결코 헛되지 않았다는 것이 후일 입증되었다.

리프먼이 대학을 졸업하던 당시의 미국은 33개 시의 시장이 사회주의자였으며 사회주의자 유진 데브스가 대통령직에 도전할 만큼 사회주의가 상승국면을 맞이하고 있었다. 그러나 리프먼의 사회주의는 매우 현실적인 것이었다. 그는 '노동'은 잘못일 수 없고 '자본'은 늘 잘못이라는 단순사고를 가진 감정적 사회주의자들을 비난했다. 그는 그들을 향해 "우리는 미국의 낙관주의라고 하는 얼굴의 모든 여드름에 대해 운동을 전개할 수는 없다"고 역설했다.

리프먼은 '민주주의 숭배(cult of democracy)'에 대해서도 비판을 퍼부었다. 국민은 모든 덕을 갖고 있고 그들이 그 덕을 보이지 않을 경우 그것은 그 누군가의 음모 때문이라고 하는 생각을 꾸짖었다. 그는 그의

The New
REPUBLIC
A Journal of Opinion

VOLUME XVI New York, Saturday, September 7, 1918 Number 201

Contents

Editorial Notes ... 150
Leading Articles
In Justice to France ... 152
Farmers and Others ... 155
Labor in 1918 ... 156
General Articles:
An Adjournment of Common Sense ... A. P. H. 158
The Father of Russian Social Democracy ... Moissaye J. Olgin 160
The Education of Joan and Peter—X ... H. G. Wells 166
Verse ... 169
Correspondence ... 170
Before the Play ... Q. K. 172
Reviews of Books
Mr. Spargo Recants ... H. J. L. 173
How's Your Second Act? ... Kenneth Macgowan 174
Born in Due Time ... A. C. 175
Belgium's Underground Press ... H. P. S. 177

IN his Labor Day address President Wilson has once more defined the war as it appears to the American people, a war of emancipation against "governments like that which after long premeditation drew Austria and Germany into this war," which plot "while honest men work, laying the fires of which innocent men, women and children are the fuel." Hohenzollernism must go: that is the gist of the President's declaration and of the American people's conviction about this war. The overwise minority will raise their brows. Germany may be invaded, devastated, her foreign influence destroyed, her economic future compromised; but how effect a divorce between the German people and the kind of government they want? "The kind of government they want": who knows what that is? We know the kind of government they have. It is more firmly rooted in the national traditions and habits of loyalty than were the governments of the third or even the first Napoleon. Those governments fell when their ambitions involved the French people in utter disaster. The test of German loyalty not merely to the Hohenzollerns, but to the Hohenzollerns vested with autocratic power, is coming when it becomes necessary to defend the Fatherland not on the soil of France but on German soil; when the pleasant towns and cities destroyed by retreating German armies are German, not French or Belgian. Hohenzollernism has lived upon the record of success upon success in the extension of the borders of the Fatherland. But the world means to attach a colossal failure to the Hohenzollern record. The borders of the Fatherland are to recede. Not even the German autocracy itself can expect to command the old loyalty of the people in the face of such a disaster.

SEIZURE of German shipping by Spain is an event no German would have deemed possible a year ago. Spain was depended on as safely pro-German, partly because of ancient Spanish grudges against Anglo-Saxondom, but more especially because of the supposed potency in Spain of German intrigue. Spanish political life has not been stable for generations. Revolution is an ever present menace to the monarchy, and the Germans played up their influence with the revolutionists for all it was worth. It is no longer worth anything. No revolutionary faction would be mad enough to compromise itself with the declining fortunes of Germany. The Spanish government is therefore able safely to shape its policies according to its natural sympathies and interest. These policies are still neutral, but they may not be neutral much longer. For we can hardly imagine that Germany is ready as yet to acknowledge her impotence by acquiescing in the seizure of her ships. A diplomatic break is almost inevitable, followed by an intensified warfare against Spanish shipping. In this event, a declaration of war by Spain is not at all improbable. It must again be impressed upon the Germans that beyond the range of their guns they have no friends. Was there ever in history a nation so completely isolated, morally? So long as the memory of this war endures, it is unlikely that any statesman of intelligence will regard ruthlessness as a policy of expediency.

1918년 9월 7일자 『뉴 리퍼블릭』. 리프먼이 『뉴욕월드』로 떠나자 동료들은 슬퍼하는 동시에 우려를 표했다. 그리고 그들의 우려대로 리프먼의 정치성향은 변하기 시작했다.

동료들에게 제발 민주주의의 한계와 더불어 유권자는 그들 자신의 일에 너무 바빠 투표 따위엔 관심도 없다는 것을 인정할 것을 촉구했다.

사회주의자들에게 작별을 고하면서 리프먼은 1912년 초여름 미국 프로이트학파인 앨프리드 커트너(Alfred B. Kuttner)와 함께 조용한 연구와 저술을 위해 메인주의 어느 숲속으로 칩거해 집필활동에 들어갔다. 그는 1913년 자신의 첫 번째 저서인 『정치학 서설(A Preface to Politics)』(1913)을 출간했다. 이는 리프먼이 상호교류를 가지면서 열렬히 지지한 시어도어 루스벨트의 혁신주의에 대한 찬가였다. 대학시절부터 프로이트에 심취했던 리프먼은 프로이트의 이론에 근거해 『정치학 서설』을 완성시켰는데, 이에 감격한 프로이트의 초청으로 비엔나를 방문한 리프먼은 프로이트를 비롯해 아들러, 융과 교분을 갖고 그들의 사상에 더욱 큰 영향을 받게 되었다.

이 책이 인연이 되어, 리프먼은 1914년에 진보적인 지식인 대상의 잡지인 『뉴 리퍼블릭(New Republic)』의 창간에 참여했다. 당시 이 잡지는 대통령 우드로 윌슨에 대해 부분적으론 호의적인 입장을 취했는데, 리프먼은 그런 관계를 이용해 윌슨 행정부의 고위 관리들과 친분을 가졌다. 리프먼은 곧 뒤이어 노동조합운동의 중요성을 강조한 『표류와 승리(Drift and Mastery)』(1914)라는 책을 발표함으로써 25세의 어린 나이임에도 지식인들 사이에서는 제법 명성을 얻었다. 이 책을 통해 리프먼은 사회주의 및 추문폭로와 결별했다.

'신문은 민주주의의 성경'

리프먼은 제1차 세계대전 기간 중 정보장교로서 정부의 전쟁 프로파간다 작업에 복무했다. 그는 이때의 경험을 통해 여론의 조작성에 깊은 관심을 기울이게 되었다. 그렇게 해서 나온 이 분야의 최초의 책이 『자유와 뉴스(Liberty and the News)』(1920)다. 리프먼(Lippmann 1920)은 이 책에서 "현대 국가에서 의사결정은 입법부와 행정부와의 상호 작용이 아니라 여론과 행정부의 상호 작용에 의해 내려지는 경향이 있다"고 지적하고 "주권이 입법부에서 여론으로 옮겨간 이상 공중은 정확하고 신뢰할 만한 정보에 접근할 수 있어야 한다"고 말했다. 공중의 의견의 출처를 보호하는 것이 '민주주의의 근본적 문제'로 대두되었다는 것이다.

존 밀턴(John Milton, 1608~1674)과 존 스튜어트 밀(John Stuart Mill, 1806~1873)은 자유는 언론이 검열과 위협으로부터 면제될 때에 실현될 수 있다고 보았다. 그래서 그들은 주로 사상과 표현의 자유를 역설했다. 그러나 현대 민주주의에서 문제는 전혀 달라졌다는 게 리프먼의 주장이다. 언론은 자유로울 수 있지만 그 임무를 제대로 수행하느냐 하는 것은 전혀 별개의 문제라는 것이다.

요컨대, 정치적 자유는 단지 표현과 언론의 자유만으론 구현될 수 없으며 언론이 뉴스를 보도하는 데 있어서 완벽성·정확성·성실성을 기할 때에만 가능하다는 것이다. 그는 뉴스 보도의 완벽성·정확성·성실성이 언론인의 전문화를 통해 구현될 수 있으며 이를 위해 법대가 법률가들을 길러내듯이 저널리즘학교가 언론인들을 길러내야 한다고 강조했다.

리프먼은 "신문은 모든 사람들이 읽는 유일한 책이고 그들이 매일 읽는 유일한 책"이기 때문에 "신문은 민주주의의 성경이며 사람들은 이를 근거로 행동을 결정한다"고 역설했다. 정치학자 해럴드 래스키(Harold J. Laski 1920)는 리프먼의 주장에 동의하면서 그의 책이 모든 정치학 교수들의 '필독서'라고 평했다.

『뉴 리퍼블릭』에서 이미 7년째 일을 하고 있던 리프먼은 언론의 문제를 보다 심층적으로 다룬 책을 쓸 필요를 절감하고 1921년 4월 6개월간의 휴가를 얻어 집필에 전념하게 되었다. 그가 책을 쓰고 있을 때 조지프 퓰리처가 창간한 『뉴욕월드』는 리프먼에게 논설위원직을 제안했다. 1911년 퓰리처가 사망한 이후 그의 장남 랠프 퓰리처(Ralph Pulitzer, 1879~1939)가 경영을 맡은 『뉴욕월드』는 당시 진보적 일간지로서 명성을 날리던 신문이었다. 앞서 지적했듯이, 미국 내의 모든 진보적 신문들은 『뉴욕월드』의 보도와 논평을 기준으로 삼는 것이 당시의 관례처럼 통용되고 있었다.

리프먼은 『뉴욕월드』의 상업성이 꺼림칙하긴 했지만 일간지의 논설위원이라고 하는 직책의 매력과 또 『뉴 리퍼블릭』의 영향력이 급감하고 있는 현실을 감안해 『뉴욕월드』의 제안을 수락했다. 물론 리프먼의 이적은 『뉴 리퍼블릭』의 동료들을 매우 슬프게 만들었으며 그들의 우려 그대로 리프먼은 점차 사상적 변신을 거듭하게 된다. 리프먼이 『뉴욕월드』로 자리를 옮긴 1922년에 세상에 선을 보인 리프먼의 책이 바로 『여론』이다.

이제 여론은 정치인은 물론 기업가에서부터 시민운동가에 이르기까지 모든 사람들이 개척하고 정복해야 할 프런티어로서 미국적 삶의 한복판에 자리 잡는다. 여론에 영향을 미치기 위한 '뉴스의 창조'도 이루어진다.

참고문헌 Kaplan 1956, Kraft 1986, Laski 1920, Lewis 1980, Lippmann 1920 · 1922, Persons 1999, Schneider 1969, Steel 1980, 김영석 1991

뉴스의 창조
헨리 루스와 에드워드 버네이스

『리더스 다이제스트』의 창간

1922년 『리더스 다이제스트(Reader' s Digest)』, 『솔직한 고백(True Confessions)』, 『집과 정원 가꾸기(Better Homes and Gardens)』 등과 같은 새로운 잡지들이 창간되었다. 이 중 가장 주목할 만한 잡지는 단연 『리더스 다이제스트』다.

장로교 목사의 아들로 태어난 드위트 월러스(DeWitt Wallace, 1889~1981)는 정부의 농업 보고서 요약본을 만들어 파는 사업을 하다가 일반인들을 대상으로 잡지나 단행본 가운데 흥미 있고 유익한 내용을 요약해 소개하는 잡지를 만들 결심을 하고 부인인 라일라 애치슨(Lila Bell Acheson, 1889~1984)과 같이 1922년 2월 『리더스 다이제스트』 창간호를 내놓았다. 사업 성공담, 휴먼 스토리, 일상에서 부딪히는 문제에 대한 조언 등에 유머와 성을 적절히 버무린 잡지였다.

이 잡지는 1920년대에 피임 캠페인을 벌였으며 성병에 관한 정보도

소개했다. '매독' 이라는 낱말을 처음으로 인쇄한 것도 바로 이 잡지였다. 윌리스는 처음부터 보수적인 중산층을 독자층으로 겨냥했기 때문에 반유대주의, 반공, 인종통합반대 등 보수적인 가치를 대변했다. 창간호 5000부로 시작한 이 잡지는 1990년대에 발행부수 3,000만 부에 독자가 1억 명이 넘는 세계 최대 부수의 잡지로 성장하게 된다.

『타임』의 창간

1923년 3월 3일 예일대를 다니던 헨리 R. 루스(Henry R. Luce, 1898~1967)와 브리턴 해든(Briton Hadden, 1898~1929)은 부유한 예일대 동창들에게서 8만 6,000달러를 빌려 최초의 주간뉴스잡지인 『타임』을 창간했다. 『타임』은 다른 잡지들과는 달랐다. 뉴스 '보도' 에만 충실하던 당시 언론의 성역을 깨고 '해설' 에 무게를 둔 시사주간지였기 때문이다. "일에 쫓기는 미국인들은 매일 신문을 읽을 여유가 없다. 그래서 모여 있는 정보를 한 손에 넣을 수 있는 정보매체가 필요하다"는 이유에서였다. 『타임』은 기사 하나에 400단어 안팎, 한 문장에 평균 20단어를 넘기지 않는 등 간결한 문장으로 독자들의 눈길을 끌었다. 『타임』이라는 명칭도 '시간

『타임』 창간호 표지. 『타임』은 기존의 잡지들과는 달리 보도가 아닌 해설 위주의 시사주간지였다

(Time)이 없는 사람들' 을 대상으로 한다는 취지에 따라 정해졌다. 루스는 "시간은 우리가 가진 가장 귀중한 재화"라고 말했다.

창간호로 9,000부를 찍은 『타임』은 창간 10년 만에 수십만 부를 발간하면서 '미국 중산층의 지도자' 이자 '미국 이미지와 가치관의 보호자' 로 자리 잡았다. 시카고대학 총장 로버트 허친스(Robert Hutchins, 1899~1977)는 "『타임』지는 미국인 성격의 틀을 잡아주는 데 모든 교육제도를 합친 것보다 더 큰 공헌을 했다"고 평가했다.

1898년 장로교 선교사인 아버지가 활동하던 중국 덩저우(登州, 현재 펑라이)에서 태어난 루스는 다양한 독서열과 새로운 세계에 대한 관심이 충만한 열정적인 인물이었다. 그는 15세 되던 1913년에 유럽을 단신 여행하는 당찬 모습을 보이기도 했다. 1920년 예일대에 입학한 뒤 그는 학생신문제작에 적극 참여하면서 뉴욕 브루클린 출신의 동급생 해든과 만나 의기투합했다. 보수주의자를 자처한 루스는 타임의 역할을 엘리트와 중산층을 연결시키는 도구로 규정했다. 해든은 조어(造語)에 대한 탁월한 감각이 있어 'tycoon(실업계 거물)', 'socialite(사교계 명사)', 'kudos(명성, 칭찬)' 등과 같은 신조어들을 유행시켰다.

1929년 공동창립자인 해든이 병으로 요절하자 루스는 홀로 『타임』을 이끌며 『포춘(Fortune)』(1930), 『라이프(Life)』(1936)를 잇따라 창간하는 공격적인 경영을 펼쳤다. 이 잡지들이 모두 대성공을 거둠으로써 루스는 '타임-라이프제국' 의 황제로 군림하게 된다(권대익 1998). 루스는 돈보다는 권력에 탐닉했기 때문에 자신이 번 돈을 모두 잡지에 재투자했다. 주변 친지들이 분산투자를 하라고 조언하면, 그는 잡지를 통한 권력만이 자신의 목표라고 말하곤 했다. 그래서 『포춘』도 처음엔 제호를 『권력(Power)』으로 했다가 오해의 소지가 있다는 이유로 『포춘』으로 바꾼 것이다. 권력은 논조에서 나오는 것이기 때문에, 『타임』에서 기자의 역할은 원자재를 공급하는 수준에 머무르고 편집자가 큰 힘을 발휘했다. 『타임』은 전형적인 '편집자의 잡지(editor's magazine)' 였던 것이다. 루스는 편집자들만 집중관리함으로써 자신의 논조를 『타임』 전체에 걸쳐 관철시킬 수 있었다.

루스는 신앙심이 매우 깊어 언론사업을 하면서도 자신을 선교사로 간주했으며, 이런 태도는 잡지 운영에도 그대로 적용돼 『타임』을 완전히 장악한 가운데 모든 논조를 자신의 뜻대로 결정했다. 1920년대엔 '정보' 와 '정치' 사이에서 그럭저럭 균형을 취했지만, 1930년대부터는 루스의 강한 공화당 색깔이 지면에 공격적으로 반영되면서 민주당 대통령 프랭클린 루스벨트와 적대관계에 들어서게 된다. 언젠가 대학생들을 대상으로 한 강연에서 "『타임』은 주관적인 의견으로 가득 차 있는데 어떻게 '뉴스잡지' 라고 할 수 있느냐?"는 질문을 받자, 루스는 "내가 이 잡지체제를 발명했으므로 내 마음대로 부를 수 있다"고 답했다.

의견중심이건 뉴스중심이건, 때는 바야흐로 시사잡지의 전성시대였다. 1925년 해롤드 로스(Harold Ross, 1892~1951)는 『뉴요커(New Yorker)』를 창간했으며, 1929년 『비즈니스 위크(Business Week)』, 1933년 『뉴스위크(Newsweek)』가 창간된다. 『타임』의 경쟁자로 『타임』의 인력을 스카우트해가면서 창간된 『뉴스위크』는 1961년 『워싱턴 포스트』의 소유가 된다.

『뉴스위크』 창간호 표지. 당대의 주요 이슈가 사진으로 나열되어 있다.

대니얼 벨(Daniel Bell 1990)은 1920년대에 창간된 『타임』과 『리더스 다이제스트』에 각별한 의미를 부여한다. 전자는 도시의 중산계급, 후자는 농촌의 하층 중산계급을 대상으로 삼아 당시까지의 가치의식을 20세기 중엽의 시대를 위한 가치관으로 전환시키는 작용을 했다는 것이다. 루스에 대해 벨은 다음과 같이 말한다.

"루스의 작업은 천재적이었다. 그는 미국의 전통적인 가치체계를 발전하기 시작한 도시문명의 용어를 사용하여, 세계적인 스케일의 미국의 사명으로 변모시켰다. 이러한 의미에서 재미있는 것은, 루스는 중국에서 자란 '외국인'이었는데 미국인보다 더 미국적이었던 점이다. 루스는 새로운 저널리즘의 성급한 리듬과 도시생활의 새로운 쾌락주의의 베이스를 교묘히 융합시켰다."

『타임』의 '의사사건'

『타임』 커버스토리의 99퍼센트는 인물이었다. 적어도 1960년대까지는 그랬다. 루스가 살아 있는 인간에 열정적 관심을 가졌고 "위대한 인물이 위대한 사건을 만든다"는 역사학자 칼라일(Thomas Carlyle, 1795~1881)의 말에 공감했기 때문이었다. 그런데 인물중심의 뉴스는 만들기 나름이어서 경우에 따라 어떤 것들은 '뉴스의 창조'라고 해도 좋을 '의사사건(pseudo-event)'으로 구성돼 있었다.

'의사사건'이란 무엇인가? 이 용어를 만들어낸 역사학자 대니얼 부어스틴(Daniel Boorstin 1964)은 이 개념을 설명하기 위해 한 가지 재미있는 PR사례를 소개한다. 한 호텔 경영자가 어느 PR 전문가를 찾아갔다. 호텔이 오래돼 장사가 잘 안되는데 어떻게 하면 좋겠느냐는 상담을 하기 위해서였다. PR전문가는 호텔 개관 30주년 행사를 거창하게 벌이라고 조언을 해준다. 그 조언에 따라 각 계의 지역 유지들을 참여시킨 축하위원회가 구성된다. 축하행사장엔 기자들이 초청되고 여기저기서 카메라 플래시가 번쩍인다. 유명인사들이 참가한다는 이유 하나만으로 그 축하행사는 뉴스가 되고 새삼스럽게 그 호텔이 지역사회에 기여한 공로가 예찬된다.

부어스틴에 따르면 바로 그런 축하행사가 전형적인 '의사사건'이다. 그건 매스미디어에 의해 보도되기 위해 꾸며진 '사건'이지만 그렇다고 완전히 '가짜'는 아니다. 아마도 '의사(擬似, 실제와 비슷함)'라는 표현이 적합할 것이다. 그리스어에서 비롯된 접두어 pseudo도 그런 의미에 가깝다. 부어스틴은 '의사사건'의 특성으로 다음과 같은 4가지를 제시한다.

① 의사사건은 우연한 것이 아니라 계획적인 것이다. 기차사고나 지진은 의사사건이 아니지만 인물 인터뷰는 의사사건이다. ② 의사사건은 보도되거나 재생산되기 위한 즉각적인 목적을 위해 계획된 것이다. 그러므로 의사사건의 발생은 미디어에 의해 보도되거나 재생산되기에 편리하게끔 계획된다. 그 성공은 얼마나 크게 그리고 널리 보도되었는가에 따라 측정된다. ③ 의사사건이 실제 현실과 맺는 관계는 애매하다. 바로 그런 애매함 때문에 의사사건은 사람들의 관심을 끌게 된다. ④ 의사사건은 '자기충족적 예언' 이 이루어지게끔 하는 의도를 갖고 있다. 앞서 예로 든 호텔 개관 30주년 행사는 그 호텔이 아주 좋은 호텔이라는 것을 선전하기 위해 계획된 것인데, 그 의사사건은 그러한 의도를 실현시키는 효과를 갖는다.

부어스틴의 '의사사건' 개념은 월터 리프먼이 『여론』에서 밝힌 '의사환경(pseudo-environ-ment)' 이라는 개념을 발전시킨 것으로 보아도 무방하다. 한 가지 재미있는 것은 유대인이었던 리프먼이나 부어스틴 이외에도 많은 유대계 학자들이 여론의 허구성에 집착하고 있다는 점이다. 이는 늘 자신이 사는 사회의 분위기를 파악해야 하는 운명에 처해 있던 유대인들이 갖고 있는 독특한 성향과 관찰력에 의존하는 건지도 모른다.

부어스틴이 사례로 소개한 PR 전문가는 누구인가? 바로 '현대 PR의 아버지' 로 불리는 에드워드 버네이스(Edward L. Bernays, 1891~1995)다. 그 또한 오스트리아 태생 유대계라는 게 흥미롭다. '현대 PR의 아버지' 라는 타이틀을 놓고 아이비 리와 경합하기도 하지만 104세까지 장수한 덕분에 아무래도 버네이스가 더 유리한 입장이다. 버네이스는 사실상 오늘날의 PR개념을 창안한 셈인데, 거시적으로 보자면 이는 20년간 기업이 사회적 지탄을 받은 끝에 나온 기업 측의 방어술이었다.

버네이스는 『타임』이 창간된 1923년 출간한 『여론의 구체화(Crystallizing Public Opinion)』의 서문에서 "이 직업은 수년 내에 서커스단의 곡예를 대리하는 하잘것없는 지위에서 세계사를 움직이는 중요한 위치로 발전하였다" 고 주장했다. 이 책은 당시 PR에 대한 무관심 때문에 미미한 판매량으로 시작되었지만 궁극적으론 PR연구의 고전이 되었다.

버네이스는 이 책에서 선전을 열정적으로 주창했다. 그는 "선전과 교육의 유일한 차이점은 실제로 관점일 뿐이다. 사람들은 자신이 믿는 것을 주창하는 것은 교육이고, 믿지 않는 것을 주창하는 것은 선전이라고 한다" 고 말했다. 그는 자신이 조작자(manipulator)로 불리는 것도 개의치 않았는데, 그 이유는 그것이 바로 자신이 생각하고 있는 PR 전문가의 일이라고 생각했기 때문이다. 즉, 고객의 사적인 이익과 사회의 공적인 이익을 조화시키는 것이 PR 전문가가 하는 일이라는 것이다. 실제로 그는 많은 진보적 활동을 했지만, 적잖은 논란도 낳았다. 그의 활동을 살펴봄으로써 1920년대부터 서서히 꽃을 피우기 시작한 '뉴스의 창조' 를 이해해보기로 하자.

버네이스의 이벤트 창출

앞서 보았듯이, 버네이스와 마찬가지로 '현대 PR의 아버지' 로 불리는 아이비 리는 록펠러 가문의 이미지를 개선하는 데에 결정적인 역할을 하였다. 그는 반세기 동안 435명의 의뢰인의 PR자문을 했다. 리보다 14세 연하인 버네이스는 리의 PR개념을 발전시키고 본격적으로 '의

에드워드 버네이스. 현대 PR의 아버지라 불린다.

사행사'의 연출기법을 도입하였다. 그는 "PR 전문가는 뉴스가치가 무엇인지를 알 뿐만 아니라 뉴스가 일어나게 만들 수 있어야 한다. 그는 이벤트의 창조자이다"라고 주장했다.

버네이스의 어머니는 프로이트의 여동생인 안나(Anna Freud, 1895~ 1892)였으며, 아버지의 여동생은 프로이트의 부인이었다. 그래서 그런지 그는 대중의 심리를 꿰뚫어보는 데에 천부적 재능을 갖고 있었다. 버네이스는 미국에서 사실상 프로이트의 대변인 노릇을 하는 등 두 사람은 긴밀한 협력관계를 유지하였다. 이와 관련, 타이(Tye 2004)는 다음과 같이 말한다.

"그는 삼촌과 마찬가지로, 어떤 잠재의식적 요소가 사람들의 마음을 움직이는지에 대해 몰두했다. 그리고 이와 관련된 사항을 이해하기 위해 삼촌의 글들을 참고했다. 그러나 이 명망 있는 심리분석가 프로이트가 심리학을 이용하여 환자들에게 감정적 장애물을 제거하려 했던 반면, 버네이스는 소비자들에게서 자유의지를 빼앗기 위해 심리학을 이용했다. 즉, 소비자들이 생각하고 행동하는 양식을 클라이언트가 미리 예측하고 또 조종할 수 있도록 도움을 준 것이다."

버네이스는 163센티미터의 작은 체격이었지만, 늘 당찼다. 그는 제1차 세계대전 당시 공공정보위원회(United States Committee on Public

Information) 선전국에서 일하면서 선전의 경험까지 쌓았다. 버네이스가 PR 전문가로서 이뤄낸 기묘한 성공담은 하나둘이 아니다.

1920년대 초 여성들이 머리를 짧게 깎는 바람에 위기에 처하게 된 머리 그물망(hair net)업체인 베니다 헤어넷(Venida Hair Net)을 위한 처방을 보자. 버네이스는 사회적 저명인사들로 하여금 긴 머리를 좋아한다는 발언을 이끌어냈고, 다음에 보건전문가들로 하여금 공장이나 레스토랑에서 단정치 못한 긴 머리는 위생상 좋지 않다는 발언을 하게끔 만들었다. 그 결과 일부 주에서는 공장이나 레스토랑에서 일하는 여성들은 머리 그물망을 착용해야 한다는 법을 통과시켰다.

1924년 프록터 앤 갬블(Procter & Gamble)사의 아이보리(Ivory) 비누를 유행시킨 것도 그의 작품이다. 청결에 대한 무관심으로 아이들이 비누를 싫어한다는 게 아이보리 비누제조업자의 고민이었다. 버네이스는 아이보리 비누의 판매촉진을 위해 전국적인 '조각위원회'를 구성, 아이보리 비누로 조각을 하는 대회에 자금을 지원했다. 그 결과 몇 년간 미국에서는 아이보리 비누 수백만 개를 조각으로 소비할 정도로 학생들 사이에 비누조각이 대인기를 끌게 되었다. 중요한 건 그 당시 비누라면 질색을 하던 어린이들이 비누와 몹시 친근하게 되었다는 사실이다. 비누조각 콘테스트는 1961년까지 35년 이상 계속되었다.

1920년대 중반 미국은 주스, 토마토, 커피 등으로 아침식사를 간단히 하는 추세로 급속히 돌아서고 있어서 베이컨 제조사인 비치너트 패킹(Beechnut Packing)은 위기의식을 느끼고 버네이스의 자문을 요청했다. 이에 버네이스는 미국인들의 식습관을 바꾸는 방법을 제시했다. 그는 의사들을 설득해 넉넉한 아침식사가 건강에 좋다는 증언들을 끌어내면서 '베이컨과 달걀'을 강조했다. 베이컨 판매고가 급상승했다. 타이(Tye 2004)의 말마따나, "동맥경화를 부르는 이 베이컨과 달걀의 결합은 이리하여 영원히 미국인의 아침식사 테이블은 물론 미국 어휘사전에 나란히 붙어서 등장하게 됐다."

버네이스의 선전 예찬론

버네이스(Bernays 2009)는 1928년에 출간한 『선전(Propaganda)』에서는 "정치나 비즈니스, 혹은 사회적 관행이나 윤리적 사고방식 등 우리 일상생활 거의 대부분의 행동에서, 우리는 대중의 사고과정과 사회적 패턴을 잘 이해하고 있는 소수에 의해 지배받는다. 그리고 그들은 전체 1억2000만 인구 중 소수에 불과하다"고 말했다. 그 소수는 버네이스와 같은 PR 전문가들을 의미하는데, 그들은 "공중의 마음을 보이지 않는 곳에서 조종하며, 세계를 결합하고 이끄는 새로운 방식으로 모색한다"는 것이다. 그는 "우리의 단체생활이 질서 있게 기능하는 데에 이러한 보이지 않는 통치자들이 얼마나 필요한지 보통 깨닫지 못하는 경우가 많다"며 "지식인은 다음과 같은 사실을 깨달아야 한다. 즉, 선전은 생산적인 목적을 위해 싸울 수 있고, 혼돈으로부터 질서를

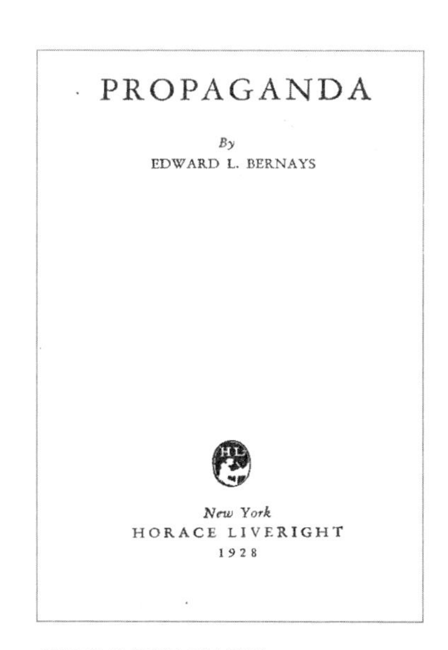
PROPAGANDA

By
EDWARD L. BERNAYS

New York
HORACE LIVERIGHT
1928

버네이스의 1928년 저서 『선전』.

유지하기 위해 필요한 현대적인 도구라는 점이다"라고 주장했다.

1920년대 말, 짐을 가볍게 하고 다니는 게 유행이 돼 큰 여행가방이 안 팔리자 여행가방 제조업자들은 버네이스에게 도움을 청했다. 그는 언론매체들로 하여금 좋은 환경에서 자란 사람이라면 여행할 때 옷을 충분히 가지고 다닌다는 기준을 세우도록 했다. 또 그는 건축가들로 하여금 더 많은 수납공간을 만들도록 하고, 대학들에게는 학생들이 캠퍼스에 가방을 많이 가져올 필요가 있다고 고지하도록 했다. 유명 가수 겸 코미디언인 에디 캔터(Eddie Cantor, 1892~1964)로 하여금 그가 콘서트 투어를 떠나면서 커다란 트렁크에 짐을 꾸리는 사진을 찍어 널리 배포했다.

1929년 10월 21일 토머스 에디슨의 전구 발명 50주년 기념식인 '빛의 50주년 축제(Light's Golden Jubilee)' 도 버네이스의 대표적 작품으로 꼽힌다. 이 행사는 허버트 후버(Herbert Clark Hoover, 1874~1964) 대통령을 포함한 각계 유명인사들이 참석한 가운데 국가적 축제가 되었다. 버네이스는 정부를 설득해 에디슨의 전구를 기념하는 2센트짜리 특별 우표를 발간케 했으며, 42개 주에서 미래의 에디슨이 될 소년들을 에디슨의 뉴저지 연구소에 초청하는 행사를 열기도 했다. 이 축제는 GE과 미국의 전력을 독점하기 위해 GE가 내세운 비밀 전위부대인 미국전력협회(National Electric Light Association)의 이익을 대변하는 선전공세이기도 했다.

1931년 10월 18일 에디슨이 84세로 사망했을 때, 에디슨의 죽음을 추모하기 위해 전국적으로 1분 동안 전기를 끄자는 제안이 나왔지만 이는 어림도 없는 발상이었다. 전기는 이미 사회 곳곳에서 너무도 중요한 역할을 담당하고 있었기 때문이다. 그래서 결국 핵심적인 전등 이외의 다른 전등을 자발적으로 끄도록 제안이 변경되자, 이 1분 동안 미국의 모든 도시들이 깜깜해졌다. 레닌은 "증기의 시대는 부르주아의 시대고 전기의 시대는 사회주의의 시대다"라고 호언했지만, 오히려 전기의 시대야말로 진정한 부르주아의 시대라는 것이 점점 더 명확해졌다.

버네이스는 1930년엔 주요 출판사들을 위해 "책장이 있는 곳에 책이 있게 될 것이다"는 대안을 제시했다. 건축가, 실내 장식업자들을 설득해 장서를 보관하기 위한 선반을 설치토록 한 것이다. 이후 많은 집에 붙박이 책 선반이 생겨나게 되었다. 책을 읽건 안 읽건 그 선반을 채우기 위해서라도 책을 사야 할 게 아닌가.

버네이스는 1935년엔 맥주업자들을 위해 맥주를 '절제의 술(the beverage of moderation)'로 인식시키는 캠페인을 전개했다. "맥주는 과음을 막기 위한 예방주사 같은 것"이라는 주장이었다. 1933년에 금주법은 폐지되었지만 아직 금주 분위기가 강한 시절이었기 때문이다. 그는 농부들이 재배하는 보리, 옥수수, 쌀 등의 주요 구매자가 맥주업자들이라는 것을 강조했고, 노동자들에게는 맥주야말로 그들의 주머니 사정에 맞는 유일한 알콜음료라고 주장했다. 또 그는 중세 수도승들, 미국 건국의 아버지들, 조지 워싱턴, 토머스 제퍼슨, 패트릭 헨리 등과 같은 애국자들이 맥주를 즐겨 마셨다는 걸 강조하는 종교적 · 애국적인 홍보수법을 썼다.

'간접적 수단의 매력'

지금까지 보았듯이, 버네이스는 제품이나 서비스 대신에 행동양식을 판매하는 방법을 썼다. 그는 이런 방식을 '간접적 수단의 매력(appeals of indirection)'으로 불렀다. 왜 그런 '매력'이 필요한가? 이는 인간은 '완고한 동물'이라고 본 버네이스의 다음과 같은 인간관에 근거한 것이었다.

"때때로 수백만 명의 태도를 변화시키는 것은 가능하지만, 한 사람의 태도를 바꾸는 것이 불가능한 경우가 많다.", "누군가에게 옳지 않다고 말하는 것보다는, 존경 받는 권위자를 내세우거나 자신의 견해에 대한 논리적 틀을 설명하고 전통을 고려하여 설득함으로써, 자신의 주장을 받아들도록 하는 것이 더 쉽다."

인간은 '완고한 동물'이라는 걸 누가 부인할 수 있으랴. 그런데 문제는 완고함을 깨기 위한 선전이 늘 좋은 의도로만 쓰일 수는 없다는 데에 있었다. 1933년 나치의 선전 지휘자인 요세프 괴벨스는 버네이스의 책을 참고한 것으로 알려졌다. 버네이스는 권력을 장악하기 직전의 히틀러로부터 PR자문 요청을 받았으나 거절한 바 있었다. 그는 훗날(1965) 자서전에서 자신의 책이 괴벨스의 서재에 있었다는 소식을 듣고 "충격을 받았다"고 썼다.

모든 이들이 버네이스의 방법을 긍정한 것도 아니었다. 1934년 대법관 펠릭스 프랑크푸르트(Felix Frankfurter, 1882~1965)는 프랭클린 루스벨트 대통령에게 보낸 편지에서 PR을 개척한 리와 버네이스를 "어리석음과 광신, 그리고 이기심"을 이용해 "직업적으로 대중의 마음에 해악을 끼치는 독"이라고 불렀다.

나치의 선전 지휘자 요세프 괴벨스. 버네이스의 책을 참고한 것으로 알려져 있다.

버네이스는 자신에 대한 과대홍보로 욕을 먹기도 했지만, 그런 과대홍보는 자신의 PR관과는 일치하는 것이었다. 그는 여러 차례 공개적으로 "매스 커뮤니케이션 시대에 겸손은 개인적으로는 미덕이지만 공적으로는 잘못이다"라고 주장했다. 시드니 블루멘탈(Sidney Blumenthal)은 버네이스에게 자기 선전을 너무 한다고 비난하는 것은 "물고기에게 헤엄치는 것을 나쁘다고 하는 말과 같은 것"이라고 썼다.

버네이스를 인터뷰했던 저널리즘 교수 마빈 올라스키(Marvin N. Olasky)에 따르면, "버네이즈의 기저에 깔린 믿음은 그가 신을 믿지 않는다는 것이었다. 그는 인터뷰 중에, '신이 없는 세상'이 급속하게 사회적 혼돈상태로 전락하는 것을 보았다고 말했다. 그러므로 그는 PR 전문가들이 사회적 조작을 함으로써, 세세한 부분까지 사회적 통제를 할 수 있고, 재난을 방지할 수 있으며, 인간이 만든 신을 창조하는 것이 정당화될 수 있다고 주장하였다. 보이지 않게 뒤에서 조종하는 존재가 개인적인 이득뿐만 아니라 사회적 구원을 위해서도 필요하다는 것이다."

신을 믿건 믿지 않건, 버네이스의 PR관은 1920~1930년대는 물론 오늘날 미국, 아니 전 세계 여론정치의 기본문법이 되었다는 걸 부인하기 어렵다. 버네이스에 대한 프랑크푸르트의 분노는 역설적으로 그걸 말해주는 게 아닐까? 여론을 무시할 수는 없지만 그것이 매우 천박한 것일 수도 있다는 걸 명심해야 한다. 이게 바로 버네이스가 우리에게 주는 교훈이리라.

훗날 유행하는 '넛지(nudge)' 라는 개념의 원조는 버네이스가 역설한 '간접적 수단의 매력' 이라는 개념이다. 넛지는 '팔꿈치로 슬쩍 찌르다' '주의를 환기시키다' 라는 뜻이지만, 이 개념을 역설한 탈러와 선스타인(Thaler & Sunstein 2009)은 이 단어를 격상시켜 '타인의 선택을 유도하는 부드러운 개입' 이라는 정의를 새로 내렸다. 그들이 역설하는 자유주의적 개입주의(libertarian paternalism)라고 하는 이데올로기의 간판상품으로 만든 것이다. '넛지' 는 공익을 추구하는 반면, 버네이스의 '간접적 수단의 매력' 은 대기업을 위해 봉사한다는 차이는 있지만, 대중을 설득하기 위한 방법론이라는 본질에선 같다.

참고문헌 Bell 1990, Bernays 2009, Boorstin 1964 · 1991, CCTV 2007, Chomsky 1999, Emery & Emery 1996, Folkerts & Teeter 1998, Halberstam 1979, Halstead & Lind 2002, MacDougall 1966, Means 2002, Thaler & Sunstein 2009, Tye 2004, Watson 2009, Whitfield 1982, 강준만 1992, 권대익 1998, 조선일보 문화부 1999, 최재영 1993

제5장
“미국이 할 일은 비즈니스”

"미국이 할 일은 비즈니스"
제30대 대통령 캘빈 쿨리지

"미국이 할 일은 비즈니스이다"

하딩 행정부의 부패는 이른바 '티포트돔 스캔들'로 최고조에 이르렀다. 미국 정부는 장차 해군에 사용할 목적으로 연방 원유 저장고 두 곳을 캘리포니아주의 엘크힐스와 와이오밍주의 티포트돔에 두고 있었는데, 이 두 곳을 내무장관 앨버트 폴(Albert B. Fall, 1861~1944)이 일을 꾸며 자기 부서로 이관시킨 뒤 수십만 달러의 뇌물을 받고 민간업자들에게 석유굴착권을 팔아넘긴 것이다. 폴은 뇌물수수죄로 기소돼 미국 역사상 최초로 수감되는 현직 각료가 되었다.

1923년 8월 하딩은 알래스카 유세를 마치고 워싱턴으로 돌아오던 중 샌프란시스코에 잠시 머물렀다가 상원조사위원회가 이 사실을 폭로했다는 소식을 듣고 심장마비를 일으켜 그곳에서 사망하고 말았다. 부인의 시체부검 거부로 하딩의 사망원인이 정확하게 밝혀지지 않자, 항간에는 하딩으로부터 불리한 조치를 받을까 두려워하던 그의 동료들이 독살했을지도 모른다는 추측이 무성하게 나돌기도 했다.

미국 제30대 대통령 캘빈 쿨리지. 하딩의 유고로 대통령에 취임했다.

부통령 캘빈 쿨리지(Calvin Coolidge, 1872~1933)가 하딩의 후임으로 제30대 대통령에 취임했다. 쿨리지는 하딩의 사망소식을 고향인 버몬트주의 플리머스노치라고 하는 작은 마을에 내려갔을 때 들었기 때문에 미국역사상 최초의 희한한 대통령 선서 풍경이 벌어졌다. 새벽 2시에 그의 아버지 존 쿨리지(John Coolidge, 1845~1926)가 공증인 역할을 맡아 아들에게 대통령 선서를 하게 한 것이다.

1919년 매사추세츠주 주지사 시절 발생한 보스턴 경찰 파업에 강력 대응함으로써 전국적 명성을 얻은 쿨리지는 '캘빈' 이라는 이름이 말해주듯이 칼뱅교파의 독실한 신자로서 경건하고 도덕인 인품을 가진 것으로 알려진 인물이었다. 그러나 과유불급(過猶不及)이라고 할까. 그의 검소는 지나쳐 인색의 경지에 이르렀다. 그는 제일 싼 담배를 피웠고, 손님들에게도 그런 싸구려 담배를 권했으며, 거스름돈 5센트를 돌려주지 않는 보좌관을 혼내기도 했다.

모든 면에서 지나친 나머지 그는 대통령 취임 후 언론에 의해 바보 취급을 당했으며, 그에 관한 악의적인 농담들이 많이 떠돌아다녔다. 원인 제공은 쿨리지가 했다. 실언이나 그에 준하는 발언들이 많았다.

예컨대, 쿨리지는 실업과 관련해 "점점 더 많은 사람들이 일자리에서 쫓겨날 때 실업은 발생합니다"라고 말했다. 어떤 언론인은 쿨리지가 교회의 집회에 나가서 연설하는 장면을 상상하면서 "기도하지 않는 사람은 기도하는 사람이 아니다"라고 말했다는 유머기사를 작성했다.

쿨리지는 워낙 과묵해 이와 관련된 농담도 많이 쏟아져 나왔다. 그의 아내는 청각 장애인 교사로 일하던 그레이스 굿휴(Grace Goodhue, 1879~1957)였는데, 그녀가 "청각장애인들에게 듣는 법을 가르쳤는데, 이제는 벙어리를 말하도록 해야 할 것 같다"는 농담까지 나왔다. "움직일 때만 가구와 구별된다"는 농담도 있었다. 1933년 1월 5일 그가 죽었다는 소식을 접하고 독설가인 도로시 파커(Dorothy Parker, 1893~1967)는 "어떻게 알아?"라고 말했다나. 입을 꾹 다물고 있었으니 살았으나 죽었으나 무슨 차이가 있느냐는 말이었다.

쿨리지는 매일 11시간이나 잠을 자는 것으로도 유명했는데, 이에 대해 독설가 헨리 맹켄은 "그의 가장 큰 업적은 다른 어떤 대통령보다 더 많이 잠을 잔 것이고, 더 적게 말한 것이다"라고 꼬집었다. 맹켄은 "로마가 불타는 동안 네로는 바이올린을 켰지만, 쿨리지는 단지 코만 골았을 뿐이다"라는 명언(?)도 남겼다.

학자들이 만든 '쿨리지 효과(Coolidge Effect)'라는 개념은 좀 생뚱맞다. 이는 다윈주의적 관점에서 여성은 남성의 헌신을 원하는 반면 남성은 유전적으로 많은 씨를 퍼트리고 싶어 하는 불균형을 설명하기 위해 만든 개념이라는 데, 왜 여기에 쿨리지가 동원되어야 한단 말인가? 농담을 만들어내기에 만만한 대상이었기 때문이었을까? 다음과 같은 일화 때문이라고 하는데, 이것도 재미있으라고 지어낸 말 같다.

어느 날 쿨리지 대통령 부부가 농장을 방문했는데, 따로 떨어져서 농장 안을 둘러보고 있었다. 영부인이 닭장을 지나가다가 한 수탉이 열정적으로 암탉과 교미하는 것을 어쩔 수 없이 보게 되었다. 그녀는 "저런 일이 하루에 한 번 이상 있나요?"라고 물어보았다. 농부는 "물론이지요. 수십 번씩 되지요"라고 대답했다. 영부인은 "그 이야기를 대통령에게 좀 해주세요"라고 부탁했다. 나중에 대통령이 닭장 옆을 지나갈 때 농부는 바로 그렇게 했다. "매번 똑같은 암탉하고?" 대통령이 물었다. "아니요, 매번 다른 닭이죠." 농부는 대답했다. 대통령은 고개를 끄덕거리면서 "그 이야기를 영부인에게 좀 해주시오"라고 말했다(Friedman 2003).

쿨리지는 '침묵의 캘(Silent Cal)' 이라는 별명으로 통했지만 실은 말이 많은 사람이었다. 일부러 공적으론 말을 하지 않았던 것이다. 그는 자신의 후임으로 허버트 후버가 대통령에 당선되었을 때 이렇게 조언했다. "아예 말을 하지 않으면 그 말을 설명해달라는 요청을 받지 않을 겁니다." 그는 "나는 내가 말한 적이 없는 어떤 것에 의해서도 상처받은 적이 없다"거나 "우리 인생에서 모든 문제의 5분의 4는 단지 우리가 가만히 앉아 침묵만 한다면 저절로 해결될 것이다"라는 명언도 남겼다. 한 역사가는 쿨리지가 "아무 일도 하지 않는 것을 예술의 경지로 끌어 올렸다"고 꼬집었지만, '재즈시대' 가 그런 역할을 요구했다고 보는 게 옳을지도 모르겠다.

쿨리지의 어록 중 가장 유명한 것은 "미국이 할 일은 비즈니스이다(The business of American is business)"라는 말이다. 『월스트리트저널』은 이 명언(?)에 맞장구를 치면서 "그 어느 때에도, 그 어느 곳에서도 정부가 이처럼 비즈니스와 완벽히 혼연일체가 된 적은 없었다"고 썼다. 쿨리지는 같은 취지로 이런 말도 했다. "공장을 건설하는 사람은 교회를 건설하는 것이다. 공장에서 일하는 사람은 교회에서 경배하는 것이다." 종교와 경제를 혼동한 어설픈 주장일 망정, 이는 칼뱅주의적 자본주의 정신의 표현으로 평가받고 있다. 그는 "광고는 더 나은 것을 위해 욕망을 창조하는 방법이다"라는 말도 했는데, 이런 일련의 발언들은 흥청망청대던 1920년대의 사회상을 반영한 것으로 볼 수 있다.

'광란의 20년대'

앞서 말했듯이, 미국에서 1920년대는 '광란의 20년대' 또는 '재즈시대'라고 할 만큼 번영과 즐거움이 솟구친 시대였다. 경제와 사업은 번성했고, 주식시장은 급등했다. 실업률은 감소했고, 생활수준은 높아졌다. 실제로 1920년대의 번영은 눈부신 것이었다. 1919년 제1차 세계대전이 끝나자 미국은 돈 버는 데 관심을 쏟아 제조업 생산량은 10년간 64퍼센트나 늘어났다. 디트로이트 자동차공장에서는 17초마다 승용차가 1대씩 굴러나왔고, 미국인 5명당 1대꼴로 자동차를 가지면서 교외 거주자들이 늘어나 건설업이 폭발적 호황을 맞았다.

물질적으론 풍요로웠지만, 정신은 빈곤했다. 1922년에 간행된 『미합중국의 문명』을 공동집필한 20명의 지식인은 "오늘날 미국의 사회적 삶에서 매우 흥미롭고도 개탄할 사실은 그 정서적 · 미적 기아상태"라고 진단했다. 이런 '광란의 20년대' 또는 '재즈시대'는 문학작품에도 반영되었다. 고발의 성격을 띤 반영이었는데, 이 방면의 선두주자는 미국인의 물질 만능주의와 순응주의를 묘사한 싱클레어 루이스다.

루이스는 1920년 장편소설 『메인 스트리트(Main Street)』, 1922년 『배빗(Babbitt)』, 1925년 『애로스미스(Arrowsmith)』, 1927년 『앨머겐트리(Elmer Gantry)』 등을 발표했다. 특히 『메인 스트리트』와 『배빗』에서 루이스는 시골 마을의 추악함, 그 삶의 문화적 빈곤, 편견에 가득 찬 군중의 횡포, 투자가들의 뻔뻔한 야비함과 편협성을 폭로했다. 『배빗』의 주인공은 자신이 속한 골프클럽이 첫번째가 아니고 두 번째라는 점에 언짢아한다. 이후 속물적이면서 거만을 떠는 사람은 누구든지 '배빗' 이라고 불렀다. 루이스의 작품 외에도 기업인들이 미국을 지배하는 것에 대한 지식인들의 불만과 커져가는 환멸감을 담은 책들이 홍수처럼 쏟아져 나왔다. 루이스는 『앨머겐트리』로 1930년 미국인 작가로는 최초로 노벨문학상을 수상했다.

이 시대의 관습에 반기를 든 인물엔 저널리스트 독설가인 헨리 멩켄도 있었다. 그는 자기만족에 빠진 미국의 청교도적 중산층을 통렬히 비판하는 작품들을 썼다. 그는 "컨트리클럽에 우글거리는 겉만 번지르르한 야만인들, 저 영국 귀족을 흉내 내는 골판지 상자들" 이라고 독설을 퍼부었다. 그는 정치에 대해서도 통렬한 비판을 날리곤 했는데, 그의 주장에 따르면 "실제 정치의 유일한 목적은 괴물들을 연속적으로 무한하게 가공하여 대중을 겁줌으로써 긴장상태에 있게 만드는 것이다." 누군가가 맹켄에게 왜 그가 그렇게 싫어하는 사회에서 계속 사느냐고 묻자, 그는 "왜 사람들은 동물원에 가느냐" 고 대답했다.

전쟁과 사회에 대한 환멸을 묘사한 문학작품들도 나왔다. 존 도스 패소스(John Dos Passos, 1896~1970)는 1921년 제1차 세계대전을 다룬

영화 〈젊은이의 양지〉의 한 장면. 시어도어 드라이저의 1925년작 『미국의 비극』을 영화화한 작품이다.

소설 『3인의 병사(Three Soldiers)』를 썼고, 어네스트 헤밍웨이(Ernest Hemingway, 1899~1956)는 1926년 『태양은 다시 떠오른다(The Sun Also Rises)』를 처녀작으로 발표했다.

시오도어 드라이저(Theodore Dreiser, 1871~1945)는 1925년 『미국의 비극(An American Tragedy)』을 출간했다. 부잣집 딸과 결혼하고 싶은 출세욕 때문에 동료 여공원인 애인을 살해해 결국 사형선고를 받은 청년 클라이드 그리피스(Clyde Griffithes)의 이야기다. 물질추구와 배금주의 사상이 팽배하던 사회에서 실제로 일어났던 사건을 소재로 만든 작품이다. 이 소설은 미국 사회에서 돈의 유용성이 다른 어느 사회보다 높고 유혹적이며, 돈의 매력이 강할수록 그 매력의 희생자들은 더욱 더 타락의 깊은 수렁으로 빠질 기회가 많다는 걸 보여주면서 정신적 가치의 중요성을 강조했다.

이 소설을 원작으로 조지 스티븐스 감독(George Stevens, 1904~1975)이 만든 영화 〈젊은이의 양지(A Place in the Sun)〉는 1951년도 아카데미 감독상과 각색상을 받았으며, 작품상, 남우주연상, 여주주연상 후보로도 지명되었다. 김성곤(1997a)은 "특히 몽고메리 클리프트(클라이드 역)의 고뇌에 찬 연기, 가엾은 여인 셜리 윈터스(로버타 역)의 열연, 그리고 엘리자베스 테일러(산드라 역)의 차가운 미모가 어우러져 만들어 낸 뛰어난 영상미는 당시 영화계의 화제가 되었다"며 다음과 같이 말한다.

"소설 『아메리카의 비극』과 영화 〈젊은이의 양지〉는 자본주의 사회에서 '물질적 성공의 추구'로 변질되어버린 '아메리칸 드림'의 실패와 비극적 종말을 그린 작품이다. 이 작품은 지난 30여 년 동안 한국을 지배해온 황금만능주의로 인해, 올바른 가치관과 인간성을 상실하고 눈먼 물질주의자가 되어버린 우리들에게도 절실한 교훈을 주는 소설이자 영화라고 할 수 있다."

『위대한 개츠비』

많은 작품들 중에서도 재즈시대의 모습을 묘사한 대표작으로는 1925년 스콧 피츠제럴드(Francis Scott Fitzgerald, 1896~1940)의 『위대한 개츠비(The Great Gatsby)』가 꼽힌다. 미국 사회의 풍요와 광기, 그리고 정체성의 문제를 다룬 작품이다. 이 작품에서 떠나간 연인을 되찾기 위해 주류 밀매로 거부가 된 뒤 날마다 성대한 파티를 열다가 비참한 최후를 맞는 개츠비의 모습은 그 시대 '아메리칸 드림'과 그 이면에 감춰진 절망을 상징하는 것이었는데, 이는 곧 피츠제럴드의 자화상이기도 했다.

김진우(2009)는 "명문가 출신의 아버지가 사업에 거듭 실패해 불우한 소년 시절을 보내면서 돈과 성공에 대한 열망과 집착이 평생 그와 함께 했다. '신분의 벽' 때문에 은행가 딸과의 첫사랑에 실패한 것도 이 같은 콤플렉스를 더욱 뿌리 깊게 했다"며 다음과 같이 말한다.

"1919년 처녀작 『낙원의 이쪽(This Side of Paradise)』의 성공에 이어 1925년 『위대한 개츠비』로 문단의 스타로 떠올랐다. 당대 최고의 소설가와 평론가들로부터 '문학의 천재'라는 찬사를 받았다. 그는 천문학적 액수의 원고료를 받았고 그의 행적 하나하나가 신문 지상에 실릴 정도로 오늘날 할리우드 스타 못지않은 유명세를 치렀다. 그러나 『위대한 개츠비』의 어마어마한 성공은 평생의 짐이기도 했다. 피츠제럴드는 『위대한 개츠비』를 능가하는 작품을 써야 한다는 강박관념에 시달렸고 작가로서의 자의식과 부에 대한 동경 사이에서 갈등했다. 준수한 용모에 멋스러운 옷차림을 한 '댄디보이'였던 그는 낭비벽이 심하고 술과 파티를 즐겼다. 아내도 마찬가지였다. 이 같은 생활을 유지하기 위해선 높은 원고료를 주는 잡지에 단편을 게재하는 생활을 계속할 수밖에 없었다. 피츠제럴드는 알코올중독에 시달리면서도 재기를 위해 집필을 계속했다. 그러나 그가 대변하던 '재즈의 시대'는 사상 최악의 대공황과 함께 지나가버렸다. 그는 『마지막 거물의 사랑(The Love of Last Tycoon)』을 집필하던 1940년 12월 21일 심장마비로 사망했다."

잭 클레이튼(Jack Clayton, 1921~1995) 감독의 영화 〈위대한 개츠비〉

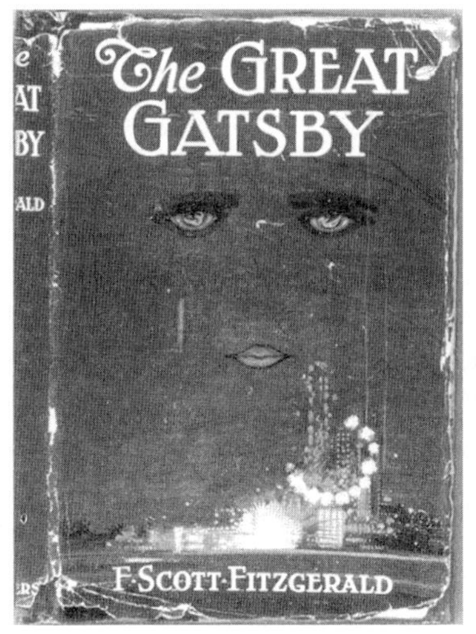

소설 『위대한 개츠비』의 초판 표지(왼쪽)와 작가 스콧 피츠제럴드(오른쪽). 『위대한 개츠비』는 재즈시대를 묘사한 대표작으로 꼽힌다.

(1974)와 관련, 김성곤(1997a)은 "개츠비는 서부개척이 끝나고 다시 동부로 돌아간 미국인들을 대표한다. 그가 동부에서 발견하는 것은, 다만 인공의 녹색과 기계가 만들어내는 '재의 계곡' 뿐이다"라며 다음과 같이 말한다.

"그의 비극은, 순진하게도 이미 과거 속으로 사라져버린 녹색의 꿈을 되찾을 수 있다고 믿었던 데 있었다. 영화 〈위대한 개츠비〉는 미국문학의 공통된 주제인 좌절된 '미국의 꿈', 그리고 목가(이상)주의와 기계(산업)주의의 대립과 갈등을 영상에 담는 데 성공한 인상 깊은 추억의 명화이다."

2000년 8월 뉴욕 브루클린의 매드가에버 칼리지의 칼라일 톰슨(Carlyle Thompson) 교수는 논문을 통해 "피츠제럴드가 소설 속에서 창조한 개츠비는 백인 행세를 한 흑인이었다"며 "위대한 개츠비를 영화화하며 로버트 레드퍼드를 주인공으로 캐스팅한 것이 개츠비를 백인으로 신화화했다"고 주장했다. 톰슨은 "개츠비에 대한 묘사와 서술로 볼 때 그는 흑인임이 분명하다"고 했다. 예를 들어 흑인들은 곱슬머리를 관리하기 어려워 머리를 짧게 깎는데 개츠비도 항상 머리를 짧게 다듬어 자신의 곱슬머리를 숨겼다는 것이다. 또 인생의 새 출발을 시도하는 흑인들이 이름을 바꾸듯 그도 개츠(Gatz)에서 개츠비(Gatsby)로 개명하며 자신의 과거를 부정해버린 것, 개츠비가 자신의 가족이 모두 죽었다고 말한 것 등을 예로 들었다. 톰슨은 "미국 흑인사회에서는 흑인이 백인 행세를 하려 들 경우 그 흑인을 죽은 것으로 간주한다"며 "가족으로부터 내쫓긴 개츠비는 가족을 부정할 수밖에 없었을 것"이라고 해석했다(김태훈 2000).

피츠제럴드는 "재즈시대의 특성은 정치에 대한 철저한 무관심"이라며 이렇게 말했다. "1920년의 불안감은 안정적인 황금빛 포효에 가려 더 이상 들리지 않았고 파티는 더 크게, 공연은 더 거창하게, 건물은 더 높게, 도덕규범은 더 느슨하게, 술은 더 싸게 변해갔다." 그런 상황에서, 쿨리지의 말마따나 미국이 할 일은 오직 비즈니스뿐이었다. 그 그림자가 짙게 드리워졌다는 게 문제이긴 했지만 말이다.

참고문헌 Allen 2006, Beatty 2002, Brinkley 1998, Campbell & Kean 2002, Davis 2004, Dole 2007, Edwards 2004, Friedman 2003, Giannetti 1990, Leuchtenburg 1958, Luedtke 1989, Miller 2002, Panati 1997, Phillips 2004, Ridings & McIver 2000, Shenkman 2003, Traub 2007, Zinn & Stefoff 2008, 곽승엽 1995, 김병걸 1999, 김성곤 1997 · 1997a, 김진우 2009, 김태훈 2000, 박경재 1995, 사루야 가나메 2007, 오치 미치오 1999, 이보형 2005, 이준호 1999, 최웅 · 김봉중 1997

'재즈시대'의 그림자
450만 단원으로 성장한 KKK단

툴사 폭동사건

'광란의 20년대' 또는 '재즈시대'의 그늘 중 빼놓을 수 없는 것은 다시금 인종문제였다. 과거와 다른 것은 제1차 세계대전의 효과였다. 1917년 유럽전선에 파견된 미국 병사 17만 5,000명 가운데 상당수는 흑인이었는데, 이 전쟁을 통해 '시민의 의무와 권리'에 눈뜬 흑인 지도자들은 "인종전쟁을 선언해야 한다"고 외쳤다. 백인들이 전후 일시적인 경제침체의 고통을 흑인에게 떠넘기자, 흑인폭동이 전국으로 번지기 시작했다. 1919년 4월 워싱턴에는 "해가 진 후 거리에서 발견되는 흑인은 즉시 체포한다"는 포고령이 나붙기도 했다. 앞서 살펴본 바와 같이, 1919년 한 해에만도 25개 도시에서 흑인 폭동이 일어났는데, 이게 끝이 아니었다.

1920년대 초 오클라호마 툴사는 전후에 발견된 유전으로 급속한 부를 이루어 소란스러운 신흥도시로 변모했다. 백인우월주의 집단인

1921년 흑인 구두닦이 딕 롤런드가 체포되면서 그의 교수형을 막기 위해 모인 흑인들과 툴사의 부유한 흑인들에게 반감을 가졌던 백인들이 충돌하며 폭동이 일어났다. 1,200채의 흑인 소유 집이 소실되고 300여 명이 사망했다.

KKK단의 전후 근거지이기도 했던 이 도시에선 고립주의 또는 토착주의로도 불리던 '미국 우선(America First)' 운동이 활발하게 전개되고 있었다. 툴사는 '검은 월스트리트'라고 불릴 만큼 부유한 흑인들이 많았기 때문에 백인들의 반감은 더욱 고조되었다.

1921년 6월 흑인 구두닦이 딕 롤런드(Dick Rowland, 1902~?)가 엘리베이터 안에서 백인 소녀를 겁탈하려 한 혐의로 체포되었다. 그러자 그 지역 신문발행인은 "오늘밤 니그로에게 교수형을"과 같은 자극적인 제목으로 신문의 머리기사를 썼다. 6월 21일 신문이 배포되기가 무섭게 백인들은 롤런드가 구금돼 있는 법정 앞으로 집결했다. 툴사 인근의 그린우드 흑인들도 롤런드가 교수형 당하는 것을 막기 위해 법정 쪽으로 몰려들기 시작했다. 흑인들 중에는 최근에 전역한 퇴역병들도 있었다. 몇 발의 총성이 울려 퍼졌고 순식간에 마을 전체가 무차별적으로 파괴되기 시작했다. 역사가 팀 매디건은 『버닝(Burning)』에서 당시의 상황을 이렇게 묘사했다.

"1만 명이 넘는 백인 폭도가 백인 경찰의 전폭적인 지지 속에 광분하여 날뛰었다. 그것은 말이 폭동이지 '인종청소' 라는 현대적 표현이 더 잘 어울리는 일이었다. 툴사의 백인들은 그곳 흑인들을 완전히 쓸어버리기로 작정이라도 한 것 같았다. 백인들이 그곳을 완전히 초토화시키리라는 것은 곧 분명해졌다. 백인들은 니그로를 죽이거나 체포하는 것으로도 성이 안차 흑인이 이루어놓은 번영의 모든 흔적을 지우려고 했다."

백인 여성들은 흑인들의 집을 싹쓸이하면서 쇼핑백을 가득 채웠으며, 백인 남성들은 가솔린 통을 들고 다니며 그린우드 마을에 불을 질렀다. 1,200채나 되는 흑인의 집이 소실되었다. 롤런드는 나중에 그 여성이 죄를 덮어씌우지 않아 풀려났지만, 이 사건은 수십 년 동안 은폐된 채 사람들의 입으로만 전해졌다. 80년 후에서야 조사가 시작되었다. 이 폭동을 연구한 역사가들은 300명 가까운 인명이 폭력의 와중에 사망한 것으로 추정했다. 2000년, 툴사사건의 진상조사단인 툴사인종폭동위원회는 사건의 생존자들에게 배상금을 지급할 것을 권고했다.

로즈우드 폭동사건

규모가 툴사사건만큼 크지 않았다 뿐 이와 같은 백인폭동은 전국적으로 많이 일어났지만 거의 대부분 주목을 받지 못한 채 잊혀갔다. 1923

년 플로리다주 로즈우드사건도 그렇게 은폐된 사건 중의 하나다.

걸프만의 작은 공장 마을 로즈우드에는 태반이 흑인으로 120여 명의 주민이 살고 있었다. 겉으로 보기엔 인근 섬너 마을 백인들과 평화공존하고 있었는데, 1923년 1월 2일 흑인 남자가 백인 여자를 강간했다는 근거 없는 소문이 퍼지면서 백인 남자들이 광분하기 시작했다. 총격과 방화가 1주일간 계속됐다. 흑인들은 도피했지만 최소한 6명의 흑인이 살해되었다. 그 중 몇 명은 교수형을 당하거나 신체를 절단 당했다. 싸우는 와중에 백인 2명도 사망했다. 이 사건으로 로즈우드 마을은 거의 흔적도 없이 사라졌다.

60년이 지난 1982년 『세인트피터즈버그 타임스(St. Petersberg Times)』에 이 사건의 전모를 담은 기사가 실렸다. 플로리다주의회는 사건 피해자들에게 배상금을 지급했다. 1994년 그때까지 생존해 있던 9명의 피해자들은 배상금으로 15만 달러를 받았다. 이 이야기는 1997년 영화 〈로즈우드(Rosewood)〉(감독 존 싱글턴)로 만들어졌다.

KKK단은 프로테스탄트 인구의 25~30퍼센트

툴사 · 로즈우드 폭동사건의 이면엔 제1차 세계대전 직후 미국 사회를 휩쓸기 시작한 '불관용주의(intolerance)'가 자리를 잡고 있었다. 이는 흑인은 물론 유대인과 로마 가톨릭교도에 대한 반감의 불꽃으로 타올랐다. 알렌(Allen 2006)에 따르면, "전쟁 중에 확산된 집단에 대한 충성심과 증오의 감정은 휴전으로 갑자기 표현할 길을 잃었으나, 급진주의 혐의자들뿐 아니라 미국의 지배집단(백인 개신교도)은 외국적 혹은 '비미국적' 으로 보이는 모든 다른 것들을 처단하는 것에서 변태적인 배출구를 발견했다."

이런 분위기 속에서 성장한 단체가 바로 KKK(Ku Klux Klan)다. 그간 세력이 보잘 것 없었으나 1910년대 말부터 확 달라지기 시작했다. 이젠 남부에만 국한된 것도 아니었다. 1919년 미 역사상 최대의 KKK단 집회는 1919년 시카고에서 열렸다.

1922년 KKK단 두목에 오른 하이럼 에번스(Hiram Wesley Evans, 1881~1966)는 「미국주의를 수호하기 위한 클랜의 투쟁」이라는 글에서 "인종적 인식을 토대로 국민총화를 추구하는 것"이 클랜의 목표임을 명시했다. 미국인들은 유럽인들 중에서도 진일보 개량된 인종이라며 미국적 인종주의를 대변한 에번스는 클랜이 미국을 수립한 개척자들의 자손들을 위하여 미국을 보존하고 발전시킨다는 신념 아래 행동해왔으며, 미국이 용광로(melting pot)라는 잘못된 관념을 바로 잡고, 과격분자와 도시적·외국적인 것으로부터 '미국주의(Americanism)'를 수호하였다고 주장했다(김형인 2003).

1923년 오클라호마 주지사 잭 C. 월튼(Jack C. Walton, 1881~1949)은 KKK단에 의한 폭동조짐이 보인다는 이유로 계엄령을 선포하기까지 했다. 1924년 초 단원 수는 450만으로 폭증했다. 이들은 흑인 탄압은 말할 것도 없고 유대인 상점에 대한 불매운동, 가톨릭 소년들의 고용거부, 가톨릭교도에 주택임대 거절 등을 선동하고 다녔으며, 수시로 폭행과 테러를 일삼았다. 덕분에 신이 난 건 범죄자와 폭력배집단이었다. 범죄를 저지르고 나서 벽에 분필로 KKK라고 써놓으면 무사할 수 있었기 때문이다.

KKK단의 단원 수가 450만이라는 것에 대해선 그것보다는 적다거

워싱턴 D.C.를 활보하는 KKK단 두목 하이럼 에번스. 그는 "인종주의적 인식을 토대로 국민총화를 추구하는 것"이 KKK단의 목표라고 주장했다.

나 많다는 주장들이 있는데, 이 주장들을 감안하자면 최소 300만에서 최대 600만이었다. 이는 당시 성인 남자의 15~20퍼센트, 프로테스탄트 인구의 25~30퍼센트에 이른 수치였다. 그랬으니 9개 주에서 KKK단의 지지를 얻은 후보가 주지사에 당선되고, 같은 식으로 상원의원에는 총 13명이 당선된 것은 당연한 일이었다.

그 정도로 세가 커졌으니 눈에 뵈는 게 있을 리 만무했다. KKK단은 1925년 8월 워싱턴 D.C. 백주 대행진을 감행했다. 4만 명이 두건과 흰 가운 차림에 성조기를 들고 연방의사당 앞에서부터 펜실베이니아가로 행진했는데, 이는 대통령 취임 때 하는 행진 코스였다. 원래 하던 것과는 달리 당당하게 얼굴까지 드러내면서 한 행진이었다. 이걸 보려고 모여든 구경꾼만 20만 명이 넘었다.

KKK단의 이념적 지주는 전통적 미국의 프로테스탄트 도덕주의였다. 권용립(2003)은 여기에 가입한 사람들은 인종적 적개심이나 편견에 이끌린 것이 아니라 오히려 미국에 대한 애국심이나 도덕적 이상주의에 매료되었던 것이며, 이들은 각 지역사회에서 도덕개혁운동의 주축으로 뿌리를 내려서 밀주업자들, 범법자들을 색출하고 처벌하는 활동을 전개했다고 말한다. 근대적 산업화의 부산물인 도덕적 타락을 비난하면서 술주정, 간음 등 전통적인 도덕률을 깨뜨린 사람을 응징하는 데에 주력했다는 것이다. 그 내면에는 미국의 우월성, 그것도 지배 엘리트인 와스프의 프로테스탄트적 순결성을 지키려는 강박관념이 존재했으며, 비미국적인 것에 대한 멸시와 반감을 도덕성 회복운동이라는 껍데기로 포장했다는 게 권용립의 주장이다.

"사업이 관용을 낳는다"

KKK단의 활약은 반이민정서를 반영하는 것이었다. 1921년 의회는 엄격한 쿼터제를 도입해 이민을 강력하게 제한했으며, 1924년이 되자 쿼터 수는 더욱 줄어들어 1929년에는 미국 이주를 허가받은 숫자는 15만 명으로 대폭 감소했다. 그조차도 영국에서 온 앵글로색슨족이 대부분이었다.

불관용의 시대를 살면서 관용에 목이 말랐던 걸까? 1925년 헨드릭 빌렘 반 룬(Hendrik Willem van Loon, 1882~1944)은 『관용(Tolerance)』이라는 책을 썼다. 중세 때는 "도시의 공기가 자유를 낳는다"고들 했다. 룬(Loon 2005)은 이 말에 빗대어 "사업이 관용을 낳는다"고 역설했다. 도대체 무슨 근거로?

"오하이오주의 와인스버그에선 KKK단이 설칠 수 있지만 뉴욕에선 꿈도 못 꾼다. 뉴욕 사람들이 만에 하나 유대인과 가톨릭 그리고 모든 외국인을 배척하는 운동을 시작한다면 월스트리트는 완전히 공황상태에 빠질 것이고, 노조가 대대적으로 들고 일어나 도시 전체가 가망없이 피폐해지고 말 것이다. 중세 후반도 마찬가지였다.……순수한 농업국가라면 축제 삼아 이교도 화형식을 잇따라 벌이며 농부들을 즐겁게 해주어도 별 문제 없었다. 그렇지만 베네치아나 제노바 또는 브뤼헤의 시민들이 성벽 안에서 이교도 학살을 자행했더라면 그 즉시 외국회사 대리인들의 대탈출이 일어났을 테고, 그에 이은 자본회수로 도시는 파산하고 말았을 것이다."

그는 "사업이 관용을 낳는다"와 더불어 "의심이 관용을 낳는다"고 했다. 그는 "관용을 위해 싸웠던 이들은 여러 가지 점에서 서로 달랐지만 한 가지 공통점이 있었다. 그들의 신념엔 의심이 섞여 있었다는 것. 그들은 진심으로 자신이 옳다고 믿을 수도 있었지만 그 생각이 철저한 확신으로 굳어지는 지경에는 결코 이르지 않았다"며 다음과 같이 말했다.

"100퍼센트 이것 아니면 저것이라고 소리 높여 외치는 과도한 애국심의 시대인 오늘날, 획일적인 것을 체질적으로 혐오하는 자연의 교훈을 눈여겨보는 것도 좋겠다 싶다.……세상에서 진짜 쓸모 있는 것은 모두가 합성물인데, 신념만 예외가 되어야 하는 이유를 나는 모르겠다. 우리 '확신'의 밑바탕에 '의심'이라는 불순물이 어느 정도 들어 있지 않는 한, 우리의 신념은 순수한 은으로 만든 종처럼 경망스러운 소리나 놋쇠로 만든 트롬본처럼 쉰 소리를 낼 것이다. 관용의 영웅들이 세상 다른 사람들과 달랐던 점은 바로 이 점에 대한 깊은 인식이었다."

룬은 관용이 관례가 되는 날은 올 거라면서도 "1만 년이 걸릴 수도 있고, 10만 년이 걸릴지도 모른다. 그러나 그날은 올 것이다"라고 말한다. 하지만 그의 관용의 법칙에 따르자면 그런 신념도 금물이다. 신념은 관용의 적(敵)이 아니던가. 그렇다고 모든 신념을 폐기할 수는 없는 법. 어떤 신념인가가 중요할 게다. 관용을 갈구하는 룬의 신념이야 무슨 문제가 되겠는가.

참고문헌 Allen 2006, Davis 2004, Loon 2005, Zinn 2008, 권용립 2003, 김형인 2003, 사루야 가나메 2007, 조선일보 문화부 1999

"쿨리지로 계속 가세!"
'PR군단'과 '깡패군단'의 활약

1924년 대선-캘빈 쿨리지 재선

1924년 대선에서 재선을 노리는 캘빈 쿨리지 대통령의 후원자들은 PR 전문가 에드워드 버네이스의 도움을 청했다. 쿨리지의 가장 큰 문제는 성격이 차갑고 내성적이어서 유권자들의 비호감대상이었다는 점이다. 버네이스는 쿨리지를 유권자들이 백악관 주인으로 앉히고 싶어 하는 서민적인 소박한 인물로 바꾸는 데에 캠페인의 목표를 두었다.

버네이스의 치밀한 연출에 따라, 선거를 약 3주 앞둔 어느 날 뉴욕 브로드웨이 극장에서 공연이 끝난 무대가수 알 졸슨(Al Jolson, 1886~1950) 등 40명의 공연단은 워싱턴으로 향하는 열차에 올라탔다. 백악관 입구에서 쿨리지 대통령과 영부인이 그들을 맞았다. 모두 차례대로 대통령과 악수를 나누었고, 공식 만찬을 가졌다. 다음 날 아침식사를 하고 난 뒤 대통령은 손님들을 백악관 잔디로 안내했다. 그곳에서 졸슨은 "쿨리지로 계속 가자(Keep Coolidge)"라는 제목으로 대통령에

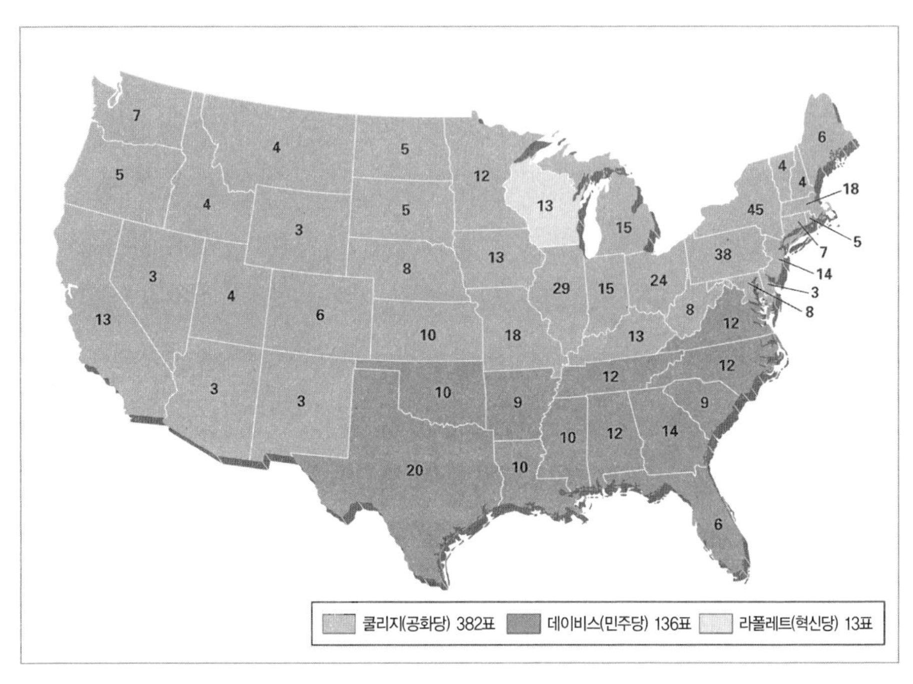

1924년 대선 득표현황. 쿨리지는 버네이스의 캠페인에 힘입어 압도적인 승리를 거두었다.

게 세레나데를 불러주었다. 영부인과 브로드웨이 대표단이 후렴을 같이 불렀다. "쿨리지로 계속 가세! 쿨리지로 계속 가세! 4년도 두려움 없이 살아보세!"

다음 날인 10월 18일자 신문들은 앞 다투어 기사를 실었다. 『뉴욕타임스』의 기사제목은 "배우들, 쿨리지와 케이크를 함께 들다. 대통령, 거의 웃을 뻔하다", 『뉴욕리뷰(New York Review)』의 기사제목은 "졸슨, 사상 처음으로 대통령을 공식석상에서 웃게 하다"였다. 『뉴욕월드』는 "워싱턴 사회지도자들이 시도했다가 실패했고, 그간 2년 반 동안 의장으로 있었던 상원에서도 하지 못했던 일을 뉴욕 연기자들이 3분 만에 성공했다. 그들은 그가 이빨을 보이고, 입을 열어서, 웃게 만들었다"라고 썼다. 3주 뒤 쿨리지는 압도적 승리를 거두었다.

버네이스의 PR캠페인 덕분에 쿨리지가 재선에 성공한 것인지는 알 수 없지만, 쿨리지가 압승을 거둔 것만은 분명하다. 그는 1,572만 5,000표를 얻어 838만 6,000표를 얻은 민주당 후보 존 데이비스(John W. Davis, 1873~1955)를 가볍게 제압했다. 이 선거에서 제3당인 혁신당의 대통령 후보로 출마한 로버트 라폴레트는 16.6퍼센트의 지지를 얻었다. 라폴레트는 보호관세, 고립주의, 제국주의 반대, 제1차 세계대전 참전반대 등을 주장한 개혁파 정치가였지만, 재즈시대를 대변하는 쿨리지의 "그냥 냅둬!" 전략에 패배한 셈이었다.

쿨리지 재임기간 내내 백악관은 대통령과 악수하고 싶어 하는 국민들을 위해 매일 행사를 벌였다. 재즈시대의 정서에 부합하는 이벤트였다. 쿨리지는 한때 1시간 넘게 2,096명과 악수하는 기록을 세우기도 했는데, 쿨리지는 이걸 즐기는 편이었다. 쿨리지는 나중에 허버트 후버에게 권력을 넘기고 난 직후 다음과 같이 충고했다고 한다.

"당신은 방문객을 접대하느라 매일 3~4시간을 견뎌야 하실 겁니다. 그들 중 10분의 9는 자기들이 가져서는 안되는 것을 바랍니다. 만약 당신이 꼼짝도 안하고 있으면 그들은 3~4분이면 다 맥이 빠져버릴 겁니다. 그런데 당신이 기침을 하거나 웃으면, 그들은 처음부터 다시 시작할 겁니다."

FBI와 존 에드거 후버

쿨리지의 재건에 도움을 준 'PR군단'이 재즈시대의 한 상징이었다면, 그 이면엔 '깡패군단'으로 불린 감시체제도 자리 잡고 있었다. '깡패군단' 은 1919년부터 빨갱이 사냥의 선두에서 활약해온 존 에드거 후버가 직원들의 사생활까지도 일일이 감시하고 간섭한 데서 비롯된 말이다. 그런 일을 도맡아 한 후버의 직속 감찰반을 가리켜 내부에서 '깡패군단' 이라 불렀는데, 후버의 조직이 수사국으로 확대 개편되면서 수사국의 대(對)사회감시활동을 가리켜 그런 딱지가 붙은 것이다.

후버는 1924년 5월 10일 수사국장에 취임했지만, 정식으로 언론에 발표된 것은 12월 22일이었다. 수사국 앞에 '연방' 이란 단어는 1935년에 덧붙여져 연방수사국(FBI)이 되었지만, 사실상의 FBI는 1924년에 탄생한 것으로 보아도 무방하다.

FBI 직원들 사이에 후버의 별명은 '작은 나폴레옹' 이었다. 그의 키는 국가기밀 사항이라 167에서 175센티미터에 이르기까지 여러 설이 있지만 작다고 여겨진 데다 조직운영방식이 워낙 독재적이라 붙여진 별명이었다. 그의 직원 통솔방식은 극단적인 '당근과 채찍' 이었다. FBI에서 명령불복종으로 해고당하면 다른 정부기관은 물론 민간기업에도 취업하기 어려웠다. 거의 죽음이었다. 반면 후버의 지침을 잘 따르는 직원들에겐 다른 공무원들보다 많은 보수와 각종 혜택을 제공했다. 후버는 순직한 직원의 부인이 충분한 연금을 받을 수 있도록 배려했으며, 부인이 원할 경우 FBI 내 사무직으로 채용되도록 했다.

KKK단의 번영을 가져온 인종차별주의는 FBI 내에서도 관철되었다. 후버는 40년이 넘는 기간 동안 여성이나 외국인은 거의 채용하지 않았고, 그나마 채용한 9명의 흑인 중에서도 5명은 그의 개인적인 종복이었다. FBI 직원 면접 시 자유주의적 사고방식을 가진 응시자는 가차 없이 불합격시켰으며, 심지어는 빨간 넥타이를 매지 못하도록 직원들의 복장까지 규제했다. FBI 직원들은 후버가 건강을 위해 다이어트를 하면 따라서 체중을 줄여야 했고, 어떤 직원은 후버의 표준체중에 맞추기 위해 갑작스럽게 다이어트를 하다가 사무실에서 쓰러져 순직했다는 웃지 못할 일화도 있다.

개인신상정보수집에 열을 올리던 후버가 사망했을 무렵에는 신원확인과에서 1억 5,900만 명의 각종 지문을 컴퓨터에 입력해놓은 상태였다. 후버는 정치인들의 정보를 따로 수집하는 '의회 관계실'을 운영함으로써 의원 개개인의 비리에서부터 취미에 이르기까지 모든 걸 꿰뚫고 있었다. 그는 대통령들에게 이 비밀파일을 제공함으로써 신임을 얻는 동시에 대통령 자신도 다칠 수 있다는 무언의 메시지를 전하곤 했다.

후버가 직원들에겐 애증(愛憎)의 대상이 된 가운데 FBI는 후버가 군주로 군림하는 독립적인 소제국이자 가족이 되었고, 이는 FBI의 월권과 탈법은 물론 후버의 장기집권을 가능케 한 요인이 되었다. 앞에서도 지적했지만, 이런 조직장악방식과 더불어 '비밀파일의 활용'으로 후버는 1924년부터 1972년 숨을 거둘 때까지 48년 동안 FBI 국장으로 있으면서 8명의 대통령들을 "뒤에서 갖고 논다"고 해도 좋을 정도로 막강한 권력을 행사하게 된다. 나중에 구체적으로 밝히겠지만, 후버를 내쫓으려고 굳게 결심한 대통령들도 자신의 모든 약점을 비밀 파일로 쥐고 있는 후버의 보복이 두려워 감히 그를 건드리지 못했다. "세상에 이럴 수가!" 이야깃감으로 손색이 전혀 없다.

‘위험한 경향의 이론’

재즈시대의 사회감시체제 만들기는 후버의 FBI만 시도한 게 아니다. 각종 보수·애국단체들도 가세했다. 예컨대, 1925년 미재향군인회(American Legion)가 제시한 ‘이상적 교과서의 표준’은 ① 어린이에게 애국심을 고취할 것, ② 진실을 낙관적으로 제시할 것, ③ 실패는 도덕적 교훈으로서 가치가 있을 때만 제시하고, 대체로 성공에 대해 제시할 것, ④ 각 지역이 성취한 것에 대해 충분히 설명하고 가치를 부여할 것 등이었다. 이런 ‘표준’은 받아들여졌고, 이처럼 낙관주의와 성공의 신화를 강조하는 미국사 서술태도는 이후에도 계속 관철되었다(강선주 2009).

사법부도 그런 사회적 경향에 일조했는데, 이는 1925년 연방대법원의 ‘기틀로 대 뉴욕주(Gitlow v. New York)’ 사건에 대한 판결에서 잘 드러났다. 이 판결의 논리는 1919년 ‘에이브럼스사건’에서 나온 ‘위험한 경향의 이론’의 재확인이었다.

공산당의 전신인 사회당 내 좌파의 지도자 기틀로(Benjamin Gitlow, 1891~1965)는 공산주의혁명을 달성하기 위해 폭력을 수단으로 대규모의 ‘혁명적 대중행동’을 일으킬 것을 선동하는 ‘좌파선언’을 발표했다. 연방대법원은 ‘좌파선언’의 발표자를 처벌한 뉴욕주 형법이 수정헌법 제1조에 어긋나는 것이 아니라면서 다음과 같이

사회당 좌파의 지도자 벤저민 기틀로.

설명했다.

"일정한 발언의 효과가 정확하게 예견될 수 없다고 해서, 당장의 위험이 덜 현실적이고 덜 실질적인 것이라고는 할 수 없다. 주는 이치로 봐서 온갖 언론이 갖는 위험을 보석상의 정밀한 저울로 달듯이 측정하도록 요구할 수는 없는 것이다. 단 한 번의 혁명의 불꽃도 얼마간 내연하다가는 대규모의 파괴적인 대화재로 폭발하는 불을 일으킬 수도 있는 것이다."

이는 실질적인 해악을 초래할 경향이 있는 표현, 또는 입법부가 그런 경향이 있다고 합리적으로 믿을 수 있는 표현은 금지할 수 있다는 것으로 선동의 규제·예방권을 비교적 폭넓게 인정한 것이다. 이 판결에 대해 『뉴욕타임스』는 사설을 통해 미국의 전통적인 민주주의 원칙을 재확인한 판결이라고 지지했다.

'위험한 경향의 이론' 은 이후 20여 년간 적용되다가 '명백하고 현존하는 위험의 이론' 으로 대체된다. 블랙(Hugo Lafayette Black, 1886~1971) 대법관은 '명백하고 현존하는 위험의 이론' 을 1941년에 다음과 같이 재정의하였다. "명백하고도 현존하는 위험의 경우로부터 야기되는 궁극적인 하나의 살아 있는 원칙은 다음과 같은 원칙이다. 즉 언론이 빚은 실제적인 해악이 극도로 심각해야만 하며, 발언 전의 상황이 극히 절박한 정도로 위급한 것이어야만 언론에 대해 처벌할 수 있다. 이 원칙은 자유를 사랑하는 사회라는 전체적 맥락에서 읽을 때 명시된 바의 언어가 허용하는 광의의 명령이라고 보아야 한다."

블랙 대법관의 재정의가 시사하듯이, 이 이론은 연방대법원 내에서도 뜨거운 논란을 불러일으켰다. 즉, 수정헌법 제1조를 해석하는 데 있어서 그것을 넓게 보려는 쪽과 좁게 보려는 쪽 사이의 갈등이 이 이론에 대한 해석을 둘러싸고 표출된 것이다. 이 원칙은 법령의 합헌성 판단기준으로 발전되어 오늘날에도 한국을 포함한 여러 나라의 학설 · 판례에 큰 영향을 끼치고 있다.

참고문헌 Davis 2004, Dole 2007, Nelson 1967, Pool 1985, Summers 1995, Tye 2004, 강선주 2009, 강준만 외 1999-2000, 김철수 2000, 팽원순 1988

개신교의 두 얼굴
'원숭이 재판'과 '아무도 모르는 남자'

'진화론'과 '창조론'의 대결

1925년 여름 미국 사회를 더욱 뜨겁게 달군 희한한 사건이 벌어졌다. '진화론'과 '창조론'이 한판 붙은 세기의 대결이었다. 개신교 근본주의자들이 장악하고 있던 테네시 주의회가 그해 3월 "이 주의 모든 대학교와 고등학교, 그리고 전체 혹은 부분적으로 주의 공립학교 기금을 지원받는 모든 공립학교에서 교사가 성경에서 가르치는 대로 인간이 신성한 창조물임을 부인하는 이론을 가르치고, 인간이 하등동물의 후손이라고 가르치는 일은 법에 저촉되는 것으로 한다"고 규정한 이른바 '버틀러법'을 통과시키면서 일어난 사건이다.

이 법이 통과되자 테네시주의 데이턴이라는 인구 1,700여 명의 작은 마을에서 몇몇 사람들이 모여 이 법을 한번 시험해보자는 데에 의기투합했다. 그런 시험을 벌인 동기 중의 하나는 이 일이 데이턴을 유명하게 만들어줄 것이라는 생각이었다. 그런 사람들 중 한 명은 센트

럴 고등학교의 생물학 교사인 24세의 존 T. 스콥스(John T. Scopes, 1900~ 1970)였다.

스콥스는 학생들에게 진화론을 가르치다가 체포되었다. 스콥스 일행이 예상했던 일이 벌어지기 시작했다. 대통령 후보에 세 차례나 지명된 바 있고 국무장관을 역임한 미국 정계의 거물 윌리엄 제닝스 브라이언이 검찰 측 변호인에 자원했다. 정치경제적으론 좌파성향이 강하면서도 종교적으론 우익이었던 브라이언의 우익기질이 발동한 탓이었다. 스콥스의 변호인단도 클래런스 대로(Clarence Darrow, 1857~1938), 더들리 필드 맬론(Dudley Field Malone, 1882~1950), 아서 가필드 헤이즈(Arthur Garfield Hays, 1881~1954) 등 모두 다 거물들이었다.

싸움의 내용도 흥미진진했거니와 거물들 간의 대결이었으므로 사람들이 데이턴에 몰려들어야 할 이유는 충분했다. 데이턴은 곧 서커스 분위기가 되었다. 행상들은 원숭이 인형, 핫도그, 음료를 팔았다. 너무 많은 인원이 몰려 사고가 날 것을 우려한 판사는 아예 법정을 법원의 널찍한 뒤뜰로 옮겼다. 어디 그뿐인가. 100명이 넘는 기자들이 몰려들었고, 재판은 『시카고트리뷴』의 라디오방송국인 WGN을 통해 방송되었다. 웨스턴유니온사가 파견한 22명의 전신기사를 포함해 모두 65명의 전신수들이 새로 깔린 대서양횡단 전신망으로 매일 기사를 내보낸 덕분에 스위스, 이탈리아, 독일, 러시아, 중국, 일본 등 세계 각국에서도 기사요구가 급증했다. 독설가 맹켄은 이 재판에 "세기의 '원숭이 재판'"이라는 조롱조의 이름을 붙였다.

보수적인 지방색 때문인지 애초부터 재판은 창조론자에게 유리하게 돌아갔다. 재판부는 과학자를 증인으로 채택하려는 대로의 계획을

진화론을 가르치다 체포된 존 스콥스는 재판까지 받게 되었다. 헨리 멩켄은 이 사건에 '원숭이 재판'이라는 조롱조의 이름을 붙였다.

무산시켰다. 그러자 대로는 이례적으로 브라이언 검사를 증인으로 불렀다. 성경을 문자 그대로 해석하고 있는 브라이언 검사를 자기 모순에 빠뜨리려는 계획이었다. 대로는 브라이언을 몰아붙였다. 정말 이브는 아담의 갈비뼈에서 나왔는가. 카인은 어떻게 아내를 얻었는가. 뱀이 이브를 유혹했는가. 브라이언은 성경을 대로의 마음대로가 아니라, 원뜻 그대로 해석해야 한다고 맞섰다.

그 와중에 브라이언은 심각한 자기모순을 범하고 말았다. 천지창조가 단 6일 만에 이루어졌다는 성경말씀을 그대로 믿어야 하는가? 브라이언은 "성경에서의 하루는 24시간이 아니라 수백만 년일 수도 있다"고 답함으로써 그 자신도 성경을 있는 그대로 믿지는 않는다는 것을 실토하고 말았다.

7월 10일에 시작돼 21일에 끝난 재판에서 스콥스는 100달러의 벌금형이라는 유죄판결을 받았다. 겉보기엔 근본주의의 승리였지만, 실상은 근본주의의 패배였다. 알렌(Allen 2006)에 따르면, "각지의 개화된 사람들은 데이턴사건을 놀라고 즐거워하면서 지켜보았고, 근본주의에서 서서히 이탈하는 경향은 분명히 계속되었다." 특히 브라이언은 여론의 지탄과 조소를 집중적으로 받았다. 심지어 광신자와 미친 사람이라는 비난까지 들었다. 재판 첫날 『뉴욕타임스』는 브라이언을 '유난히도 무식한 자' 이며 '별로 갖추어지지 않은 머리통' 이라고 비난했다. 이때 받은 충격 때문이었는지 브라이언은 승소한 지 닷새가 지난 26일 일요일 오후 낮잠을 자다가 그대로 세상을 떴다.

브라이언은 죽어서도 편안하지 못했을 것이다. 이 사건은 1955년 브로드웨이 연극 〈바람을 물려받다(Inherit the Wind)〉, 1960년 영화 〈신의 법정〉(감독 데이비드 그린), 그리고 이후 여러 차례 다시 제작된 영화 등을 통해 불멸의 명성을 얻었는데 이 모든 재현에서 브라이언은 매우 부정적으로 묘사되었기 때문이다. 그럼에도 버틀러법은 1968년에서야 폐지됐다.

'공중은 유령이다'

이 '원숭이 재판' 사건을 지켜보면서 민주주의의 한계에 대한 신념을 더욱 강하게 갖게 된 사람이 있었으니, 그는 바로 월터 리프먼이다. 그는 이 사건이 '다수결 원칙(majority rule)' 의 한계를 노출시켰다고 보았다. 테네시주의 사람들은 그들 다수의 힘을 그들의 아이들이 단지 진화론을 배우는 것을 막는 데에만 사용한 것이 아니라 새로운 배움이 가능하다고 하는 정신까지 막는 데에 사용했다는 것이다.

리프먼의 그런 회의가 강하게 표현된 책이 바로 그 해에 출간된 『유령 공중(The Phantom Public)』이다. 『여론』의 속편으로 쓴 이 책에서 리프먼은 유권자들이 공공문제들을 대하는 데 있어서 잠재적인 능력을 갖고 있다는 것조차도 그릇된 이상이라고 주장했다. 리프먼은 시간, 흥미, 또는 지식이 없어서 사회적 문제들의 세부사항을 알고 있지 못한 유권자들의 의견을 물어 여론이라고 말하는 것은 무의미하며, 보통사람들에게 많은 것을 기대하는 것은 부당하다고 역설했다.

리프먼은 이익단체들을 '공중(public)' 이라는 개념에서 배제해야 한다고 주장했다. 이해세력들 간의 갈등에 직접적으로 개입하지 않은 채 관중으로 머무르는 사람들이야말로 진정한 '공중' 이라는 것이다. 리프먼은 "공중은 연극의 제3막 중간에 도착해 커튼이 채 내리기도 전에 떠난다. 공중은 그 연극의 주인공과 악한이 누구인가를 겨우 알아차릴 수 있을 정도로 머물렀을 뿐이다" 라고 말했다. 문명이 발달된 사회라면 그렇게 우연적으로 통치되어서는 안된다는 것이다. 고전적 민주주의 이론에서 기본가정으로 삼은 공중은 '유령' 이요 '추상' 이라는 것이 『유령 공중』의 요점이었다.

리프먼은 공중을 가르칠 수 있는 세력이라기보다는 길들여져야 할 괴물로 보았다. 『아메리칸 머큐리(American Mercury)』지의 편집자이자 독설가로도 유명한 멩켄이 대중민주주의를 비웃는 것을 리프먼이 심각하게 받아들인 것도 바로 그런 이유때문이었다. 두 사람은 '다수결 원칙' 이라고 하는 전제를 의심한다고 하는 점에선 의견이 일치했다. 다만 멩켄에겐 그러한 의심이 일종의 조크였으나 리프먼에겐 하나의 심각한 딜레마로 여겨졌다는 것이 다를 뿐이었다.

앞서 미리 살펴본 『뉴욕월드』의 몰락엔 1922년부터 이 신문에서 일하면서 나중엔 편집장의 직책까지 맡은 리프먼도 일조했다. 『뉴욕월드』는 '옐로우 저널리즘(yellow journalism)' 으로 성공한 신문이었는데 리프먼은 자신의 저서들에서 밝힌 저널리즘 철학에 따라 그러한 체질을 바꾸고자 노력했다. 그는 『뉴욕월드』의 뉴스보도량이 너무 적고 보도에 감정이 개입된다고 불평했다. 리프먼은 언론의 '역 그레섬의 법칙' 을 주창하였다. 언론사를 살펴보면 신문들은 정부의 통제로부터 자유롭기 위해 광고주에 의존하고 대중의 기호에 영합했지만, 독자들은 궁극적으로 '센세이셔널리즘' 에 싫증을 내게 되었다는 것이다. 독자들이 성숙함에 따라 그들은 더욱 진지하고 덜 센세이셔널하며 신뢰할 수 있고 포괄적인 보도를 하는 신문을 선호하게 되었다는 것이 리프먼의 주장이었다.

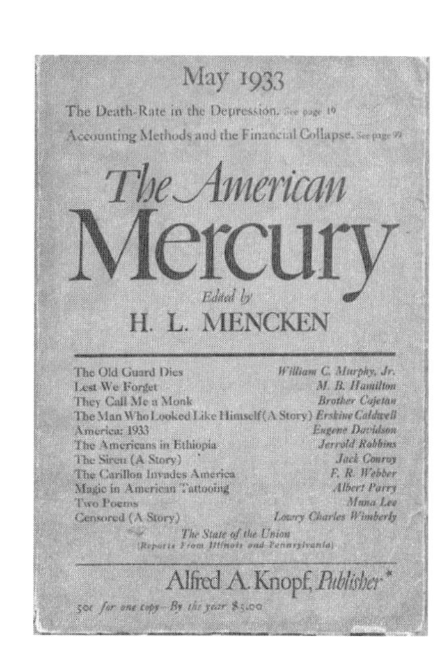

멩켄이 편집자로 있던 『아메리칸 머큐리』의 1933년판.

리프먼의 견해는 장기적인 관점에선 옳은 것일지 몰라도 적어도 『뉴욕월드』의 상업적 성공을 위해서는 아무런 기여도 하지 못하였다. 아니 오히려 『뉴욕월드』의 정체성 상실을 초래해 몰락을 재촉하고 말았다. 그는 저널리스트였지 신문경영인은 아니었던 것이다.

브루스 바턴의 '아무도 모르는 남자'

'원숭이 재판' 이 미국 개신교의 한 얼굴이라면 또 다른 얼굴은 그 재판이 열린 해에 출간된 브루스 바턴(Bruce Barton, 1886~1967)의 『아무도 모르는 남자(The Man Nobody Knows)』였다. '아무도 모르는 남자'는 다름 아닌 예수였다. 회중교 목사의 아들이자 세일즈맨 출신인 바턴은 예수를 '세계에서 가장 위대한 세일즈맨' 이라고 불렀다. 그는 "예수는 비즈니스의 밑바닥에 속하는 사람 12명을 골라서 세계를 정복하려는 조직 속에 동화시켰다" 며 "예수는 현대 비즈니스의 창시자" 라고 주장했다. 그는 "오늘날이었다면 예수는 전국적 광고인" 이 되었을 것이라고 단언하면서 종교와 사업의 유사성을 지적하는 방식으로 기독교를 대중에게 팔았다.

신학자 라인홀드 니버(Reinhold Niebuhr, 1892~1971)는 "예수의 복음은 분명한 성공의 복음이 아니라 분명한 실패를 통한 성공의 복음" 이라며 바턴을 거부했으며, 대부분의 개신교 · 가톨릭 성직자들이 바턴을 '신성모독' 을 저지른 자라며 거세게 비난했다. 그러나 대중은 바턴의 편이었다. 독실한 기독교인들도 바턴의 책을 읽고서 예수를 더욱 가깝게 여기게 되었다고 고백했다.

1924년 12월 여성잡지인 『여성 가정의 벗(Woman's Home Companion)』에 일부 게재되었을 때부터 화제를 모았던 『아무도 모르는 남자』는 1925년과 1926년 2년간에 걸쳐 베스트셀러가 되었고, 사업은 국민적 종교가 되었다. '바턴 붐' 은 1960년대까지 지속되었다. 『아무도 모르는 남자』는 바턴이 그 속편으로 쓴 성경해설서 『아무도 모르는 책(The Book Nobody Knows)』과 함께 지속적인 인기를 누리면서

1956년에도 100만 권 이상 팔려나갔으며, 1965년엔 『리더스 다이제스트』가 이 책들의 축약본을 연재하기도 했다.

'바턴 붐' 이 최초로 조성된 1920년대는 부자가 존경받는 시대였다. 앞서 본 바와 같이, 대통령부터 "미국이 할 일은 비즈니스" 라거나 "공장을 건설하는 사람은 교회를 건설하는 것이다. 공장에서 일하는 사람은 교회에서 경배하는 것이다" 라고 외쳐대는 데 더 말해 무엇하랴.

교회도 사업만능풍조에 물들었다. 예수를 믿으면 능률이 오른다는 광고도 등장했으며, 어느 교회는 교회 건립자금으로 100달러를 기부한 사람 전원에게 "하늘나라 우선주에 대한 투자증명서" 를 발급하기까지 했다. 그러니 예수를 '세계에서 가장 위대한 세일즈맨' 이라고 부른 건 당시의 시대상을 잘 표현한 셈이었다.

그런 사업만능 풍조 속에서 사교가 대성황을 누리면서 친목도모 단체들이 우후죽순 늘어났다. 1905년에 창립된 '로터리클럽(Rotary Club)' 은 1930년에는 15만 명의 회원과 44개국에 3,000개가 넘는 클럽을 거느리게 되었다. 1917년에 만들어진 라이온스클럽(Lions Club)도 1920년대 말에 클럽 수가 1,200개로 증가했다. 이들은 사회봉사활동을 하면서도 "사업에 의한 구제" 를 역설했다.

부동산투기와 주식투기

1925년 마이애미를 비롯한 플로리다 지역에 부동산투기 광풍이 몰아친 건 우연이 아니다. 플로리다는 뉴욕, 시카고, 미니애폴리스 등에 비해 겨울 날씨가 좋았다. 소득이 증가하고 교통여건이 나아짐에 따라 겨울이면 얼어붙는 북부 지방과 플로리다를 왕래하기가 좋아졌다. 그래서 플로리다의 인기가 치솟았고, 부자들 사이에선 "존경받고 싶은 사업가들은 플로리다로 가라"는 말이 유행했다. 마이애미에만 2,000여 개의 부동산 사무소에 2만 5,000여 명의 부동산 업자가 일했다. 800달러였던 땅이 순식간에 15만 달러까지 치솟는 가운데 업자들은 토지를 분양하기 위해 바다에서 20킬로미터 이상 떨어진 것도 해안이라고 주장했다.

1926년 9월 18일 마이애미를 덮친 허리케인으로 그런 부동산투기 광풍은 일순간에 역전의 운명을 맞았다. 이 허리케인은 사망 400명, 부상 6,300명이라는 인명희생과 더불어 수천 개의 지붕을 날려버렸다. 수많은 요트가 마이애미 도로변에 내동댕이쳐졌다.

사업만능 풍조가 허리케인 한방으로 주저앉진 않았다. 이후 나타난 건 주식투기였다. "부자가 되려면 주식을 사라"는 말이 상식으로 통용되었다. 1929년 9월 영국의 재무장관 자격으로 미국을 방문 중이던 윈스턴 처칠까지 가담할 정도였다. 당시 그는 아내에게 보낸 편지에 다음과 같이 썼다.

"당신에게 좋은 소식을 전할 것이 있소. 최근 우리집 재정에 보기 드문 행운이 깃들었다는 것이오. 영국을 출항하기 전 얘기인데 헨리 맥고언 씨가 기회가 있다면 사전 상의 없이 내 명의로 주식을 사도 좋겠느냐고 묻습디다. 그래서 나는 2000에서 3000파운드 정도면 언제라도 준비할 수 있다고 말해두었소. 나는 동원가능한 현금을 말했던 것인데 맥고언 씨는 그것을 신용거래의 한도액으로 받아들인 것 같소. 그는 내가 말한 금액의 10배로 주식을 사들였고 그래서 몇 주일 만에 큰 몫의 재산을 챙기게 됐소. 나에게도, 당신에게도 의지할 수 있는 곳이 생겨 안심이오." (이재광 · 김진희 1999).

그러나 주식광풍은 몇 년 후 대파국을 맞게 되며, 처칠도 주가폭락의 피해자가 된다. 대파국의 그림자는 미국을 점점 덮고 있었지만, 1920년대는 아직 홍청망청대는 열광의 시간을 많이 남겨두고 있었다.

참고문헌 Allen 2006, Davies 2002, Galbraith 2008, Leuchtenburg 1958, Montgomery 1985, Peterson & 카네히라 쇼노스케 1996, Rosenberg 2003, Smolla 1997, Steel 1980, Woodbridge 외 2002, 고범서 2007, 백승찬 2009, 이재광 · 김진희 1999a

"무역은 영화를 따라간다"
할리우드 제국주의

할리우드 제국주의의 기원

제1차 세계대전(1914~1918) 직후 미국엔 세계 영화관 수의 2분의 1을 차지하는 영화관이 있었다. 『새터데이이브닝포스트』는 1925년 11월 7일자에서 기사제목으로 "무역은 영화를 따라간다(Trade Follows the Film)"는 구호를 내걸었다. 이는 1920년대 미국 경제의 팽창주의 구호이기도 했다.

1920년대 초반 미국 영화는 1년에 700여 편이 제작된 반면, 독일은 200여 편, 영국은 40여 편, 다른 유럽 국가들은 각 10여 편에 불과했다. 1920년대에 할리우드의 영화는 전 세계 모든 상영영화의 5분의 4를 차지했다. 1925년의 경우, 미국 영화는 영국 시장의 95퍼센트, 프랑스의 77퍼센트, 이탈리아의 66퍼센트를 장악했다.

영국 상원에서 한 의원은 미국 영화 때문에 중동의 소비자들이 옷과 신발을 미국 영화식으로 해달라고 주문을 해 골치 아프다는 불평

왼쪽 위부터 시계방향으로 찰리 채플린, 버스터 키튼, 더글러스 페어뱅크스, 메이 웨스트. 히틀러가 가장 사랑한 영화의 주인공들이자 1920년대 할리우드에서 가장 많은 사랑을 받았던 배우들이다.

을 털어놓았다. 또 일본의 양복 재단사들은 고객의 주문 때문에 미국 영화를 봐야만 했다. 브라질에서는 갓 개봉한 영화에 등장한 차의 판매고가 35퍼센트나 급증했으며, 캘리포니아 스타일의 건축물이 급증했다. 아직 권력을 장악하기 전 독일의 히틀러가 열광적으로 즐긴 것도 바로 할리우드 영화였다. 슈바르츠밸러(Schwarzwäller 2002)에 따르면, "당과 신문사 일을 제쳐놓고 영화를 연달아서 세 편 또는 네 편씩 보는 날도 있었다. 그가 제일 좋아했던 영화는 찰리 채플린, 버스터 키튼, 메이 웨스트나 더글러스 페어뱅크스가 나오는 영화였다."

할리우드 영화의 세계시장 석권은 결코 영화산업만의 힘으로 이루어진 건 아니었다. 1926년 당시 상무장관이던 허버트 후버는 외교 및 상공국에 영화를 담당하는 부서를 설치했다. 이 영화 담당부서는 1927년과 33년 사이에 22개의 보고서를 만들어냈는데, 이는 전 세계의 영화시장에 관한 정보를 총 망라한 것이었다.

상무부는 그 이후로도 영화시장 관련 보고서를 계속 만들어냈는데, 오늘날 세계영화사를 쓰려고 하는 학자는 반드시 이 보고서를 참고해야 한다. 다른 자료가 없기 때문이다. 이처럼 미국 영화는 정부의 적극적인 마케팅 조사의 지원을 받았던 것이다. 영화산업의 요청에 따라 문을 걸어 잠근 나라에 미국 정부 차원의 시장개방 압력이 가해진 건 두말할 나위가 없다. 1929년에 대통령이 된 후버는 "미국 영화가 들어가는 나라에서 미국산 자동차, 사진, 모자는 두 배나 더 많이 판매된다"고 말했다.

유럽 국가들의 대응

유럽 국가들은 이런 '할리우드 제국주의' 에 대항해 수입쿼터제를 실시했다. 독일은 당시 세계 제2의 영화산업을 자랑하고 있었음에도 1925년 최초로 이 제도를 도입했는데, 그 내용은 국산 영화 1편 제작에 미국 영화 수입권 1개를 주는 것이었다. 할리우드 업자들은 독일 영화업자들에게 쿼터영화를 양산하라고 자금을 지원했다. 이 같은 쿼터영화는 나중에 다른 유럽국가들로 확산되었는데, 영국에서는 이처럼 오로지 미국 영화를 수입하기 위해 급조해 낸 국산영화를 '쿼터 날림영화(quota quickies)' 라고 불렀다.

1920년대의 영국에서 국산영화는 전체 상영영화의 20분의 1에 불과했다. 1927년 말 의회는 급기야 '장기 쿼터시스템법' 을 제정했는데, 이는 최소한 배급영화의 7.5퍼센트, 상영영화의 5퍼센트를 국산영화로 하되 1936년까지 20퍼센트 선에 도달할 때까지 매년 국산영화의 비율을 2.5퍼센트씩 증가시켜야 한다는 내용을 담고 있었다.

이에 대해 할리우드는 독일에서 써먹었던 방식으로 대응했는데, 그것은 아예 영국 영화산업의 지분을 사버리는 것이었다. 워너브라더스와 폭스는 쿼터영화를 만들기 위해 영국에 영화제작소를 개설했으며, 폭스는 아예 영국의 가장 큰 생산-배급-상영회사인 고몽 영국 영화사(Gaumont British Picture Corp.)의 지배주를 장악하는 동시에 영국의 독립영화제작사들에게 쿼터영화를 만들라고 자금을 지원했다. 1936년이 되자 영국 영화는 29.5퍼센트의 시장점유율을 갖게 되지만 그 반은 영국에 있는 할리우드업자들의 지사이거나 할리우드의 지원을 받은 영국 영화사들이 만든 것이었다. 그래서 미국 영화는 실질적으로 여전히 영국 시장의 82퍼센트를 장악할 수 있었다.

1920년대 프랑스의 영화정책은 다소 다른 양상을 띠긴 했지만 보호정책에 관한 한 본질적으로 크게 다르지 않았다. 프랑스는 자국에 수입된 외화 7편 당 1편의 프랑스 영화의 해외구매 및 상영을 조건으로 내세웠다. 그 외화 7편은 미국 영화 4편, 독일 영화 2편, 영국 영화 1편이었다. 따라서 미국은 영화 4편을 수출하기 위해서는 프랑스 영화 1편을 수입해야 했다.

그러나 1926년에 프랑스에 수입된 미국 영화는 444편이었으며, 1927년엔 368편이었다. 반면 1927년에 제작된 프랑스 영화는 74편에 불과했다. 따라서 1927년을 놓고 따진다 하더라도 미국은 프랑스 영화 전량을 다 수입한다 해도 수출할 수 있는 전체 물량의 20퍼센트를 삭감해야 할 처지에 놓이게 되었다. 미국은 보이콧으로 보복을 가하였다. 이미 프랑스 국민이 좋아하는 할리우드 스타 없이 프랑스가 견뎌낼 수 있겠느냐는 계산을 했던 것이다. 미국은 이러한 압력과 더불어 국제무역협정을 들먹이며 프랑스의 태도를 약화시키는 데에 성공했다.

그 결과 프랑스는 조건을 완화했다. 프랑스 영화상영 1편당 7편의 외국영화 수입을 가능케 했으며 그 7편의 영화는 한 나라로부터 수입해도 무방하도록 한 것이다. 또 프랑스 영화의 국외상영 1편마다 추가로 2편의 영화수입을 가능케 했다. 이러한 타협 결과는 1927년 당시 프랑스 시장의 미국 영화 점유율 63퍼센트를 더 이상 하락시키지는 않는 효과를 낳았다.

할리우드로 몰려든 스타들

영화산업이 곧 스타산업이라는 것을 간파한 할리우드는 대스타가 될 가능성이 있는 외국배우들을 할리우드로 끌어들였다. 유럽의 재능 있는 배우들은 자국의 영화시장에 비해 파격적인 조건을 제시하는 할리우드로 몰려들었다. 스타들의 집결지가 곧 할리우드라고 하는 점은 할리우드 영화의 세계시장 제패를 더욱 용이하게 만들어주었다.

외국스타는 미국화되어야 했는데, 이를 둘러싼 갈등이 없는 건 아니었다. MGM이 1925년 프랑스에서 수입한 배우 루실 르쉬외르(Lucille Le Sueur, 1905~1977)의 경우를 보자. 그녀의 이름은 현상공모되어 조앤 크로퍼드(Joan Crawford)로 결정되었다. 그녀는 이 이름을 한

프랑스 배우 루실 르쉬외르는 할리우드로 건너가 조앤 크로퍼드라는 이름을 얻었다.

사코 거부해 몇 년간 자신을 일부러 조-앤 크로포드(Jo-Ann Crawford)로 소개하였다. 물론 이는 스타 시스템이 도입된 초기의 에피소드일 뿐이며, 영화사들의 스타관리는 점점 더 치밀해졌고 배우들은 그 메커니즘에 순응하거나 적응했다.

그런 치밀한 계획은 우선 신인배우들에게 대중의 감성을 자극할 수 있는 이름을 부여하는 것에서부터 시작되었다. 말하는 법, 걷는 법, 옷 입는 법도 처음부터 다시 배웠다. 배우들의 모든 일정은 영화사의 광고・홍보부가 관리했다. 매스미디어에 크게 보도되기 위해서라면 무슨 짓도 마다하지 않았다. 로맨스를 조작하기도 하고 심지어 영화사가 정해준 사람과 결혼해버리는 일마저 생겨난다.

스타의 공사(公私)생활은 모두 영화사에 의해 체계적으로 관리되고 조직되었다. 어떤 스타는 계약에 의해 결코 웃지 않게 되었다. 어떤 경우에는 적어도 외관상으로는 어머니와 함께 정결한 생활을 한다는 평판을 얻는 처녀 역을 강요하기도 했다. 그렇지만 '글래머 걸'의 이미지를 가진 배우라면 이야기는 달라진다. 그녀는 제작자가 선정한 파트너와 팔을 끼고서 나이트클럽에 나타나야만 했다. 어떤 이미지가 영화 흥행에 도움이 된다고 판단되면 영화사는 어떻게 해서든 그 이미지를 조작해내고야 말았다.

루돌프 발렌티노와 메이 웨스트

1920년대에는 루돌프 발렌티노(Rudolf Valentino, 1895~1926)와 그레타 가르보(Greta Garbo, 1905~1990)와 같은 좀더 이국적이고 에로틱한 배우들이 픽퍼드, 페어뱅크스, 채플린의 대열에 합류함으로써 스타시장이 풍요로워졌다. 이탈리아에서 태어나 18세에 미국으로 이민 온 발렌티노는 영화사상 최초의 섹스 심벌로 평가되는데, 1926년 8월 23일 그의 사망은 여성 팬들 사이에 집단 히스테리 현상이 발생할 정도로 강력한 스타파워를 보여준 사회적 사건이 되었다.

뉴욕 시내에는 약 10만의 인파가 발렌티노에게 애도를 표하기 위해 줄을 섰다. 조문객의 상당수는 매니저가 발렌티노의 개인 빚 16만 5,000달러를 갚기 위해 의도적으로 '심어놓은' 사람들이었지만, 상심한 여성 팬들의 자살보도가 잇따른 걸로 보아 적어도 여성들에겐 엄청난 충격이었던 건 분명했다.

장례식이 치러진 8월 24일은 온종일 폭동상태였다. 브로드웨이의 장례식장에 누워 있는 그의 시신을 보려고 무려 11블록에 걸쳐 조문객이 모여들었다. 기마경찰 100여 명과 뉴욕경찰이 질서를 위해 배치

루돌프 발렌티노(왼쪽)와 찰스 윌리엄 엘리엇(오른쪽). 하버드대에서 40년간 총장으로 재직한 엘리엇의 타계 소식은 대스타 발렌티노의 사망소식에 묻혀 거의 주목받지 못했다.

됐고, 밀집대형의 경찰들이 조문객들을 진정시켰지만, 장례식장 안으로 들어가려는 팬들 때문에 유리창들이 박살났다. 공교롭게도 발렌티노가 죽기 하루 전인 22일, 하버드대에서 40년간 총장으로 있으면서 이 대학을 세계적인 대학으로 끌어올린 찰스 윌리엄 엘리엇(Charles William Eliot, 1834~1926)이 타계했지만, 발렌티노 애도열기에 묻혀 엘리엇의 죽음은 거의 주목받지 못했다.

발렌티노는 '탱고의 황제' 이기도 했다. 탱고는 1910년대에 호화 유람선을 타고 여행 중이던 부유한 아르헨티나 사람들이 원래 형태에서 '변형된 탱고' 를 파리에서 추면서 유럽에 알려졌는데, 1910년대 후반에 미국에도 전해졌다. 탱고보다 더 빨리 전 미국을 휩쓴 춤은 없었다는 말이 나올 정도로 탱고는 미국 사회를 휩쓸었다. 매사추세츠주를 비롯한 일부 주들은 탱고금지령을 내릴 정도였다. 발렌티노가 영화 속에서 탱고를 추면 수많은 여성 팬들이 졸도하는 사태가 빚어지곤 했다.

발렌티노가 여성을 위한 섹스 심벌이었다면, 남성을 위한 섹스 심벌은 여성 희극배우 메이 웨스트였다. 1893년 뉴욕주 브루클린에서 태어난 그녀는 7살 때부터 극장에서 춤과 노래를 선보이며 이후 80년간 무대생활을 하는 대기록을 세운다.

1927년 4월 27일 웨스트는 글과 옷차림, 연극 〈섹스〉의 출연 등이 공공윤리를 문란하게 했다는 죄목으로 유죄선고를 받고 10일 구류에 벌금 500달러를 선고받았다. 그녀는 자신의 작품이 아무것도 모르는 여자들에게 섹스의 위험성을 알려서 사생아 출생률과 성병 발병률을 낮추는 데 기여했다고 주장했지만, 받아들여지지 않았다. 그녀는 배심원단과 증인이 전부 남자였음을 들어 "이번 일은 '남자들' 대 '한 여자' 의 싸움이었다" 고 주장했다. 유죄선고는 동시에 그녀의 자유주의 성향에 대한 탄압이기도 했다.

웨스트는 1920년대엔 극장공연 관객의 섹스 심벌이었지만, 1933년부터 스크린에 진출해 월드스타로 활약했다. 1934년 약 40만 달러의 수입으로 최고 수입 연예인 1위에 오르는데, 이는 같은 급의 여배우 마를레네 디트리히(Marlene Dietrich, 1901~1992)가 벌어들인 14만 달러의 3배 가까운 액수였다. 그녀는 키 155센티미터, 가슴 38인치, 엉덩이 38인치, 허리 28인치의 신체를 가졌는데, 그녀의 가슴이 크다는 이유로 제2차 세계대전 당시 공군대원들은 자신들이 쓰던 팽창형 구명재킷을 '메이 웨스트' 라 부르곤 했다.

웨스트는 직접 스튜디오를 운영하면서 자유와 부를 동시에 누렸으며, 자기 주도력이 강해 차세대 여배우들의 영웅이 되었다. 자율규제의 형식을 띤 검열에 강력반발한 걸로도 유명하다. 수많은 염문을 뿌리고 다닌 그녀는 특히 운동선수를 좋아했다. 80대의 나이에도 권투선수와 사진 찍는 걸 즐기면서 종종 그들의 몸에 찬사를 보내곤 했다. 또한 그녀는 벤저민 프랭클린까지 그 족보가 거슬러 올라가는 이른바 '한 줄 명언' 의 달인이었다.

"강한 남자는 찾을 가치가 있다.", "중요한 건 내 인생의 남자들이 아니라, 내 남자들의 인생이다.", "집에 있는 한 남자가 길거리에 있는 두 남자보다 낫다.", "쓸쓸한 밤에 이혼수당이 무슨 소용인가?", "난 착할 때 무척 멋지지만, 못되게 굴 때가 더 낫다."

영화배우는 아니었지만, 이 시대의 대스타로 '블루스의 여왕' 베시

스미스(Bessie Smith, 1894~1937)를 빼놓을 순 없겠다. 1920년대는 아직 블루스와 재즈가 개별적인 장르로 완전히 분기(分岐)하지 않은 상태였는데, 스미스의 존재가 그 경계를 나눴다. 1923년 80만 장이 팔려나간 싱글 〈다운하티드 블루스(Down-Hearted Blues)〉로 파산 직전의 컬럼비아 레코드사를 기사회생시키며 극적으로 데뷔한 스미스는 당대 가장 성공한 흑인 예술가였다. 1925년에 나온 〈세인트루이스 블루스(Saint Louis Blues)〉는 베시 스미스 최고의 노래일 뿐만 아니라, 블루스 역사의 이정표이기도 하다.

참고문헌 Allen & Gomery 1998, Belton 2000, Dalton 2003, Ehrenbourg 2000, Englert 2006, Giannetti 1990, Johnson 2009, Jowett & Linton 1980, Kahlweit 외 2001, Morin 1992, Panati 1997, Schwarzwäller 2002, Sklar 1975, Thompson & Bordwell 2000, 김지운 1991, 박상익 2009, 박은석 2007, 이용관 · 김지석 1992

"가르보가 말을 한다"
사운드의 도입과 미키마우스의 탄생

사운드의 도입

"잠깐, 잠깐만. 아직 넌 아무것도 못들었다니까(Wait a minute. Wait a minute. You ain' t heard nothin' yet)." 1927년 10월 6일 뉴욕에서 워너브라더스 픽처스사가 개봉한 최초의 유성영화 〈재즈싱어(The Jazz Singer)〉(감독 앨런 크로스랜드)의 주인공 알 졸슨이 이렇게 말하는 순간 객석에선 탄성이 터져 나왔다. 비록 이 영화에서 배우가 말을 하는 장면은 두 대목에 불과했고, 나머지 장면은 다른 무성영화처럼 자막으로 처리됐지만 〈재즈싱어〉는 토키(Talkies) 즉, 유성영화시대의 개막을 알리는 기념비적 작품이 됐다. 영사기에 축음기를 연결시킨 바이타폰(Vitaphone)이 등장하면서 이루어진 기술적 개가였다. 〈재즈싱어〉에 앞서 1926년 바이타폰을 사용한 〈돈 주앙(Don Juan)〉(감독 앨런 크로스랜드)이 제작됐지만 칼 부딪치는 음향효과에 그쳤을 뿐 배우들의 목소리까지는 담아내지 못했다.

영화 〈재즈싱어〉가 개봉된 1927년의 워너 극장 모습. 포스터에 등장한 배우 알 졸슨이 말을 하는 순간 객석에선 탄성이 터져나왔다.

얼굴을 검게 칠한 알 졸슨이 〈유모〉라는 노래를 부르며 영화의 대미를 장식했을 때 많은 사람들이 '영화의 혁명'을 직감했다. 실제로 파라마운트사의 한 젊은 임원은 중간 휴식시간에 로비로 달려 나와서 캘리포니아에 있는 자신의 상사에게 전화를 걸었다. "이건 혁명입니다." 다음날 아침 아돌프 주커(Adolph Zukor, 1873~1976)는 50여 명의 파라마운트사 임원들을 집합시킨 뒤 왜 유성영화를 만들지 않았는지 해명을 요구했으며, 다른 스튜디오들에서도 똑같은 일이 일어났다.

유성영화 탄생에 가장 많은 노력을 기울였던 주인공 샘 워너(Sam Warner, 1887~1927)는 〈재즈싱어〉가 개봉되기 24시간 전에 심장마비로 사망했지만, 그의 워너브라더스 픽처스사는 〈재즈싱어〉로 350만 달러를 벌어들이며 단숨에 메이저 영화사로 떠올랐다. 주당 9달러까지

하락했던 주가는 이 영화의 개봉과 함께 132달러로 급등했다. 1920년대 말에 이르러 워너브라더스는 하루에 한 개 꼴로 새 극장을 인수했으며, 침체됐던 영화계는 활력을 되찾았다.

그러나 1927년과 1935년 사이에 정착된 사운드의 도입은 처음엔 한동안 할리우드 영화에 위협적인 요소로 여겨졌다. 사운드는 자국 언어로 만든 영화의 매력을 증대시켰기 때문이다. 이에 따라 할리우드는 외국어로 된 영화를 만들기로 결정하였다.

MGM, 파라마운트 등의 스튜디오에선 한 세트에서 미국용 촬영이 끝나면 외국용 캐스트가 등장해 다시 촬영을 하는 진기한 광경이 벌어졌다. 예컨대, 그레타 가르보가 〈애나 크리스티(Anna Christie)〉(1930년, 감독 클레어런스 브라운)의 촬영을 끝내면 그녀를 제외한 다른 감독과 배우들이 등장해 재촬영을 하는 식이었다. 여기서도 중요한 건 그레타 가르보라는 스타만큼은 외국용 영화에도 그대로 등장한다는 점이었다. 그녀의 영화는 "가르보가 말을 한다"는 구호와 함께 선전되었다. 그녀의 낮고 허스키한 목소리와 억양이 심한 대사는 그녀를 더욱 매력적으로 보이게 만들었다. 1930년경 파라마운트는 그런 식으로 12개 언어로 66편의 영화를 제작했다. 그러나 그런 2중 언어제작은 영화계의 전반적인 불경기로 인해 1931년에 중단되었다.

사운드의 도입은 거저 이루어진 것이 아니었다. 이 일엔 막대한 자본이 투입되었다. 할리우드에 은행자본의 참여가 가속화된 것도 바로 이때였다. 이용관 · 김지석(1992)에 따르면, "은행 측은 사운드의 개발에 투자된 막대한 자본금을 회수하기 위해서 영화사 측에 영화산업의 다각화를 요구했으며, 아울러 보다 많은 수익을 올리기 위해 할리우드 영화의 해외진출을 도모하였다. 이후에 할리우드 영화산업이 스튜디오시대에 복합기업의 자회사로 합병되는 과정에서도 은행은 막대한 영향력을 발휘한 바 있다."

사운드의 등장과 함께 우려됐던 유럽 영화관객들의 민족주의적 성향도 스타의 매력 앞에선 별 장애가 되지 못한다는 것이 밝혀졌다. 또 녹음기술이 개선됨에 따라 '더빙'이 이용되어 문제가 해결됐다.

미키 마우스의 탄생

1927년 10월 최초의 유성영화 〈재즈싱어〉를 관람한 관객 중엔 다른 관객들과는 다른 이유로 큰 충격을 받은 사람이 있었다. 그는 바로 월트 디즈니(Walt Disney, 1901~1966)다. 그는 자신의 사무실에 자주 출몰하던 생쥐에 '미키마우스(Mickey Mouse)'라는 이름을 붙이고, 이를 내세운 만화영화 제작에 심혈을 기울이던 제작업자였다. 그는 이미 미키마우스를 주인공으로 한 두 편의 애니메이션 〈정신나간 비행기(Plane Crazy)〉와 〈질주하는 가우초(The Gallopin' Gaucho)〉(이상 1928년)를 만들었지만 성공을 거두진 못했다.

그런 상황에서 〈재즈싱어〉를 본 디즈니는 "그래 바로 이거야!"라며 무릎을 쳤다. 다음 작품으로 제작중인 〈증기선 윌리(Steamboat Willie)〉는 유성영화로 만들어야 성공할 수 있겠다는 생각을 한 것이다. 소리는 일반 영화보다는 오히려 만화영화에서 더욱 효과적으로 쓰일 수 있다는 생각을 〈재즈싱어〉가 가르쳐 준 셈이다. 그는 〈증기선 윌리〉의 제작을 잠정적으로 중단하고, 필름에 소리를 입힐 방안을 강구했다.

다양한 실험과 시행착오를 거쳐 〈증기선 윌리〉는 1만 5,000달러의

〈증기선 윌리〉의 한 장면. 〈재즈 싱어〉에 자극받은 디즈니는 1만 5,000달러를 들여 〈증기선 윌리〉를 유성으로 만들었다. 1928년 영화가 개봉되자 관객들은 찍찍대는 작은 쥐에 열광했다.

돈을 들여 완성되었고, 1928년 11월 18일, 뉴욕의 콜로니 극장에서 〈증기선 윌리〉가 개막극으로 상영되었다. 미키마우스가 찍찍거리는 소리를 내며 등장하는 첫 장면부터 영화가 끝나는 10분 동안 관객들은 탄성을 내지르며 작고 귀여운 생쥐에 열광했다. 디즈니의 회고에 따르자면, "실로 감동적인 반응이 나왔다. 모두가 거의 본능적으로 소리와 화면을 결합한 작업에 대해 와와 하고 환호했다.……무섭다는 느낌이 들 정도였다."

미키마우스의 휘파람 소리는 디즈니가 가성으로 만든 목소리였는데, 이후 7년 동안 디즈니는 미키마우스의 성우 역을 맡았다. 〈증기선 윌리〉의 성공으로 하루아침에 성공과 명성을 거머쥔 디즈니는 나중에 이렇게 말했다. "내게 미키마우스는 독립의 상징이다. 내가 궁핍했을 때 태어난 이 자그마한 친구는 우리를 어려움으로부터 구해주었다. 미키는 우리 조직이 지금처럼 확장될 수 있는 토대를 제공했고, 또 만화라는 매체를 새로운 오락의 차원으로 끌어올리는 단초를 제공했다."

디즈니는 〈증기선 윌리〉 이후 미키마우스가 출연하는 31편의 단편 만화영화를 내놓았고, 모두 성공을 거두었다. 이제 미키마우스는 '고양이 펠릭스(Felix the Cat)'와 '오스왈드(Oswald)' 보다 높은 인기를 누렸고, 심지어 세기의 배우 찰리 채플린보다 인기가 높을 정도였다. 그러나 높은 인기에 비해 막상 디즈니사에 들어오는 수입은 별로 없었다. 배급사들의 농간과 횡포 때문이었다.

디즈니는 열악한 재정상황을 해결하기 위해 미키마우스를 캐릭터 상품으로 만드는 계획에 착수해 1930년 『미키마우스 북(The Mickey Mouse Book)』을 출간했다. 이 책은 1930년에만 9만 7,000여 부가 팔려 미키마우스의 인기를 실감케 했고, 미키마우스가 가진 높은 상품성을 확인시켜주었다. 또한 디즈니는 뉴욕의 상인 조지 보그펠트(George Borgfeldt)와 미키마우스와 미니마우스의 얼굴이 들어간 장난감과 책, 옷 등을 판매할 수 있게 라이선스 계약을 체결했다. 미키와 미니의 얼굴이 그려진 상품은 날개 돋친 듯 팔려나갔고, 이 또한 디즈니사의 주요 수입원이 되었다. 이후 디즈니는 신문잡지용 기사배급회사인 킹 피처스(King Features)와 미키마우스가 등장하는 4컷 짜리 신문만화를 공급하기로 계약을 체결했다. 이 계약으로 인해 디즈니사는 수입원을 늘릴 수 있었을 뿐 아니라, 미키마우스의 얼굴을 전 세계에 알리는 발판을 마련할 수 있었다.

1932년 디즈니는 뉴욕의 사업가인 케이 케이멘(Kay Kamen)을 고용해 그에게 미키마우스와 관련된 라이선스 계약 건을 모두 맡겼다. 카멘이 처음 맺은 계약은 미키마우스 아이스크림을 판매하는 계약이었다. 미키마우스 아이스크림은 출시 한 달 만에 1,000만 개가 팔리는 진기록을 세웠다. 카멘은 계속 계약을 체결해, 1932년 말에 이르러서는 RCA와 제너럴 푸드에 이르기까지 많은 기업이 미키마우스 얼굴이 그려진 제품을 생산·판매했다. 케이멘의 영입으로 디즈니사는 1년 만에 30만 달러의 순이익을 올릴 수 있었다. 이후 월트 디즈니는 디즈니사에서 창조한 캐릭터 모두를 상품화시켰고, 그것을 통해 안정된 수입원을 얻을 수 있었다.

미키마우스는 1930년대에 전 세계인의 마음을 사로잡았다. 독일에서는 미카엘 마우스(Michael Maus), 일본에서는 미키 쿠치(Miki Kuchi), 에스파냐에서는 미구엘 라토노시토(Miguel Ratonocito)로 알려졌으며, 심지어 이 이름을 딴 자동차까지 만들어졌다. 이탈리아 자동차회사 피아트(Fiat)는 제2차 세계대전 직후 최초의 소형차를 생산하면서 미키의 이탈리아 별명인 '토폴리노(Topolino)' 라는 세례명을 부여했다. 이후 착착 진행된 '디즈니 왕국' 의 건설에 관한 이야기는 나중에 다시 하기로 하자.

조선의 재즈열풍

〈재즈싱어〉는 미키마우스의 성공에 기여를 했을 뿐만 아니라 재즈시대의 정서를 대변하는 영화이기도 했다. 재즈의 힘을 말해준 영화라곤 할까. 1920년대의 재즈스타는 1900년 7월 4일 뉴올리언스에서 태어나 1922년 7월 시카고 재즈악단에 입단해 활약한 루이 암스트롱

미국 재즈의 거장들. 왼쪽 위부터 시계방향으로 루이 암스트롱, 베니 굿맨, 듀크 엘링턴, 찰리 파커.

(Louis Daniel Armstrong, 1901~1971)이다. 그는 술집이나 사창가 같은 곳에서나 부르는 노래라는 인식이 강했던 재즈를 양지로 끌어낸 '재즈의 전설'로 평가받는다. 이후의 재즈 거장들엔 1930년대엔 베니 굿맨(Benny Goodman, 1909~1986)과 듀크 엘링턴(Edward Kennedy Ellington, 1899~1974), 1940년대엔 찰리 파커(Charles Christopher Parker Jr., 1920~

1955), 1950년대엔 마일스 데이비스(Miles Dewey Davis III, 1926~1991) 등이 있다.

재즈의 힘은 바다 건너 멀리 일제의 지배하에 놓여 있는 조선에까지 미쳤다. 조선에서 재즈는 1920년대 말부터 유행했는데, 본격적인 재즈가 조선에 들어온 기록으로는 『동아일보』 1928년 9월 4일자에 "새로 컬럼비아 전속 예술가가 된 미국 재즈밴드의 대왕 폴 화이트맨"이라는 광고가 실려 있는 것이 처음이며, 이때의 목록은 '라 팔로마(La Paloma)', '메리 위도우 왈츠(Merry Widow Waltz)' 등 10곡이었다. 재즈의 인기가 워낙 높아 그만큼 비난의 목소리도 컸다. 이서구는 『별건곤』 1929년 9월호에 쓴 글에서 재즈를 '현대인의 병적 향락생활'로 매도했다.

"흥에 겨운 곡조를 체모(體貌)도, 염치도 잊어가면서 몸짓, 손짓, 다릿짓, 콧짓, 그야말로 제멋이 내키는 대로 지랄을 하다시피 아뢰는 것을 '재즈밴드'라고 부른다. 그리하여 재즈취미의 근원은 이 재즈밴드에서 발하고 있는 것이니, 우리 대경성(大京城)에도 이미 이 세기말적 어깻바람이 나는 기분이 침윤(浸潤)된 것은 눈에 보이는 사실이다. 악단의 멋객(客)들로 조직된 '코리안 재즈밴드'의 공연이 있을 때마다 젊은 피에 끓는 남녀들에게는 어지간히 큰 환호를 받았었다.……예절이니 규율이니 하는, 듣기만 하여도 가슴이 막히는 케케묵은 수작은 그들의 귀에는 들어갈 틈이 없다. 오직 '바나나' 그늘 밑에서 엉덩이만 가리고 여름의 태양을 축복하는 토인들의 그 마음으로 돌아가 단순히 한 가지 즐김에 빠져서 정신을 못 차리도록 뛰고 놀아버릴 뿐이다."(장유정 2006).

그러나 전 세계적으로, 특히 조선인들이 선망하는 미국에서 불던 재즈바람을 어찌 외면할 수 있었으랴. 『신동아』 1931년 11월를 보자. "재즈 재즈 재즈! 소리 소리 소리! 재즈와 잡음의 난투! 이것은 도회다. 스피드 스피드 스피드!……도회는 유행을 찾는다. 스타일 스타일 스타일! 유성기 소리판이 돌고 돈다." 1936년 나운규가 주연한 영화 〈종로〉의 주제가는 "쨔스(재즈)가 춤을 추는 종로 한복판 / 스카트 쩔버져서(짧아져서) 에로각선미 / 황금의 무덤속에 순정을 묻고 / 싸구려 장사치가 사랑을 판다네"라고 노래했다.

가요계엔 재즈를 위한 재즈송이 유행했다. 최초로 재즈송을 노래한 사람은 1930년 2월 〈종로행진곡〉 〈그대 그림자〉 등을 부른 영화배우 복혜숙(1904~1982)이었다. 장유정(2006)에 따르면, 재즈송 노랫말의 특징은 과잉된 감정의 분출, 이국적인 정서를 드러내는 시어의 사용, 기쁨과 향락으로 충만한 세계 등이었다.

가장 대표적인 노래가 〈다이나(Diana)〉다. 원 작곡자는 미국인 해리 아크스트(Harry Akst, 1894~1963)로 1925년 에델 워터스(Ethel Waters, 1896~1977)의 노래로 처음 발표되었다. 1931년 빙 크로스비((Harry Lillis Crosby, 1903~1977)가 다시 불러 대대적인 인기를 얻으면서 일본에도 번안곡으로 소개되었다. 일본에선 1934년 디크 미네(ディックミネ, 1908~1991)가 발표한 곡이 가장 많은 인기를 끌었다. 디크 미네는 1935년 3월 〈다이나〉(이송 작사)를 우리말로 취입하면서 삼우열이란 예명을 사용했는데, 인기를 얻으면서 한국인들로부터 팬레터도 많이 받았다. "오 다이나 나의 사랑 마음의 그리운 아름다운 그대 / 아 그대여 다이나 어여쁜 입술을 나에게 다오 나에게 다오 / 밤마다 그대 눈동자 그리워

하면 산란타 이 마음 다이나 / 나에게 다오 키스 나의 마음 산란타 나의 사랑 다이나" 1936년엔 강홍식과 안명옥의 〈다이나〉, 강덕자의 〈다이나〉, 1939년엔 김능자의 〈다이나〉 등 모두 4차례에 걸쳐 〈다이나〉가 취입되었다. 인기가 대단했다는 것을 알 수 있다.

인종 · 민족 · 국경을 뛰어넘는 재즈의 힘이다. 미국에서 혁신주의 불꽃을 잠재운 재즈의 물결은 이제 곧 대공황이라는 경제적 파국에 직면하게 되지만, 대중의 고통을 위로하는 걸 사명으로 삼는 대중문화는 그 어떤 상황에서건 성장하는 전천후 산업으로 또다른 활약을 하게 된다.

참고문헌 Capodagli & Jackson 2000, Czitrom 1982, Eliot 1993, Gross 외 1997, Means 2002, Sklar 1975, 강준만 외 1999-2000, 민융기 1999, 박찬호 1992, 서의동 2009, 유선영 2008, 이동순 2007, 이용관 · 김지석 1992, 장유정 2006

Frederick Lewis Allen, 『Only Yesterday: An Informal History of the Nineteen-Twenties』, New York: Bantam Books, 1931.

F. L. 알렌(Frederick Lewis Allen), 박진빈 옮김, 『원더풀 아메리카』, 앨피, 2006.

F. L. 알렌(Frederick Lewis Allen), 박진빈 옮김, 『빅 체인지』, 앨피, 2008.

Robert C. Allen & Douglas Gomery, 『Film History: Theory and Practice』, New York: Alfred A. Knopf, 1985.

로버트 앨런(Robert C. Allen) · 더글러스 고메리(Douglas Gomery), 유지나 · 김혜련 옮김, 『영화의 역사: 이론과 실제』, 까치, 1998.

J. Herbert Altschull, 『Agents of Power: The Role of the News Media in Human Affairs』, New York: Longman, 1984.

허버트 알철(J. Herbert Altschull), 강상현 · 윤영철 공역, 『지배권력과 제도언론: 언론의 이데올로기적 역할과 쟁점』, 나남, 1991.

허버트 알철(J. Herbert Altschull), 양승목 옮김, 『현대언론사상사: 밀턴에서 맥루한까지』, 나남, 1993.

케이티 앨버드(Katie Alvord), 박웅희 옮김, 『당신의 차와 이혼하라』, 돌베개, 2004.

보니 앤젤로(Bonnie Angelo), 이미선 옮김, 『대통령을 키운 어머니들』, 나무와숲, 2001.

Shawn Aubitz & Gail F. Stern, 「Ethnic Images in World War I Posters」, 『Journal of American Culture』, 9:4(Winter 1986), pp.83~98.

폴 애브리치(Paul Avrich), 하승우 옮김, 『아나키스트의 초상』, 갈무리, 2004.

Erik Barnouw, 『The Sponsor: Notes on a Modern Potentate』, New York: Oxford University Press, 1978.

Erik Barnouw, 『Tube of Plenty: The Evolution of American Television』, New York: Oxford Univ. Press 1982.

로버트 바스키(Robert Barsky), 장영준 옮김, 『촘스키, 끝없는 도전』, 그린비, 1998.

장 보드리야르(Jean Baudrillard), 이상률 옮김, 『소비의 사회: 그 신화와 구조』, 문예출판사, 1991.
장 보드리야르(Jean Baudrillard), 주은우 옮김, 『아메리카』, 문예마당, 1994.
프랭클린 보머(Franklin L. Baumer), 조호연 옮김, 『유럽 근현대 지성사』, 현대지성사, 1999.
잭 비어티(Jack Beatty), 유한수 옮김, 『거상: 대기업이 미국을 바꿨다』, 물푸레, 2002.
시몬 드 보부아르(Simone de Beauvoir), 백선희 옮김, 『미국여행기』, 열림원, 2000.
앤터니 비버(Antony Beevor), 김원중 옮김, 『스페인 내전: 20세기 모든 이념들의 격전장』, 교양인, 2009.
Russell W. Belk, 「A Child's Christmas in America: Santa Claus as Deity, Consumption as Religion」, 『Journal of American Culture』, 10:1(Spring 1987), pp.87~100.
대니얼 벨(Daniel Bell), 김진욱 옮김, 『자본주의의 문화적 모순』, 문학세계사, 1990.
존 벨튼(John Belton), 이형식 옮김, 『미국영화/미국문화』, 한신문화사, 2000.
피터 벤더(Peter Bender), 김미선 옮김, 『제국의 부활: 비교역사학으로 보는 미국과 로마』, 이끌리오, 2006.
에드워드 버네이스(Edward Louis Bernays), 강미경 옮김, 『프로파간다: 대중심리를 조종하는 선전 전략』, 공존, 2009.
Daniel J. Boorstin, 『The Image: A Guide to Pseudo-Events in America』, New York: Atheneum, 1964.
대니얼 J. 부어스틴(Daniel J. Boorstin), 이보형 외 옮김, 『미국사의 숨은 이야기』, 범양사출판부, 1991.
지오반나 보라도리(Giovanna Borradori), 『테러시대의 철학: 하버마스, 데리다와의 대화』, 문학과지성사, 2004.
Waldo W. Braden & Earnest Brandenburg, 「Roosevelt's Fireside Chats」, 『Speech Monographs』, 22(November 1955), pp.290~302.
데니스 브라이언(Denis Brian), 김승욱 옮김, 『퓰리처: 현대 저널리즘의 창시자, 혹은 신문왕』, 작가정신, 2002.
Alan Brinkley, 『Voices of Protest: Huey Long, Father Coughlin & the Great Depression』, New York: Vintage Books, 1983.
앨런 브링클리(Alan Brinkley), 황혜성 외 공역, 『미국인의 역사(전3권)』, 비봉출판사, 1998.
Denis W. Brogan, 『The Era of Franklin D. Roosevelt: A Chronicle of the New Deal and Global War』, New Haven: Yale University Press, 1950.
빌 브라이슨(Bill Bryson), 정경옥 옮김, 『빌 브라이슨 발칙한 영어산책: 엉뚱하고 발랄한 미국의 거의 모든 역사』, 살림, 2009.
James MacGregor Burns, 『Roosevelt: The Lion and the Fox』, New York: Harcourt Brace, 1956.
David H. Burton, 「The Learned Presidency: Roosevelt, Taft, Wilson」, 『Presidential Studies Quarterly』, 15:3, Summer 1985, pp.486~497.
Neil Campbell & Alasdair Kean, 정정호 외 공역, 『미국문화의 이해』, 학문사, 2002.

빌 캐포더글리(B. Capodagli) · 린 잭슨(L. Jackson), 이호재 · 이정 옮김, 『디즈니 꿈의 경영』, 21세기북스, 2000.

Ronald H. Carpenter, 「America's Tragic Metaphor: Our Twentieth-Century Combatants as Frontiersmen」, 『The Quarterly Journal of Speech』, 76:1(February 1990), pp.1~22.

프레더릭 F. 카트라이트(Frederick F. Cartwright) · 마이클 비디스(Michael Biddiss), 김훈 옮김, 『질병의 역사』, 가람기획, 2004.

Harry Castleman & Walter J. Podrazik, 『Watching TV: Four Decades of American Television』, New York: McGraw-Hill, 1982.

CCTV 다큐멘터리 대국굴기 제작진, 소준섭 옮김, 『강대국의 조건: 미국』, 안그라픽스, 2007.

Zechariah Chafee, Jr., 『Free Speech in the United States』, Cambridge, Mass.: Harvard University Press, 1941.

에드워드 챈슬러(Edaward Chancellor), 강남규 옮김, 『금융투기의 역사: 튤립투기에서 인터넷 버블까지』, 국일증권경제연구소, 2001.

노엄 촘스키(Noam Chomsky), 강주헌 옮김, 『그들에게 국민은 없다: 촘스키의 신자유주의 비판』, 모색, 1999.

노엄 촘스키(Noam Chomsky), 오애리 옮김, 『507년, 정복은 계속된다』, 이후, 2000.

노엄 촘스키(Noam Chomsky), 박수철 옮김, 『노엄 촘스키의 미디어 컨트롤』, 모색, 2003a.

노엄 촘스키(Noam Chomsky), 황의방 · 오성환 옮김, 『패권인가 생존인가: 미국은 지금 어디로 가는가』, 까치, 2004.

데이비드 크리스천(David Christian), 김서형 · 김용우 옮김, 『거대사: 세계사의 새로운 대안』, 서해문집, 2009.

Raymond Clapper, 「Why Reporters Like Roosevelt」, 『Review of Reviews and World's Work』, June 1934, pp.14~17.

Gerald Clarke, 「Two Views of a Little Caesar」, 『Time』, June 7, 1982, pp.62~63.

Peter Corrigan, 이성룡 외 옮김, 『소비의 사회학』, 그린, 2001.

Merle Curti, 「The Changing Concept of "Human Nature" in the Literature of American Advertising」, 『Business History Review』, 41(Winter 1967), pp. 335~357.

Daniel J. Czitrom, 『Media and the American Mind: From Morse to McLuhan』, Chapel Hill: University of North Carolina Press, 1982.

데이비드 달튼(David Dalton), 윤철희 옮김, 『제임스 딘: 불멸의 자이언트』, 미다스북스, 2003.

James Darsey, 「The Legend of Eugene Debs: Prophetic Ethos as Radical Argument」, 『The Quarterly Journal of Speech』, 74:4(November 1988), pp.434~452.

메릴 윈 데이비스(Merryl Wyn Davies), 이한음 옮김, 『다윈과 근본주의』, 이제이북스, 2002.

케네스 데이비스(Kenneth C. Davis), 이순호 옮김, 『미국에 대해 알아야 할 모든 것, 미국사』, 책과함께, 2004.

해리 S. 덴트(Harry S. Dent), 최태희 옮김, 『버블 붐: 세계경제 대예측 2005~2009』, 청림출판, 2005.

Albert Desbiens, 『The United States of America: A Short History』, Montreal, Canada: Robin Brass Studio, 2007.
밥 돌(Bob Dole), 김병찬 옮김, 『대통령의 위트: 조지 워싱턴에서 부시까지』, 아테네, 2007.
Carolyn Stewart Dyer, 「Economic Dependence and Concentration of Ownership Among Antebellum Wisconsin Newspapers」, 『Journalism History』, 7:2(Summer 1980), pp.42~46.
Roger Eatwell, 『Fascism: A History』, New York: Penguin Books, 1995.
Erick Eckermann, 오성모 옮김, 『자동차 발달사』, MJ미디어, 2004.
팀 에덴서(Tim Edensor), 박성일 옮김, 『대중문화와 일상, 그리고 민족정체성』, 이후, 2008.
데이비드 에드워즈(David Edwards), 송재우 옮김, 『프리덤 쇼』, 모색, 2004.
Verne E. Edwards, Jr., 『Journalism in a Free Society』, Dubuque, Iowa: Wm.C.Brown, 1970.
일리아 에렌부르크(Ilya Ehrenbourg), 김혜련 옮김, 『꿈의 공장: 할리우드 영화산업 선구자들의 시련과 야망』, 눈빛, 2000.
마크 엘리엇(Marc Eliot), 원재길 옮김, 『월트 디즈니: 할리우드의 디즈니 신화』, 우리문학사, 1993.
잭 C. 엘리스(Jack C. Ellis), 변재란 옮김, 『세계영화사』, 이론과실천, 1988.
Michael Emery & Edwin Emery, 『The Press and America: An Interpretive History of the Mass Media』, 8th ed., Boston, Mass.: Allyn and Bacon, 1996.
질비아 엥글레르트(Sylvia Englert), 장혜경 옮김, 『상식과 교양으로 읽는 미국의 역사』, 웅진지식하우스, 2006.
세라 에번스(Sara M. Evans), 조지형 옮김, 『자유를 위한 탄생: 미국 여성의 역사』, 이화여자대학교 출판부, 1998.
Stuart Ewen, 『Captains of Consciousness』, New York: McGraw-Hill, 1976.
데버러 G. 펠더(Deborah G. Felder), 송정희 옮김, 『세계사를 바꾼 여성들』, 에디터, 1998.
Myra Marx Ferree & Beth B. Hess, 『Controversy and Coalition: The New Feminist Movement』, Boston, Mass.: Twayne Publishers, 1985.
요아힘 C. 페스트(Joachim C. Fest), 안인희 옮김, 『히틀러 평전(전2권)』, 푸른숲, 1998.
Jean Folkerts & Dwight L. Teeter, Jr., 『Voices of a Nation: A History of Mass Media in the United States』, 3rd ed., Boston, Mass.: Allyn and Bacon, 1998.
헨리 포드(Henry Ford), 공병호 · 손은주 옮김, 『헨리 포드: 고객을 발명한 사람』, 21세기북스, 2006.
존 벨라미 포스터(John Bellamy Foster), 김현구 옮김, 『환경과 경제의 작은 역사』, 현실문화연구, 2001.
Lynn Francis, 「The Empire State Building: The Construction and Aging of a Metaphor」, 『Journal of American Culture』, 10:2(Summer 1987), pp.83~90.
Frank Freidel, 『Franklin D. Roosevelt: The Triumph』, Boston, Mass.: Little, Brown, 1956.

Sigmund Freud & William C. Bullitt, 『Thomas Woodrow Wilson: A Psychological Study』, Cambridge, Mass.: Houghton Mifflin, 1967.
데이비드 프리드먼(David Friedman), 김태우 옮김, 『막대에서 풍선까지: 남성 성기의 역사』, 까치, 2003.
에리히 프롬(Erich Fromm), 이상두 옮김, 『자유에서의 도피』, 범우사, 1988.
존 케네스 갤브레이스(John Kenneth Galbraith), 이헌대 옮김, 『대폭락 1929』, 일리, 2008.
하워드 가드너(Howard Gardner), 이종인 옮김, 『20세기를 움직인 11인의 휴먼 파워』, 살림, 1997.
호세 오르테가이가세트(Jose Ortega y Gasset), 황보영조 옮김, 『대중의 반역』, 역사비평사, 2005.
한스 디터 겔페르트(Hans-Dieter Gelfert), 이미옥 옮김, 『전형적인 미국인: 미국과 미국인 제대로 알기』, 에코리브르, 2003.
Alexander L. George & Juliette L. George, 『Woodrow Wilson and Colonel House: A Personality Study』, New York: John Day Company, 1956.
L. 쟈네티(Louis Giannetti), 김진해 옮김, 『영화의 이해: 이론과 실제』, 현암사, 1990.
도리스 굿윈(Doris Goodwin), 「프랭클린 D. 루스벨트: 강한 의지 · 확고한 신념-미소의 리더십」, 로버트 A. 윌슨(Robert A. Wilson) 외, 형선호 옮김, 『국민을 살리는 대통령 죽이는 대통령』, 중앙M&B, 1997, 13~48쪽.
존 스틸 고든(John Steele Gordon), 강남규 옮김, 『월스트리트제국: 금융자본권력의 역사 350년』, 참솔, 2002.
고든 그레이엄(Gordon Graham), 이영주 옮김, 『인터넷 철학』, 동문선, 2003.
A. James Gregor, 「A Modernizing Dictatorship」, Roger Griffin ed., 『International Fascism: Theories, Causes and the New Consensus』, London: Arnold, 1998.
Roger Griffin ed., 『International Fascism: Theories, Causes and the New Consensus』, London: Arnold, 1998.
대니얼 그로스(Daniel Gross) 외, 장박원 옮김, 『미국을 만든 비즈니스 영웅 20』, 세종서적, 1997.
Daniel Guerin, 『Fascism and Big Business』, New York: Monad Press Book, 1974.
John Gunther, 『Roosevelt in Retrospect: A Profile in History』, New York: Harper & Brothers, 1950.
David Halberstam, 『The Powers That Be』, New York: Dell, 1979.
테드 할스테드(Ted Halstead) · 마이클 린드(Michael Lind), 최지우 옮김, 『정치의 미래: 디지털시대의 신정치 선언서』, 바다출판사, 2002.
크리스 하먼(Chris Harman), 천경록 옮김, 『민중의 세계사』, 책갈피, 2004.
마이클 H. 하트(Michael H. Hart), 김평옥 옮김, 『랭킹 100 세계사를 바꾼 사람들』, 에디터, 1993.
데이비드 하비(David Harvey), 구동회 · 박영민 옮김, 『포스트모더니티의 조건』, 한울, 1994.
Sydney W. Head et al., 『Broadcasting in America: A Survey of Electronic Media』, 8th

ed., New York: Houghton Mifflin, 1998.

조지프 히스(Joseph Heath) · 앤드루 포터(Andrew Potter), 윤미경 옮김, 『혁명을 팝니다』, 마티, 2006.

로버트 L. 하일브로너(Robert L. Heilbroner), 장상환 옮김, 『세속의 철학자들: 위대한 경제사상가들의 생애, 시대와 아이디어』, 이마고, 2005.

Ernest Hemingway, 『The Old Man and the Sea』, New York: Charles Scribner' s Sons, 1952.

아돌프 히틀러(Adolph Hitler), 서석연 옮김, 『나의 투쟁』, 범우사, 1989.

Geert Hofstede, 차재호 · 나은영 옮김, 『세계의 문화와 조직』, 학지사, 1995.

제프리 호스킹(Jeoffrey Hosking), 김영석 옮김, 『소련사』, 홍성사, 1988.

마이클 하워드(Michael Howard) · 로저 루이스(Roger Louis), 차하순 외 옮김, 『20세기의 역사』, 가지않은길, 2000.

마이클 헌트(Michael H. Hunt), 권용립 · 이현휘 옮김, 『이데올로기와 미국외교』, 산지니, 2007.

폴 존슨(Paul Johnson), 이희구 외 옮김, 『세계현대사(전3권)』, 한마음사, 1993.

폴 존슨(Paul Johnson), 김욱 옮김, 『위대한 지식인들에 관한 끔찍한 보고서』, 한 · 언, 1999.

폴 존슨(Paul Johnson), 왕수민 옮김, 『영웅들의 세계사』, 웅진지식하우스, 2009.

Garth Jowett & James M. Linton, 『Movies as Mass Communication』, Beverly Hills, Ca.: Sage, 1980.

카트린 칼바이트(Cathrin Kahlweit) 외, 장혜경 옮김, 『20세기 여인들 성상, 우상, 신화』, 여성신문사, 2001.

Joon-Mann Kang, 「Franklin D. Roosevelt and James L. Fly: The Politics of Broadcast Regulation, 1941~1944」, 『Journal of American Culture』, 10:2(Summer 1987), pp.23~33.

Sidney Kaplan, 「Social Engineers as Saviors: Effects of World War I on Some American Liberals」, 『Journal of the History of Ideas』, 17(June 1956), pp.347~369.

조지 카치아피카스(George Katsiaficas), 이재원 · 이종태 옮김, 『신좌파의 상상력: 세계적 차원에서 본 1968』, 이후, 1999.

Eugene A. Kelly, 「Distorting the News」, 『The American Mercury』, 34(March 1935), pp.307~318.

폴 케네디(Paul Kennedy), 이일수 외 옮김, 『강대국의 흥망』, 한국경제신문사, 1996.

스티븐 컨(Stephen Kern), 박성관 옮김, 『시간과 공간의 문화사 (1880~1918)』, 휴머니스트, 2004.

로널드 케슬러(Ronald Kessler), 임홍빈 옮김, 『벌거벗은 대통령 각하』, 문학사상사, 1997.

존 메이너드 케인스(John Maynard Keynes), 김두희 옮김, 『고용 · 이자 및 화폐의 일반이론』, 민중서관, 1970.

Linda Killen, 『The Russian Bureau: A Case Study in Wilsonian Diplomacy』, Lexington: The University Press of Kentucky, 1985.

찰스 P. 킨들버거(Charles P. Kindleberger), 박명섭 옮김, 『대공황의 세계』, 부키, 1998.
귀도 크놉(Guido Knopp), 신철식 옮김, 『히틀러의 뜻대로: 히틀러의 조력자들』, 울력, 2003.
가브리엘 콜코(Gabriel Kolko), 지소철 옮김, 『제국의 몰락: 미국의 패권은 어떻게 무너지는가』, 비아북, 2009.
Joseph Kraft, 「Crowds and Power」, 『New Republic』, January 27, 1986, p.34.
레온 크라이츠먼(Leon Kreitzman), 한상진 옮김, 『24시간 사회』, 민음사, 2001.
Frederic Krome, 「From Liberal Philosophy to Conservative Ideology?: Walter Lippmann's Opposition to the New Deal」, 『Journal of American Culture』, 10:1(Spring 1987), pp.57~64.
P. A. 크로포트킨(Pyotr A. Kropotkin), 김유곤 옮김, 『크로포트킨 자서전』, 우물이있는집, 2003.
바버라 랜드(Barbara Land) & 마이크 랜드(Myrick Land), 문현아 옮김, 『생각의 혁신, 라스베이거스에 답이 있다』, 살림, 2009.
월터 C. 랑거(Walter C. Langer), 최종배 옮김, 『히틀러의 정신분석』, 솔, 1999.
Walter Laqueur, 『Fascism: Past Present Future』, New York: Oxford University Press, 1997.
Harold J. Laski, 「Labor and Liberty」, 『Nation』, May 1, 1920.
Laurence Leamer, 『The Kennedy Man 1901~1963: The Laws of the Father』, New York: William Morrow, 2001.
로렌스 리머(Laurence Leamer), 정영문 옮김, 『케네디가의 신화(전3권)』, 창작시대, 1995.
T. J. Jackson Lears, 「From Salvation to Self-Realization: Advertising and the Therapeutic Roots of the Consumer Culture, 1880~1930」, Richard Wightman Fox and T. J. Jackson Lears, eds., 『The Culture of Consumption: Critical Essays in American History, 1880~1980』, New York: Pantheon Books, 1983), pp. 1~38.
Alfred McClung Lee & Elizabath Briant Lee, 『The Fine Art of Propaganda: Prepared for the Institute for Propaganda Analysis』, New York: Harcourt Brace & C., 1939.
William E. Leuchtenburg, 『The Perils of Prosperity, 1914~32』, Chicago: The University of Chicago Press, 1958.
Anthony Lewis, 「The Mysteries of Mr. Lippmann」, 『The New York Review』, October 9, 1980, p.3.
진 립먼-블루먼(Jean Lipman-Blumen), 정명진 옮김, 『부도덕한 카리스마의 매혹』, 부글북스, 2005.
Walter Lippmann, 『Liberty and the News』, New York: Harcourt, Brace and Howe, 1920.
Walter Lippmann, 『Public Opinion』, New York: Free Press, 1922.
Walter Lippmann & Charles Merz, 「A Test of News」, 『The New Republic』, August 4, 1920, pp.1~42.

제임스 로웬(James W. Loewen), 이현주 옮김, 『선생님이 가르쳐 준 거짓말』, 평민사, 2001.
헨드릭 빌렘 반 룬(Hendrik Wilem van Loon), 이혜정 옮김, 『관용』, 서해문집, 2005.
루터 S. 루드케(Luther S. Luedtke), 「미국 국민성의 탐색」, 루터 S. 루드케(Luther S. Luedtke) 편, 고대 영미문학연구소 옮김, 『미국의 사회와 문화』, 탐구당, 1989, 13~45쪽.
A. Kent MacDougall, 『The Press: A Critical Look From the Inside』, Princeton, NJ: Dow Jones Books, 1966.
마거릿 맥밀런(Margaret MacMillan), 권민 옮김, 『역사사용설명서: 인간은 역사를 어떻게 이용하고 악용하는가』, 공존, 2009.
로버트 D. 매닝(Robert D. Manning), 강남규 옮김, 『신용카드 제국: 현대인을 중독시킨 신용카드의 비밀』, 참솔, 2002.
Roland Marchand, 『Advertising the American Dream: Making Way for Modernity 1920~1940』, Berkeley: University of California Press, 1985.
데이비드 마크(David Mark), 양원보 · 박찬현 옮김, 『네거티브 전쟁: 진흙탕 선거의 전략과 기술』, 커뮤니케이션북스, 2009.
죠지 마르스덴(George M. Marsden), 홍치모 옮김, 『미국의 근본주의와 복음주의의 이해』, 성광문화사, 1992.
케이티 마튼(Kati Marton), 이창식 옮김, 『숨은 권력자, 퍼스트 레이디』, 이마고, 2002.
폴 메이슨(Paul Mason), 김병순 옮김, 『탐욕의 종말』, 한겨레출판, 2009.
앵거스 맥래런(Angus McLaren), 임진영 옮김, 『20세기 성의 역사』, 현실문화연구, 2003.
하워드 민즈(Howard Means), 황진우 옮김, 『머니 & 파워: 지난 천년을 지배한 비즈니스의 역사』, 경영정신, 2002.
제임스 밀러(James Miller), 김부용 옮김, 『미셸 푸꼬의 수난 2』, 인간사랑, 1995.
Nathan Miller, 『F.D.R.: An Intimate History』, Garden City, NY: Doubleday & Co., 1983.
네이선 밀러(Nathan Miller), 김형곤 옮김, 『이런 대통령 뽑지 맙시다: 미국 최악의 대통령 10인』, 혜안, 2002.
Edrene S. Montgomery, 「Bruce Barton's 'The Man Nobody Knows': A Popular Advertising Illusion」, 『Journal of Popular Culture』, 19:3(Winter 1985), pp.21~34.
Edgar Morin, 『The Stars』, New York: Evergreen Press, 1960.
에드거 모랭(Edgar Morin), 이상률 옮김, 『스타』, 문예출판사, 1992.
쿠르트 뫼저(Kurt Möser), 김태희 · 추금환 옮김, 『자동차의 역사: 시간과 공간을 바꿔놓은 120년의 이동혁명』, 이파리, 2007.
테드 네이스(Ted Nace), 김수현 옮김, 『미국의 경제 깡패들』, 예지, 2008.
Harold L. Nelson ed., 『Freedom of the Press from Hamilton to the Warren Court』, Indianapolis, Indiana: Bobbs-Merrill, 1967.
마크 네오클레우스(Mark Neocleous), 정준영 옮김, 『파시즘』, 이후 2002.
뉴욕 타임스(New York Times) 기획, 김석정 옮김, 『뉴욕타임즈가 공개하는 숨겨진 역사』, 책빛, 2008.
H. G. Nicholas, 「Roosevelt and Public Opinion」, 『Forthnightly』, 163(May 1945),

pp.303~308.
Reinhold Niebuhr, 『Moral Man and Immoral Society』, New York: Charles Scribner's Sons, 1932.
라인홀드 니버(Reinhold Niebuhr), 이한우 옮김, 『도덕적 인간과 비도덕적 사회』, 문예출판사, 1992.
Ernst Nolte, 『Three Faces of Fascism: Action Francaise/Italian Fascism/National Socialism』, New York: Mentor Book, 1969.
에른스트 놀테(Ernst Nolte), 유은상 옮김, 『유럽의 시민전쟁 1917~1945: 민족사회주의와 볼셰비즘』, 대학촌, 1996.
헬레나 노르베르-호지(Helena Norberg-Hodge), 이민아 옮김, 『허울뿐인 세계화』, 따님, 2000.
조지프 나이(Joseph S. Nye), 양준희 옮김, 『국제분쟁의 이해: 이론과 역사』, 한울아카데미, 2000.
조지프 나이(Joseph S. Nye), 홍수원 옮김, 『제국의 패러독스』, 세종연구원, 2002.
John E. O'Connor & Martin A. Jackson eds., 『American History/American Film: Interpreting the Hollywood Image』, New York: Frederick Ungar, 1979.
리처드 오버리(Richard J. Overy), 류한수 옮김, 『스탈린과 히틀러의 전쟁』, 지식의풍경, 2003.
리처드 오버리(Richard J. Overy), 조행복 옮김, 『독재자들: 히틀러 대 스탈린, 권력작동의 비밀』, 교양인, 2008.
찰스 패너티(Charles Panati), 이용웅 옮김, 『문화와 유행상품의 역사(전2권)』, 자작나무, 1997.
로버트 O. 팩스턴(Robert O. Paxton), 손명희 · 최희영 옮김, 『파시즘: 열정과 광기의 정치혁명』, 교양인, 2005.
스토 퍼슨스(Stow Persons), 이형대 옮김, 『미국지성사』, 신서원, 1999.
시어도어 피터슨(Theodore Peterson) · 가네히라 쇼노스케, 전영표 · 금창연 편역, 『미국잡지경영전략』, 독자와함께, 1996.
케빈 필립스(Kevin Phillips), 오삼교 · 정하용 옮김, 『부와 민주주의: 미국의 금권정치와 거대부호들의 정치사』, 중심, 2004.
James E. Pollard, 「Franklin D. Roosevelt and the Press」, 『Journalism Quarterly』, 22(1945), pp.196~206.
이시엘 디 솔라 풀(Ithiel de Sola Pool), 원우현 옮김, 『자유언론의 테크놀러지』, 전예원, 1985.
클라이드 프레스토위츠(Clyde Prestowitz), 이문희 옮김, 『부와 권력의 대이동』, 지식의숲, 2006.
조프리 리건(Geoffrey Regan), 장동현 옮김, 『세계사의 대실수』, 세종서적, 1996.
로버트 라이시(Robert B. Reich), 형선호 옮김, 『슈퍼 자본주의』, 김영사, 2008.
랄프 게오르크 로이트(Ralf Georg Reuth), 김태희 옮김, 『괴벨스, 대중 선동의 심리학』, 교양인, 2006.
윌리엄 라이딩스 2세(William J. Ridings, Jr.) & 스튜어트 매기버(Stuart B. McIver), 김형곤 옮김, 『위대한 대통령 끔찍한 대통령』, 한 · 언, 2000.

제러미 리프킨(Jeremy Rifkin), 이영호 옮김, 『노동의 종말』, 민음사, 1996.

제러미 리프킨(Jeremy Rifkin), 이정배 옮김, 『생명권 정치학』, 대화출판사, 1996a.

제러미 리프킨(Jeremy Rifkin), 전영택 · 전병기 옮김, 『바이오테크 시대』, 민음사, 1999.

제러미 리프킨(Jeremy Rifkin), 이희재 옮김, 『소유의 종말』, 민음사, 2001.

제러미 리프킨(Jeremy Rifkin), 신현승 옮김, 『육식의 종말』, 시공사, 2002.

제러미 리프킨(Jeremy Rifkin), 이원기 옮김, 『유러피언 드림: 아메리칸 드림의 몰락과 세계의 미래』, 민음사, 2005.

마르트 로베르(Marthe Robert), 이재형 옮김, 『정신분석혁명: 프로이트의 삶과 저작』, 문예출판사, 2000.

Charles E. Rogers, 「The Newspaper in Government」, 『Journalism Quarterly』, 12:1(March 1935), pp.1~8.

에밀리 로젠버그(Emily S. Rosenberg), 양홍석 옮김, 『미국의 팽창: 미국 자유주의 정책의 역사적인 전개』, 동과서, 2003.

Leo C. Rosten, 「President Roosevelt and the Washington Correspondents」, 『The Public Opinion Quarterly』, 1(January 1937), pp.36~52.

엘리자베스 루즈(Elizabeth Rouse), 이재한 옮김, 『코르셋에서 펑크까지: 현대사회와 패션』, 시지락, 2003.

Howard L. Runion, 「An Objective Study of the Speech Style of Woodrow Wilson」, 『Speech Monographs』, 3(1936), pp.75~94.

조지 세이빈(George H. Sabine) · 토머스 솔슨(Thomas Landon Thorson), 성유보 · 차남희 옮김, 『정치사상사(전2권)』, 한길사, 1983.

앤서니 샘슨(Anthony Sampson), 김희정 옮김, 『석유를 지배하는 자들은 누구인가』, 책갈피, 2000.

볼프강 쉬벨부시(Wolfgang Schivelbusch), 차문석 옮김, 『뉴딜, 세 편의 드라마: 루스벨트의 뉴딜 · 무솔리니의 파시즘 · 히틀러의 나치즘』, 지식의풍경, 2009.

Arthur M. Schlesinger, Jr., 『The Coming of the New Deal』, Cambridge, Mass.: Houghton Mifflin, 1958.

Arthur M. Schlesinger, Jr., 『The Politics of Upheaval』, Boston, Mass.: Houghton Mifflin, 1960.

David Schoenbrun, 『America Inside Out: At Home and Abroad from Roosevelt to Reagan』, New York: McGraw-Hill, 1984.

라이너 M. 슈뢰더(Rainer M. Schroeder), 이온화 옮김, 『개척자 · 탐험가 · 모험가』, 좋은생각, 2000.

볼프 C. 슈바르츠밸러(Wulf C. Schwarzwäller), 이미옥 옮김, 『히틀러와 돈: 권력자는 어떻게 부를 쌓고 관리하는가』, 참솔, 2002.

리처드 솅크먼(Richard Shenkman), 이종인 옮김, 『미국사의 전설, 거짓말, 날조된 신화들』, 미래M&B, 2003.

안나 마리아 지크문트(Anna Maria Sigmund), 홍은진 옮김, 『영혼을 저당잡힌 히틀러의 여인들』, 청년정신, 2001.
Robert Sklar, 『Movie-Made America: A Cultural History of American Movies』, New York: Vintage Books, 1975.
Anthony Smith, 최정호 · 공용배 옮김, 『세계신문의 역사』, 나남, 1990.
Daniel M. Smith, 「National Interest and American Intervention, 1917: An Historiographical Appraisal」, 『Journal of American History』, June 1965, pp.5~24.
제임스 A. 스미스(James A. Smith), 손영미 옮김, 『미국을 움직이는 두뇌집단들』, 세종연구원, 1996.
Rodney A. Smolla, 「Monkey Business」, 『The New York Times Book Review』, October 5, 1997, p.21.
에드워드 소자(Edward W. Soja), 이무용 외 옮김, 『공간과 비판사회이론』, 시각과언어, 1997.
하인츠 스폰젤(Heinz Sponsel), 정복희 옮김, 『권력자와 무기력자』, 예영커뮤니케이션, 1998.
Ronald Steel, 「Walter Lippmann, 1889~1974」, 『New Republic』, December 28, 1974, p.6.
Ronald Steel, 『Walter Lippmann and the American Century』, Boston, Mass.: Little, Brown, 1980.
리처드 스텐걸(Richard Stengel), 임정근 옮김, 『아부의 기술: 전략적인 찬사, 아부에 대한 모든 것』, 참솔, 2006.
미첼 스티븐스(Mitchell Stephens), 이광재 · 이인희 옮김, 『뉴스의 역사』, 황금가지, 1999.
Christopher H. Sterling & John M. Kittross, 『Stay Tuned: A Concise History of American Broadcasting』, Belmont, Ca.: Wadsworth, 1978.
John D. Stevens, 『Shaping the First Amendment: The Development of Free Expression』, Beverly Hills, Ca.: Sage, 1982.
앤서니 서머스(Anthony Summers), 정형근 옮김, 『조작된 신화: 존 에드거 후버(전2권)』, 고려원, 1995.
카스 R. 선스타인(Cass R. Sunstein), 박지우 · 송호창 옮김, 『왜 사회에는 이견이 필요한가』, 후마니타스, 2009.
W. A. Swanberg, 『Citizen Hearst: A Biography of William Randolph Hearst』, New York: Charles Scribner's Sons, 1961.
W. A. Swanberg, 『Luce and His Empire』, New York: Charles Scribner's Sons, 1972.
커윈 C. 스윈트(Kerwin C. Swint), 김정욱 · 이훈 옮김, 『네거티브, 그 치명적 유혹: 미국의 역사를 바꾼 최악의 네거티브 캠페인 25위~1위』, 플래닛미디어, 2007.
크리스토퍼 실베스타(Christopher Sylvester) 편저, 서지영 · 변원미 옮김, 『인터뷰』, 현일사, 1994.
리처드 탈러(Richard H. Thaler) & 캐스 선스타인(Cass R. Sunstein), 안진환 옮김, 『넛지: 똑똑한 선택을 이끄는 힘』, 리더스북, 2009.
Evan Thomas, 「카트리나 경제학: 미국의 허점이 드러났다」, 『뉴스위크 한국판』, 2005년 9월 14일, 15~26면.

크리스틴 톰슨(K. Thompson) & 데이비드 보드웰(D. Bordwell), 주진숙 외 옮김, 『세계영화사(전2권)』, 시각과언어, 2000.
Richard Thurlow, 『Fascism』, Cambridge: Cambridge University Press, 1999.
찰스 틸리(Charles Tilly), 윤승준 옮김, 『유럽혁명 1492~1992, 지배와 정복의 역사』, 새물결, 2000.
Time-Life 북스 편집부, 한국일보 타임-라이프 편집부 옮김, 『이탈리아(‘세계의 국가’ 시리즈)』, 한국일보 타임-라이프, 1987.
Time-Life 북스 편집부, 한국일보 타임-라이프 편집부 옮김, 『미국(‘세계의 국가’ 시리즈)』, 한국일보 타임-라이프, 1988.
존 터먼(John Tirman), 이종인 옮김, 『미국이 세계를 망친 100가지 방법』, 재인, 2008.
제임스 트라웁(James Traub), 이다희 옮김, 『42번가의 기적: 타임스퀘어의 몰락과 부활』, 이후, 2007.
Barbara W. Tuchman, 「Can History Use Freud?: The Case of Woodrow Wilson」, 『The Atlatic Monthly』, February 1967, pp.39~44.
Rexford G. Tugwell, 『Roosevelt's Revolution: The First Year-A Personal Perspective』, New York: Macmillan, 1977.
제임스 B. 트위첼(James B. Twitchell), 김철호 옮김, 『욕망, 광고, 소비의 문화사』, 청년사, 2001.
래리 타이(Larry Tye), 송기인 외 옮김, 『여론을 만든 사람, 에드워드 버네이즈: 'PR의 아버지'는 PR을 어떻게 만들었나?』, 커뮤니케이션북스, 2004.
폴 비릴리오(Paul Virilio), 이재원 옮김, 『속도와 정치: 공간의 정치학에서 시간의 정치학으로』, 그린비, 2004.
Edward Wagenknecht, 『The Movies in the Age of Innocence』, New York: Ballantine Books, 1962.
존 A. 워커(John A. Walker), 정진국 옮김, 『대중매체시대의 예술』, 열화당, 1987.
수잔 앨리스 왓킨스(Susan Alice Watkins), 이소영 옮김, 『페미니즘: 무엇이 세계를 움직이는가?』, 이두, 1995.
브루스 왓슨(Bruce Watson), 이수영 옮김, 『사코와 반제티: 세계를 뒤흔든 20세기 미국의 마녀재판』, 삼천리, 2009.
데이비드 웰시(David A. Welch), 최용찬 옮김, 『독일 제3제국의 선전정책』, 혜안, 2001.
Graham J. White, 『FDR and the Press』, Chicago: University of Chicago Press, 1979.
Stephen J. Whitfield, 「From Publick Occurrences to Pseudo-Events: Journalists and Their Critics」, 『American Jewish History』, 72:1(September 1982), pp.52~81.
마리나 휘트먼(Marina Whitman), 조명현 옮김, 『변화하는 미국경제, 새로운 게임의 룰』, 세종서적, 2001.
William Appleman Williams, 『The Tragedy of American Diplomacy』, New York: World Publishing Co., 1959.
게리 윌스(Gary Wills), 곽동훈 옮김, 『시대를 움직인 16인의 리더: 나폴레옹에서 마사 그레이엄까지』, 작가정신, 1999.
John F. Wilson, 「Rhetorical Echoes of a Wilsonian Idea」, 『The Quarterly Journal of Speech』, 43(1957), pp.271~277.
Woodrow Wilson, 「The New Freedom」, Richard N. Current & John A. Garraty, eds., 『Words That Made American History: The 1870's to the Present』, Boston, Mass.: Little, Brown and Co., 1962, pp.213~224.
Woodrow Wilson, 「Message to Congress(April 2, 1917)」, Richard N. Current & John A. Garraty, eds., 『Words That Made American History: The 1870's to the Present』, Boston, Mass.: Little, Brown and Co., 1962a, pp.237~251.
B. H. Winfield, 「Franklin D. Roosevelt's Efforts to Influence the News during His First Term Press Conferences」, 『Presidential Studies Quarterly』, Spring 1981, pp.189~199.
John K. Winkler, 『William Randolph Hearst: A New Appraisal』, New York: Hastings House, 1955.
나오미 울프(Naomi Wolf), 김민웅 옮김, 『미국의 종말: 혼돈의 시대, 민주주의의 복원은 가능한가』, 프레시안북, 2008.
줄리아 우드(Julia T. Wood), 한희정 옮김, 『젠더에 갇힌 삶: 젠더, 문화 그리고 커뮤니케이션』, 커뮤니케이션북스, 2006.
존 우드브리지(John D. Woodbridge) 외, 박용규 옮김, 『기독교와 미국』, 총신대학출판부, 2002.
하워드 진(Howard Zinn), 조선혜 옮김, 『미국민중저항사(전2권)』, 일월서각, 1986.
하워드 진(Howard Zinn), 「냉전시대 역사의 정치학: 억압과 저항」, 노엄 촘스키(Noam Chomsky) 외, 『냉전과 대학: 냉전의 서막과 미국의 지식인들』, 당대, 2001, 80~129쪽.
하워드 진(Howard Zinn), 이아정 옮김, 『오만한 제국: 미국의 이데올로기로부터 독립』, 당대, 2001a.
하워드 진(Howard Zinn), 이재원 옮김, 『불복종의 이유』, 이후, 2003.
하워드 진(Howard Zinn), 문강형준 옮김, 『권력을 이긴 사람들』, 난장, 2008.
하워드 진(Howard Zinn) · 레베카 스테포프(Rebecca Stefoff), 김영진 옮김, 『하워드 진 살아있는 미국역사』, 추수밭, 2008.
가시마 시게루, 장석봉 옮김, 『백화점의 탄생: 봉 마르셰 백화점, 욕망을 진열하다』, 뿌리와이파리, 2006.
강선주, 「미국 교과서의 1, 2차 대전과 베트남전쟁 기억 만들기」, 전진성 · 이재원 엮음, 『기억과 전쟁: 미화와 추모 사이에서』, 휴머니스트, 2009, 59~91쪽.
강준만, 『춤추는 언론 비틀대는 선거: 언론과 선거의 사회학』, 아침, 1992.
강준만, 「자동차의 미디어 기능에 관한 연구: 자동차는 한국인의 국가 · 사회 정체성 형성에 어떤 영향을 미쳤는가?」, 『언론과학연구』, 제9권2호(2009년 6월), 5~46쪽.
강준만 외, 『권력과 리더십(전6권)』, 인물과사상사, 1999~2000.
고나무, 「나는 상담한다, 고로 존재한다: 출판 · 방송가 강타한 팝 사이콜로지 열풍」, 『한겨레』,

2009년 5월 21일자.
고명섭, 『광기와 천재』, 인물과사상사, 2007a.
고범서, 『라인홀드 니버의 생애와 사상』, 대화문화아카데미, 2007.
곽승엽, 『드라이저: 참된 삶의 추구자』, 건국대학교출판부, 1995.
권대익, 「시사지 '타임' 창간 75주년」, 『한국일보』, 1998년 3월 4일, 11면.
권용립, 『미국의 정치문명』, 삼인, 2003.
권재현, 「[20세기 우연과 필연](19)할리우드 건설」, 『동아일보』, 1999년 9월 30일, 8면.
김민아, 「[어제의 오늘]1935년 독일, 베르사유조약 파기 선언」, 『경향신문』, 2009년 3월 16일자.
김민웅, 『밀실의 제국: 전쟁국가 미국의 제국 수호 메커니즘』, 한겨레신문사, 2003.
김병걸, 『문예사조, 그리고 세계의 작가들: 단테에서 밀란 쿤데라까지(전2권)』, 두레, 1999.
김봉중, 『카우보이들의 외교사: 먼로주의에서 부시 독트린까지 미국의 외교전략』, 푸른역사, 2006.
김삼웅, 『역사를 움직인 위선자들』, 사람과사람, 1996.
김삼웅, 『사료로 보는 20세기 한국사』, 가람기획, 1997.
김성곤, 『헐리웃: 20세기 문화의 거울』, 웅진출판, 1997.
김성곤, 『문학과 영화』, 민음사, 1997a.
김영석, 「나와 이 책: 월터 리프만 『여론』」, 『경향신문』, 1991년 3월 23일, 22면.
김예림, 「전시기 오락정책과 '문화'로서의 우생학」, 『역사비평』, 통권 73호(2005년 겨울).
김용관, 『탐욕의 자본주의: 투기와 약탈이 낳은 괴물의 역사』, 인물과사상사, 2009.
김용구, 『세계외교사』, 서울대학교 출판부, 2006.
김유조, 『어네스트 헤밍웨이: 생애와 작품세계』, 건국대학교출판부, 1994.
김인호, 『백화점의 문화사: 근대의 탄생과 욕망의 시공간』, 살림, 2006.
김재중, 「[책과 삶]과연 공정한 재판이었나」, 『경향신문』, 2009년 9월 12일자.
김지운 편저, 『국제정보유통과 문화지배』, 나남, 1991.
김진기, 「제5장 모택동의 혁명전략과 전술」, 서진영 외, 『모택동과 중국 혁명: 중국 혁명의 전개와 사상적 노선』, 태암, 1989.
김진우, 「어제의 오늘」, 『경향신문』, 2009년 6월 11일~2009년 10월 22일자.
김철수, 『헌법학개론』 제12전정신판, 박영사, 2000.
김태훈, 「"개츠비는 백인행세한 흑인"」, 『조선일보』, 2000년 8월 18일, 17면.
김학준, 『러시아사』, 대한교과서주식회사, 1991.
김형인, 「마이너리티, 흑인의 삶」, 김형인 외, 『미국학』, 살림, 2003), 309~354쪽.
김형인, 『두 얼굴을 가진 하나님: 성서로 보는 미국 노예제』, 살림, 2003a.
김형인, 『미국의 정체성: 10가지 코드로 미국을 말한다』, 살림, 2003b.
김혜경, 『식민지하 근대가족의 형성과 젠더』, 창비, 2006.
나윤도, 「미국의 대통령 문화(21회 연재)」, 『서울신문』, 1997년 11월 22일~1998년 5월 7일자.
도정일 · 최재천, 『대담: 인문학과 자연과학이 만나다』, 휴머니스트, 2005.
마에마 다카노리, 박일근 옮김. 『세계자동차전쟁』, 시아출판사, 2004.
문원택 외, 『헨리 포드에서 정주영까지』, 한 · 언, 1998.

민융기, 『그래도 20세기는 좋았다 1901~2000』, 오늘, 1999.
박경재, 『미국 대통령 이야기(전2권)』, 이가책, 1995.
박광희, 「왜 미국은 이들을 '전기의자'에 앉혔나」, 『한국일보』, 2009년 9월 12일자.
박근태, 「1918년 원조 석호필 박사 조선 독감논문 1호를 쓰다」, 『동아일보』, 2007년 11월 23일자.
박보균, 『살아 숨쉬는 미국역사』, 랜덤하우스중앙, 2005.
박상익, 「그때 오늘」, 『중앙일보』, 2009년 7월 2일~9월 22일자.
박성희, 『미디어인터뷰』, 나남출판, 2003.
박은석, 「블루스로 토해낸 흑인여성의 운명」, 『한겨레』, 2007년 10월 8일자.
박재선, 『제2의 가나안 유태인의 미국』, 해누리, 2002.
박중현, 「책갈피 속의 오늘」, 『동아일보』, 2008년 9월 6일~2008년 10월 6일자.
박진빈, 『백색국가 건설사: 미국 혁신주의의 빛과 그림자』, 앨피, 2006.
박찬승, 『민족주의의 시대: 일제하의 한국 민족주의』, 경인문화사, 2007.
박찬호, 안동림 옮김, 『한국가요사 1895~1945』, 현암사, 1992.
박한용, 「'공황기' 국내 민족해방운동의 고양과 민족통일전선운동의 굴절」, 강만길 외, 『통일지향 우리민족해방운동사』, 역사비평사, 2000.
박홍규, 『자유인 루쉰: 위대한 지식인의 초상』, 우물이있는집, 2002.
배진한, 「전화의 이용과 충족 그리고 대인매체로서의 전화의 속성: 이동전화, 면대면 채널과의 비교를 중심으로」, 『한국언론정보학보』, 제18호(2002년 봄).
백승찬, 「어제의 오늘」, 『경향신문』, 2009년 5월 1일~2009년 11월 13일자.
사루야 가나메, 남혜림 옮김, 『검증, 미국사 500년의 이야기』, 행담출판, 2007.
서의동, 「어제의 오늘」, 『경향신문』, 2009년 7월 14일~10월 6일자.
손세호, 『하룻밤에 읽는 미국사』, 랜덤하우스, 2007.
손영호, 『마이너리티 역사 혹은 자유의 여신상』, 살림, 2003.
송기도, 『콜럼버스에서 룰라까지: 중남미의 재발견』, 개마고원, 2003.
송남헌 외, 우사연구회 엮음, 『몸으로 쓴 통일독립운동사: 우사 김규식 생애와 사상 3』, 한울, 2000.
송무, 『영문학에 대한 반성: 영문학의 정당성과 정전 문제에 대하여』, 민음사, 1997.
송상근, 「[책갈피 속의 오늘] 1899년 美 첫 교통사고 사망자 발생」, 『동아일보』, 2008년 9월 13일자.
송우혜, 「마지막 황태자(연재소설)」, 『신동아』, 1998년 3월호~1999년 2월호.
신승권, 「파시즘」, 『동아세계대백과사전 28』, 동아출판사, 1982.
안수찬, 「한.중.일 함께쓰는 역사 함께여는 미래」, 『한겨레』, 2005년 3월 9일~2005년 4월 20일자.
안윤모, 『미국 민중주의의 역사』, 이화여자대학교출판부, 2006.
안정숙, 「마거릿 생어 1883 1966(20세기 사람들:17)」, 『한겨레』, 1993년 10월 21일, 9면.
양건, 「표현의 자유」, 김동민 편저, 『언론법제의 이론과 현실』, 한나래, 1993.
양건열, 『비판적 대중문화론』, 현대미학사, 1997.
엄창현, 「'환상의 콤비': 무솔리니와 히틀러」, 『사회평론 길』, 1996년 4월호.

연동원, 『영화 대 역사: 영화로 본 미국의 역사』, 학문사, 2001.
오치 미치오, 곽해선 옮김, 『와스프: 미국의 엘리트는 어떻게 만들어지는가』, 살림, 1999.
오치 미치오 외, 김영철 편역, 『마이너리티의 헐리웃: 영화로 읽는 미국사회사』, 한울, 1993.
요미우리 신문사 엮음, 이종주 옮김, 『20세기의 드라마(전3권)』, 새로운 사람들, 1996.
요시다 도시히로, 김해경 · 안해룡 옮김, 『공습』, 휴머니스트, 2008.
요시미 슌야, 송태욱 옮김, 『소리의 자본주의: 전화, 라디오, 축음기의 사회사』, 이매진, 2005.
요시미 슌야 외, 오석철 · 황조희 옮김, 『전화의 재발견: 전화를 매개로 한 인간의 커뮤니케이션은 어떻게 변해 왔는가?』, 커뮤니케이션북스, 2005.
우에노 이타루 외, 『세계사를 지배한 경제학자 이야기』, 국일증권경제연구소, 2003.
우정제, 「종군기자의 영광 특종 … 죽음」, 『시사저널』, 1991년 2월 14일, 66~68면.
유선영, 「대한제국 그리고 일제 식민지배 시기 미국화」, 김덕호 · 원용진 엮음, 『아메리카나이제이션』, 푸른역사, 2008, 49~84쪽.
유신모, 「어제의 오늘」, 『경향신문』, 2009년 1월 2일~2009년 8월 29일자.
유종선, 『미국사 100 장면: 신대륙 발견에서 LA 흑인폭동까지』, 가람기획, 1995.
윤재설 외, 『교과서도 위인전도 알려주지 않는 세계의 사회주의자들』, 펜타그램, 2009.
윤정란, 『한국기독교 여성운동의 역사: 1910년~1945년』, 국학자료원, 2003.
이구한, 『이야기 미국사: 태초의 아메리카로부터 21세기의 미국까지』, 청아출판사, 2006.
이덕주, 『식민지 조선은 어떻게 해방되었는가』, 에디터, 2003.
이동순, 『번지없는 주막: 한국가요사의 잃어버린 번지를 찾아서』, 선, 2007.
이보형, 『미국사 개설』, 일조각, 2005.
이삼성, 『세계와 미국: 20세기의 반성과 21세기의 전망』, 한길사, 2001.
이상민 · 이주천, 「제7장 1920년대의 외교(1920~1930)」, 차상철 외, 『미국 외교사: 워싱턴 시대부터 루스벨트 시대까지(1774~1939)』, 비봉출판사, 1999.
이상원, 『라인홀드 니버: 정의를 추구한 현실주의 윤리학자』, 살림, 2006.
이선민, 「아듀 … 20세기(56) 1930년대 개관」, 『조선일보』, 1999년 4월 1일자.
이성형, 『콜럼버스가 서쪽으로 간 까닭은?』, 까치, 2003.
이용관 · 김지석, 『할리우드: 할리우드영화의 산업과 이데올로기』, 제3문학사, 1992.
이이화, 『빼앗긴 들에 부는 근대화 바람: 한국사 이야기 22』, 한길사, 2004a.
이재광 · 김진희, 『영화로 쓰는 세계경제사: 15세기에서 19세기까지』, 혜윰, 1999.
이재광 · 김진희, 『영화로 쓰는 20세기 세계경제사』, 혜윰, 1999a.
이전, 『애틀랜타 한인 이민사』, 푸른길, 2002.
이준호, 「아듀 … 20세기(55) 대공황 서곡 뉴욕증시 폭락 1929년 10월 24일」, 『조선일보』, 1999년 3월 31일자.
이철희, 「책갈피 속의 오늘」, 『동아일보』, 2008년 9월 30일~2009년 3월 19일자.
이현두, 「책갈피 속의 오늘」, 『동아일보』, 2008년 10월 24일~2008년 12월 30일자.
장유정, 『오빠는 풍각쟁이야: 대중가요로 본 근대의 풍경』, 민음in, 2006.
전성원, 「윌리엄 보잉: 전쟁과 평화, 야누스의 두 얼굴을 가진 하늘의 거인」, 월간 『인물과 사상』, 제140호(2009a년 12월), 95~123쪽.

정근식, 「장애의 새로운 인식을 위하여: 문화비판으로서의 장애의 사회사」, 『당대비평』, 제14호(2001년 봄), 252~278쪽.
정명진, 「명저(名著)를 찾아서」, 『중앙일보』, 1994년 7월 11일, 17면.
정성화, 「제6장 윌슨시대의 외교(1914~1920)」, 차상철 외, 『미국외교사: 워싱턴 시대부터 루스벨트 시대까지(1774~1939)』, 비봉출판사, 1999, 233~293쪽.
조선일보 문화부 편, 『아듀 20세기(전2권)』, 조선일보사, 1999.
조이영, 「책갈피 속의 오늘」, 『동아일보』, 2008년 9월 3일~2009년 2월 13일자.
조지형, 『헌법에 비친 역사: 미국 헌법의 역사에서 우리 헌법의 미래를 찾다』, 푸른역사, 2007.
조형근, 「식민지체제와 의료적 규율화」, 김진균 · 정근식 편저, 『근대주체와 식민지 규율권력』, 문화과학사, 1997.
조형근, 「'어린이기' 의 탄생과 근대적 가족 모델의 등장」, 서울사회과학연구소, 『근대성의 경계를 찾아서: 기원의 전복, 역사의 비판』, 새길, 1997a.
진인숙, 『영어 단어와 숙어에 담겨진 이야기』, 건국대학교 출판부, 1997.
최웅 · 김봉중, 『미국의 역사』, 소나무, 1997.
최재영, 「미(美)잡지 『리더스다이제스트』 성장사」, 『경향신문』, 1993년 9월 8일, 13면.
최정호, 『우리가 살아온 20세기(전3권)』, 미래M&B, 1999.
출판저널 편집부, 「퓰리처상 선정체제에 대한 비평서」, 『출판저널』, 1991년 9월 5일, 28~29면.
팽원순, 『매스코뮤니케이션 법제이론』, 법문사, 1988.
하종대, 「난징대학살 70돌, 실리 앞에 숨죽인 反日」, 『동아일보』, 2007년 12월 15일자.
한겨레신문 문화부 편, 『20세기 사람들(전2권)』, 한겨레신문사, 1995.
한병구, 「언론법 사조」, 한병구 편, 『언론법제통론』, 나남, 1990.
한상준, 「영화이야기: 검열제도」, 『스포츠투데이』, 2000년 1월 4일, 33면.
한성숙, 「미국 대문호 헤밍웨이, 이중 스파이였다?」, 『한국일보』, 2009년 7월 14일자.
한홍구, 『대한민국사: 단군에서 김두한까지』, 한겨레신문사, 2003.
허두영, 『신화에서 첨단까지: 신화로 풀어내는 과학사(전2권)』, 참미디어, 1998.
허인, 『이탈리아사』, 대한교과서주식회사, 1995.
홍사중, 『근대시민사회사상사』, 한길사, 1997.
홍사중, 『히틀러』, 한길사, 1997a.
홍윤서, 『전쟁과 학살, 부끄러운 미국』, 말, 2003.
황의봉, 「세계의 계획도시를 가다(2) 미국 라스베이거스: 도박의 메카에서 엔터테인먼트의 수도로」, 『신동아』, 2003년 6월, 526~535쪽.

100퍼센트 아메리카니즘 116
10월혁명 125~128
2월혁명 123~125
3 · 1운동 41, 136~137

FBI 148, 275~277
KKK 82, 85, 265, 267~270

『강철군화』 15~17
고종 135~137
골턴, 프랜시스 27~28
관점주의 107~109
광란의 20년대 159, 257
근본주의 170~171, 281, 284

냉장고 176
노동자재해보상법 24
『뉴 리퍼블릭』 232~234
『뉴욕 월드』 62, 158, 160~162, 234, 286

데브스, 유진 15, 58, 142, 190, 230
듀보이스, W. E. B. 20~21, 23
디즈니, 월트 305~308

라폴레트, 로버트 M. 9, 111~112, 275
런던, 잭 12, 15
레닌, 블라디미르 84, 125~126, 129, 151, 246
로즈우드 폭동사건 266~267
로터리클럽 288
록펠러, 존 D. 61~62, 146
롤런드, 딕 265
루드로 학살사건 60~62
루스, 헨리 236~238
루스벨트, 시어도어 13, 19, 30, 36, 56~59, 93, 232
루스벨트, 프랭클린 169, 185~187, 204, 248
루시타니호 76~77
루이스, 싱클레어 17, 258
리, 아이비 62, 241

『매클루어스』 10~11
매킨리, 윌리엄 19
맥스웰하우스 36~37
맹켄, 헨리 루이스 148, 255, 258, 282, 285
모건, 존 피어폰트 49, 146, 149~150
무솔리니, 베니토 193~205
미닉, 월리스 47~48
미키마우스 305~308
민족자결주의 132, 135

바라, 테디 216~217
발렌티노, 루돌프 297~299
방첩법 117, 151~152
버네이스, 에드워드 241~250, 273~274
베르사유 조약 137~141
벨, 알렉산더 그레이엄 29, 179

볼스테드법 164, 166
브라이언, 윌리엄 제닝스 19, 282~284
비야, 판초 63~64

사진신부 43~46
산타클로스 마케팅 177~178
생어, 마거릿 102~105 109
서부전선 70, 73
세계산업노동자동맹 14~15, 23~26, 128~129, 192
스타산업 85~90, 296~297
스탈린, 이오시프 129~130
스테펀스, 링컨 11, 230
『시카고 디펜더』 21~22
신용카드 98, 178
싱클레어, 업튼 11~12, 157

아메리칸 마르코니 52~53, 156
아문센, 루알 49
아인슈타인, 알베르트 105~107, 109
에디슨, 토마스 77, 79, 86, 246
여성참정권 172~174
영화 제작자 및 배급자협회 218
영화특허권회사(MPPC) 79~80, 86
와스프 32
우생학 27~32
원세개 74~75
원숭이 재판 171, 281~284
웨스트, 메이 293, 299~300
『위대한 개츠비』 260~263
윌슨, 우드로 57~60, 63~65, 76~77, 82~83, 94~95, 110~113, 132~134, 139~146, 185, 232
유성영화 302~305
이승만 40

〈**재**즈싱어〉 302~303, 305
전체주의 202
정신분석학 32~33, 206~209, 220~222
제임스, 윌리엄 229
조지, 헨리 9
존슨, 알 273~274, 303
주크박스 38~39
질레트 34~36

차피, 재커리어 152~154
채플린, 찰리 89, 293
추문폭로자 13, 230

카란사, 베누스티아노 63~64
컨베이어벨트 94~96
켈러, 헬렌 58~59, 190~192
코민테른 129
쿨리지, 캘빈 185, 254~257, 273~275
크릴위원회 115~116

타이타닉호 49~52
『타임』 166, 236~242
태프트, 윌리엄 하워드 19~20, 57~58
툴사 폭동사건 264~266
트로츠키, 레온 16, 151
티포트돔 스캔들 218, 253

파머, 미첼 146~149
페어뱅크스, 더글러스 89, 114, 293
픽퍼드, 메리 89, 114
포드, 헨리 92, 94~99
퓰리처, 조제프 158, 160~162
프로이트, 지그문트 32~34, 142~143, 206~208, 243
피어리, 로버트 47
피츠제럴드, 스콧 260~261

하딩, 워런 185~189, 253~254
할리우드 85~87, 291~297
허스트, 윌리엄 랜돌프 10, 159
후버, 존 에드거 147~149, 214, 275~277
후버, 허버트 246, 257, 293
히틀러, 아돌프 62, 141, 202~205, 293